Balanços Públicos

Heilio Kohama

BALANÇOS PÚBLICOS
TEORIA E PRÁTICA

TERCEIRA EDIÇÃO

SÃO PAULO
EDITORA ATLAS S.A. – 2015

© 1998 by Editora Atlas S.A.

1. ed. 1992; 2. ed. 2000; 3. ed. 2015

Capa: Nilton Masoni
Composição: Luciano Bernardino de Assis

Dados Internacionais de Catalogação na Publicação (CIP)
(Câmara Brasileira do Livro, SP, Brasil)

Kohama, Heilio
Balanços públicos : teoria e prática / Heilio Kohama
– 3. ed. – São Paulo : Atlas, 2015.

Bibliografia.
ISBN 978-85-224-9612-9
ISBN 978-85-224-9613-6 (PDF)

1. Contabilidade Gerencial I. Título

98-3300
CDD-657.61

Índice para catálogo sistemático:

1. Balanços Públicos : Contabilidade Pública   657.61

TODOS OS DIREITOS RESERVADOS – É proibida a reprodução total ou parcial, de qualquer forma ou por qualquer meio. A violação dos direitos de autor (Lei nº 9.610/98) é crime estabelecido pelo artigo 184 do Código Penal.

Depósito legal na Biblioteca Nacional conforme Lei nº 10.994, de 14 de dezembro de 2004.

Impresso no Brasil/*Printed in Brazil*

Editora Atlas S.A.
Rua Conselheiro Nébias, 1384
Campos Elísios
01203-904 São Paulo (SP)
Tel.: (011) 3357-9144
atlas.com.br

*A
Néllida, Hélio, Ana, Ubirajara e Matheus,
minha esposa, filhos, genro e neto,
obrigado por existirem.*

*As pessoas mais felizes são aquelas
que conhecem a alegria de trabalhar e estudar.
O trabalho e os estudos são os meios pelos quais o homem,
ao mesmo tempo que beneficia outras pessoas e o mundo,
beneficia também a si mesmo, progredindo e
experimentando uma imensa alegria em seu coração.*

MASAHARU TANIGUCHI

A Cartilha da Vida

*Se te admites carregando incapacidade intelectual,
conduze os anseios do conhecimento para a cultura,
utilizando atenção e tempo disponíveis no
estudo nobre para que a ideia dirigida
te assegure os investimentos da educação.*

EMMANUEL

SUMÁRIO

Índice dos Quocientes xiii

Prefácio à 3ª Edição xv

01 ESTRUTURA DOS BALANÇOS PÚBLICOS 1

1 Considerações 1
2 Da Estrutura 3
   2.1 Do balanço orçamentário 4
   2.2 Do balanço financeiro 9
   2.3 Do balanço patrimonial 11
   2.4 Da demonstração das variações patrimoniais 15

02 COMPOSIÇÃO E CONTEÚDO DOS BALANÇOS PÚBLICOS 21

1 Considerações 21
2 Composição e Conteúdo 22
   2.1 Preâmbulo 22
   2.2 Do balanço orçamentário 23
      2.2.1 Da especificação da receita 27
         2.2.1.1 *Das Receitas Correntes* 30
            2.2.1.1.1 Receita tributária 30
            2.2.1.1.2 Receita de contribuições 32
            2.2.1.1.3 Receita patrimonial 32
            2.2.1.1.4 Receita agropecuária 33
            2.2.1.1.5 Receita industrial 33
            2.2.1.1.6 Receita de serviços 34
            2.2.1.1.7 Transferências correntes 34
            2.2.1.1.8 Outras receitas correntes 36
         2.2.1.2 *Das Receitas de Capital* 36
            2.2.1.2.1 Operações de crédito 37
            2.2.1.2.2 Alienação de bens 41

2.2.1.2.3 Amortização de empréstimos 43
2.2.1.2.4 Transferências de capital 43
2.2.1.2.5 Outras receitas de capital 44
- 2.2.2 Da especificação da despesa orçamentária 44
  - *2.2.2.1 Considerações 44*
  - *2.2.2.2 Natureza da Despesa Orçamentária 45*
    - 2.2.2.2.1 Categorias Econômicas 45
      - *a) Despesas Correntes 46*
      - *b) Despesas de Capital 46*
    - 2.2.2.2.2 Grupos de Natureza da Despesa 46
      - *1 – Pessoal e Encargos Sociais 47*
      - *2 – Juros e Encargos da Dívida 47*
      - *3 – Outras Despesas Correntes 47*
      - *4 – Investimentos 47*
      - *5 – Inversões Financeiras 47*
      - *6 – Amortização da Dívida 47*
      - *7 – Reserva do Regime Próprio de Previdência do Servidor 48*
      - *8 – Reserva de Contingência 48*
    - 2.2.2.2.3 Modalidades de Aplicação 48
      - *a) No que se refere às aplicações diretas 49*
      - *b) No que se refere às transferências 49*
    - 2.2.2.2.4 Elementos de Despesa 50
    - 2.2.2.2.5 Aplicação Prática para Empenho da Despesa 51

2.3 Do balanço financeiro 53
- 2.3.1 Da parte das receitas 54
  - *2.3.1.1 Receita Orçamentária 55*
  - *2.3.1.2 Transferências Financeiras Recebidas 56*
  - *2.3.1.3 Receita Extraorçamentária 56*
    - 2.3.1.3.1 Restos a pagar 57
      - *a) Inscrição de Restos a Pagar Não Processados 60*
      - *b) Inscrição de Restos a Pagar Processados 60*
    - 2.3.1.3.2 Outros recebimentos extraorçamentários 61
      - *a) Operações de Crédito por Antecipação da Receita Orçamentária 61*
      - *b) cauções 62*
      - *c) consignações em folha 62*
      - *d) outras com essas características 63*
  - *2.3.1.4 Saldo do Exercício Anterior 63*
- 2.3.2 Na parte das despesas 63
  - *2.3.2.1 Despesa Orçamentária 63*
  - *2.3.2.2 Transferências Financeiras Concedidas 65*

2.3.2.3   *Despesa Extraorçamentária*   *65*
   2.3.2.3.1   Restos a pagar   66
      a) Pagamento de Restos a Pagar Não Processados   *66*
      b) Pagamento de Restos a Pagar Processados   *68*
2.3.2.4   *Outros pagamentos extraorçamentários*   *68*
      a) Operações de Crédito por Antecipação da Receita Orçamentária   *69*
      b) cauções   *70*
      c) consignações em folha   *70*
      d) outros com essas características   *70*
2.3.2.5   *Saldo para o exercício seguinte*   *70*

2.4   Do balanço patrimonial   71
   2.4.1   Da parte do ativo   74
      2.4.1.1   *Ativo Circulante*   *74*
         2.4.1.1.1   Caixa ou equivalentes de caixa   74
         2.4.1.1.2   Créditos a Curto Prazo   75
         2.4.1.1.3   Demais Créditos e Valores a Curto Prazo   75
         2.4.1.1.4   Investimentos Temporários   75
         2.4.1.1.5   Estoques   76
         2.4.1.1.6   Variações Patrimoniais Diminutivas Pagas Antecipadamente   76
      2.4.1.2   *Ativo Não Circulante*   *76*
         2.4.1.2.1   Ativo Realizável a Longo Prazo   77
         2.4.1.2.2   Investimentos   77
         2.4.1.2.3   Imobilizado   78
            Considerações   *78*
            1º CASO   *79*
            2º CASO   *79*
            1) BENS MÓVEIS   *80*
            a) Móveis e Utensílios   *80*
            b) Veículos   *81*
            c) Ferramentas   *81*
            d) Semoventes   *82*
            e) Bibliotecas   *82*
            f) Objetos de Arte   *84*
            2) BENS IMÓVEIS   *84*
            a. Terras   *85*
            b. Edificações   *87*
            c. Fazendas   *87*
            d. Linhas férreas   *88*
            e. Portos   *88*
            f. Aeroportos   *88*
         2.4.1.2.4   Intangível   88

2.4.2 Da parte do passivo e patrimônio líquido   91
    2.4.2.1   Passivo Circulante   91
        a) Obrigações Trabalhistas, Previdenciárias e Assistenciais a Pagar a Curto Prazo   91
        b) Empréstimos e Financiamentos a Curto Prazo   92
        c) Fornecedores e Contas a Pagar a Curto Prazo   92
        d) Obrigações Fiscais a Curto Prazo   92
        e) Demais Obrigações a Curto Prazo   92
        f) Provisões a Curto Prazo   92
    2.4.2.2   Passivo não circulante   92
        a) Obrigações Trabalhistas, Previdenciárias e Assistenciais a Pagar de Longo Prazo   92
        b) Empréstimos e Financiamentos a Longo Prazo   92
        c) Fornecedores a Longo Prazo   92
        d) Obrigações Fiscais a Longo Prazo   92
        e) Demais Obrigações a Longo Prazo   93
        f) Provisões a Longo Prazo   93
    2.4.2.3   Patrimônio Líquido   93
        a) Patrimônio Social/Capital Social   93
        b) Resultados Acumulados   93
    2.4.2.4   Anexos e Apêndices do Balanço Patrimonial   93
        a) Anexo – Quadro Demonstrativo de acordo com a Lei nº 4.320/64   94
        b) Anexo – Quadro demonstrativo das Contas de Compensações   94
        c) Anexo – Quadro demonstrativo do Superávit/Déficit apurado no Balanço Patrimonial   95

2.5 Da demonstração das variações patrimoniais   95
   2.5.1 Das Variações Patrimoniais Aumentativas   104
      2.5.1.1 Impostos, Taxas e Contribuições de Melhoria   104
      2.5.1.2 Contribuições   105
      2.5.1.3 Exploração e Venda de Bens e Serviços   106
      2.5.1.4 Variações Patrimoniais Aumentativas Financeiras   106
      2.5.1.5 Transferências Recebidas   107
      2.5.1.6 Valorização e Ganhos com Ativos   108
      2.5.1.7 Outras Variações Patrimoniais Aumentativas   108
   2.5.2 Das Variações Patrimoniais Diminutivas   108
      2.5.2.1 Pessoal e Encargos   109
      2.5.2.2 Benefícios Previdenciários e Assistenciais   110
      2.5.2.3 Uso de Bens, Serviços e Consumo de Capital Fixo   110
      2.5.2.4 Variações Patrimoniais Diminutivas Financeiras   111
      2.5.2.5 Transferências Concedidas   112
      2.5.2.6 Desvalorização e Perda de Ativos   112

         2.5.2.7   Tributárias   113
         2.5.2.8   Outras Variações Patrimoniais Diminutivas   113
      2.5.3   Das Variações Patrimoniais Qualitativas   114
         2.5.3.1   Da incorporação de ativo   115
         2.5.3.2   Da desincorporação de passivo   116
         2.5.3.3   Da Incorporação de Passivo   116
         2.5.3.4   Da Desincorporação de Ativo   117

03   ANÁLISE E INTERPRETAÇÃO DE BALANÇOS PÚBLICOS   119

1   **Preâmbulo**   119
2   **Da Análise e Interpretação Restrita**   123
   2.1   Do balanço orçamentário   124
      2.1.1   Dos quocientes sobre o balanço financeiro   127
      2.1.2   Apresentação de um caso com a aplicação prática dos quocientes   134
   2.2   Do balanço financeiro   140
      2.2.1   Dos quocientes sobre o balanço financeiro   142
      2.2.2   Apresentação de um caso, com aplicação prática dos quocientes   148
   2.3   Do balanço patrimonial   152
      2.3.1   Dos quocientes sobre o balanço patrimonial   154
      2.3.2   Apresentação de um caso com aplicação prática dos quocientes   161
      2.3.3   O "superávit ou déficit" financeiro apurado em balanço patrimonial   167
         2.3.3.1   Apuração conforme as normas da Lei Complementar nº 101/2000 e do CFC   167
            2.3.3.1.1   Considerações   167
            2.3.3.1.2   Aplicação prática da metodologia   169
         2.3.3.2   Apuração conforme as normas da Lei nº 4.320/64   170
            2.3.3.2.1   Considerações   170
            2.3.3.2.2   Aplicação prática da metodologia   172
   2.4   Das variações patrimoniais   174
      2.4.1   Dos quocientes da demonstração das variações patrimoniais   175
      2.4.2   Apresentação de um caso com aplicação prática dos quocientes   178
      2.4.3   As Variações Patrimoniais Qualitativas   180
3   **Análise e Interpretação Consolidada**   182
   3.1   Apresentação do caso prático   183
      3.1.1   Do balanço orçamentário   183
         3.1.1.1   Dos resultados apurados nos quocientes   183
         3.1.1.2   Análise e interpretação consolidada   185
         3.1.1.3   Comentários   187

3.1.2 Do balanço financeiro 188
    3.1.2.1 Dos resultados apurados nos quocientes 188
    3.1.2.2 Análise e interpretação consolidada 189
    3.1.2.3 Comentários 193
3.1.3 Do balanço patrimonial 193
    3.1.3.1 Dos resultados apurados nos quocientes 193
        3.1.3.1.1 Da aplicação dos resultados sob o "enfoque patrimonial" 193
        3.1.3.1.2 Da aplicação dos resultados nos termos da Lei nº 4.320/64 194
    3.1.3.2 Análise e interpretação consolidada 194
        3.1.3.2.1 Da aplicação dos resultados sob o "enfoque patrimonial" 194
        3.1.3.2.2 Da aplicação dos resultados nos termos da Lei nº 4.320/64 197
        3.1.3.2.3 Comentários 198
3.1.4 Da demonstração das Variações Patrimoniais 199
    3.1.4.1 Dos resultados apurados nos quocientes 200
    3.1.4.2 Comentários 201
        3.1.4.2.1 Do resultado das Variações Patrimoniais Quantitativas 201
        3.1.4.2.2 Do resultado das Variações Patrimoniais Qualitativas 201

Bibliografia 203

Índice Remissivo 205

ÍNDICE DOS QUOCIENTES

Quocientes do Balanço Orçamentário
    1 Quociente de Execução da Receita, 127, 136, 184
    2 Quociente do Equilíbrio Orçamentário, 127, 137, 184
    3 Quociente de Cobertura dos Créditos Adicionais, 128, 137, 184
    4 Quociente de Execução da Despesa, 129, 138, 184
    5 Quociente da Execução Orçamentária Corrente, 130, 138, 184
    6 Quociente da Execução Orçamentária de Capital, 131, 139, 184
    7 Quociente do Resultado Orçamentário, 132, 140, 184

Quocientes do Balanço Financeiro
    8 Quociente da Execução Orçamentária, 142, 149, 188
    9 Quociente Financeiro Real da Execução Orçamentária, 143, 150, 188
    10 Quociente da Execução Extraorçamentária, 144, 150, 188
    11 Quociente do Resultado da Execução Financeira, 145, 151, 189
    12 Quociente do Resultado dos Saldos Financeiros, 146, 152, 189

Quocientes do Balanço Patrimonial
    13 Quociente de Liquidez Imediata, 154, 163, 193
    14 Quociente de Liquidez Corrente, 154, 164, 193
    15 Quociente de Liquidez Geral, 155, 164, 194
    16 Quociente da Composição do Endividamento, 156, 165, 194
    17 Quociente do Resultado Patrimonial, 157, 165, 194
    18 Quociente da Situação Financeira (Lei nº 4.320/64), 159, 166, 194
    19 Quociente da Situação Permanente (Lei nº 4.320/64), 160, 167, 194

Quociente da Demonstração das Variações Patrimoniais
    20 Quociente dos Ganhos e Perdas de Ativos, 175, 179, 199
    21 Quociente do Resultado das Variações Patrimoniais, 177, 180, 199

PREFÁCIO À 3ª EDIÇÃO

Nesta edição, estamos incorporando as alterações que foram objeto de textos regulamentares e normativos editados por órgãos governamentais que possuem a obrigação de fazê-lo, atendendo à necessidade de padronizar os procedimentos contábeis nos três níveis de governo, com o objetivo de orientar e dar apoio à gestão patrimonial na forma estabelecida na Lei Complementar nº 101, de 4 de maio de 2000, que estabelece normas de finanças públicas voltadas para a responsabilidade fiscal, destacando-se o Manual de Contabilidade Aplicada ao Setor Público, o Manual de Receita Nacional e o Manual de Despesa Nacional.

Obviamente, essas normas, regulamentos, conceitos e procedimentos guardam conformidade com o que a Lei nº 4.320, de 17 de março de 1964, estatui nas normas gerais de direito financeiro, para elaboração e controle dos orçamentos e balanços da União, dos Estados, dos Municípios e do Distrito Federal, e abordam o registro do patrimônio público, adequando-o aos dispositivos legais vigentes e aos padrões internacionais, visando ampliar a transparência sobre as contas públicas.

Nesta edição, o objetivo foi o de incorporar as alterações que foram introduzidas, principalmente pelos manuais citados, de modo que fossem apresentados juntamente com as normas gerais de direito financeiro (Lei nº 4.320/64) para melhor aproveitamento do ponto de vista didático, teórico e prático, que é a finalidade precípua desta obra.

Para tanto, a revisão precisou ser completa, tendo sido praticamente refeitos todos os capítulos, pois as alterações procedidas visaram proporcionar o melhor entendimento do assunto e adequar metodologicamente o texto e, portanto, mantê-lo em condições de ser utilizado por aqueles que necessitarem.

Heilio Kohama

01

ESTRUTURA DOS BALANÇOS PÚBLICOS

1 Considerações

Os balanços públicos possuem uma característica muito própria de apresentação, até porque sua elaboração está baseada na escrituração dos atos e fatos das entidades que compõem o setor público e obedece às condições, metodologia e regras consubstanciadas na Contabilidade Aplicada ao Setor Público.

A Contabilidade Aplicada ao Setor Público, atendendo às normas legais e regulamentares vigentes, e, principalmente, à Lei nº 4.320/64, que estatui normas gerais de Direito Financeiro para a elaboração e o controle dos orçamentos e balanços da União, dos Estados, dos Municípios e do Distrito Federal, à Lei Complementar nº 101/2000, que estabelece normas de Finanças Públicas voltadas para a responsabilidade na gestão fiscal e dá outras providências, e ao Manual de Contabilidade Aplicada ao Setor Público, está organizada visando à padronização dos procedimentos contábeis das entidades do setor público e a viabilizar a consolidação das contas públicas.

Há que se considerar, ainda, que a Secretaria do Tesouro Nacional do Ministério da Fazenda, na qualidade de órgão central do Sistema de Contabilidade Federal, e a Secretaria de Orçamento Federal do Ministério do Planejamento, Orçamento e Gestão, órgão com a competência de estabelecer a classificação da receita e da despesa, estabeleceram o Manual de Contabilidade Aplicada ao Setor Público para a aplicação prática dessas normas gerais.

O Manual de Contabilidade Aplicada ao Setor Público é estruturado e organizado com base na aplicação de um Plano de Contabilidade Aplicado ao Setor Público, formado por um conjunto de contas previamente estabelecido, que permite obter informações necessárias à elaboração de relatórios gerenciais e demonstrações contábeis conforme as características gerais da entidade, possibilitando a padronização de procedimentos contábeis nos três níveis de governo (Federal, Estadual e Municipal).

Em tese, como se vê do enunciado do Plano de Contas Aplicado ao Setor Público – que constitui a parte IV do Manual de Contabilidade aplicada ao Setor Público – o sistema contábil é a estrutura de informações para identificação, mensuração, avaliação, registro, controle e evidenciação dos atos da gestão do patrimônio público, com o objetivo de orientar o processo de decisão, a prestação de contas e a instrumentalização do controle social.

Conforme as Normas Brasileiras de Contabilidade do Setor Público (NBCSP), o sistema contábil público compreende os seguintes subsistemas:

a) Subsistema de Informações Orçamentárias, que registra, processa e evidencia os atos e os fatos relacionados ao planejamento e à execução orçamentária, tais como:

I – orçamento;
II – programação e execução orçamentária;
III – alterações orçamentárias; e
IV – resultado orçamentário.

b) Subsistema de Informações Patrimoniais, que registra, processa e evidencia os fatos financeiros e não financeiros relacionados com as variações do patrimônio público, subsidiando a administração com informações, tais como:

I – alteração dos elementos patrimoniais;
II – resultado econômico; e
III – resultado nominal.

c) Subsistema de Custos, que registra, processa e evidencia os custos da gestão dos recursos e do patrimônio públicos, subsidiando a administração com informações, tais como:

I – custo dos programas, dos projetos e das atividades desenvolvidas;
II – bom uso dos recursos públicos; e
III – custos das unidades contábeis.

d) Subsistema de Compensação, que registra, processa e evidencia os atos de gestão cujos efeitos possam produzir modificações no patrimônio da entidade do setor público, bem como aqueles com funções específicas de controle, subsidiando a administração com informações, tais como:

I – alterações potenciais nos elementos patrimoniais; e
II – acordos, garantias e responsabilidades.

Em suma, "as contas são agrupadas segundo suas funções, possibilitando:

a) identificar, classificar e efetuar a escrituração contábil, pelo método das partidas dobradas, dos atos e fatos de gestão, de maneira uniforme e sistematizada;

b) determinar os custos das operações do governo;

c) acompanhar e controlar a aprovação e execução do planejamento e do orçamento, evidenciando a receita prevista, lançada, realizada e a realizar, bem como a despesa autorizada, empenhada, realizada, liquidada, paga e as dotações disponíveis;

d) elaborar os balanços orçamentário, financeiro e patrimonial, a demonstração das variações patrimoniais, de fluxo de caixa, das mutações do patrimônio líquido e do resultado econômico;

e) conhecer a posição e situação do patrimônio analisado, por meio da evidenciação de todos os ativos e passivos;

f) analisar e interpretar os resultados econômicos e financeiros;

g) individualizar os devedores e credores, com a especificação necessária ao controle contábil do direito ou obrigação; e

h) controlar contabilmente os atos potenciais oriundos de contratos, convênios, acordos, ajustes e outros instrumentos congêneres".[1]

Deve-se considerar, ainda, que, além das peças correspondentes aos balanços orçamentário, financeiro e patrimonial e, à demonstração das variações patrimoniais, para se conhecer melhor a sua composição, outras existem para demonstrar detalhes, as discriminações e especificações necessárias ao entendimento de seu conteúdo, o que é feito por meio de anexos "demonstrativos e comparativos".

Portanto, ao se proceder a análise ou interpretação dos balanços públicos, há que se atentar sempre para as características intrínsecas relativas aos aspectos legais, regulamentares e técnicos, já apontados, e também levar em consideração as questões que dizem respeito à estrutura e composição dessas peças, pois o entendimento desses fatores será de fundamental importância.

A esta altura, esperamos ter deixado claro que, além dos balanços, em razão de sua apresentação ser feita de forma concisa, por grandes grupos de contas, para se buscar maior grau de segurança e ao mesmo tempo adquirir melhores condições para sua leitura e interpretação, necessária será a verificação desses demonstrativos em que são discriminadas as receitas e despesas orçamentárias, além de outros que deverão estar sendo anexados.

2 Da Estrutura[2]

Os balanços públicos, na realidade, são apresentados por um conjunto de quatro peças: o balanço orçamentário, o balanço financeiro, o balanço patrimonial e a demons-

---

[1] Parte IV – Plano de Contas Aplicado ao Setor Público, Editado pela STN – Secretaria do Tesouro Nacional.

[2] Estrutura: (a) disposição e ordem das partes de um todo; (b) um todo, considerada a forma por que se dispõem as partes (*Minidicionário Aurélio*. Rio de Janeiro: Nova Fronteira, 1988).

tração das variações patrimoniais; cada uma dessas peças apresentará a movimentação ocorrida, bem como o resultado correspondente, relativo ao exercício a que se refere.

Em razão de os balanços e de a demonstração das variações patrimoniais apresentarem os resultados de forma resumida, também existe uma série de anexos que foram instituídos por lei, com o intuito de fornecerem o conhecimento necessário por meio da apresentação do detalhamento e discriminação dos dados constantes daquelas peças, que, no caso, serão de grande valia para o desenvolvimento do trabalho de análise e interpretação dos resultados.

2.1 Do balanço orçamentário

Iniciamos a abordagem dos balanços, pelo que se refere ao Subsistema de Informações Orçamentárias, cujo balanço, de acordo com o art. 102 da Lei nº 4.320/64, "demonstrará as receitas e despesas previstas em confronto com as realizadas".

Outrossim, podemos conceituar o balanço orçamentário como um quadro de contabilidade com duas seções, em que se distribuem não só as "receitas previstas" no orçamento, como também as "realizadas" e, identicamente, as "despesas fixadas" e as "realizadas", igualando-se as somas opostas com os resultados, o previsto e o realizado, e o déficit ou superávit.

O balanço orçamentário deve ser elaborado obedecendo-se a um modelo, previamente estabelecido do Anexo nº 12 e que integra o conjunto do Manual de Contabilidade Aplicada ao Setor Público, conforme a seguinte configuração:

ANEXO Nº 12 – BALANÇO ORÇAMENTÁRIO

Exercício: _____ Mês: _____ Emissão: _____ Página: _____

RECEITAS ORÇAMENTÁRIAS	PREVISÃO INICIAL	PREVISÃO ATUALIZADA (a)	RECEITAS REALIZADAS (b)	SALDO (b – a)
RECEITAS				
RECEITAS CORRENTES				
RECEITA TRIBUTÁRIA				
Impostos				
Taxas				
Contribuição de Melhoria				
RECEITA DE CONTRIBUIÇÕES				
Contribuições Sociais				
Contribuições Econômicas				
RECEITA PATRIMONIAL				
Receitas Imobiliárias				
Receitas de Valores Mobiliários				
Receitas de Concessões e Permissões				
Outras Receitas Patrimoniais				
RECEITA AGROPECUÁRIA				
Receita de Produção Vegetal				
Receita da Produção Animal e Derivados				
Outras Receitas Agropecuárias				

RECEITA INDUSTRIAL				
Receita da Indústria de Transformação				
Receita da Indústria de Construção				
Outras Receitas Industriais				
RECEITA DE SERVIÇOS				
TRANSFERÊNCIAS CORRENTES				
Transferências Intergovernamentais				
Transferências de Instituições Privadas				
Transferências do Exterior				
Transferências de Pessoas				
Transferências de Convênios				
Transferências para o Combate à Fome				
OUTRAS RECEITAS CORRENTES				
Multas e Juros de Mora				
Indenizações e Restituições				
Receita da Dívida Ativa				
Receitas Correntes Diversas				
RECEITAS DE CAPITAL				
OPERAÇÕES DE CRÉDITO				
Operações de Crédito Internas				
Operações de Crédito Externas				
ALIENAÇÃO DE BENS				
Alienação de Bens Móveis				
Alienação de Bens Imóveis				
AMORTIZAÇÃO DE EMPRÉSTIMOS				
TRANSFERÊNCIAS DE CAPITAL				
Transferências Intergovernamentais				
Transferências de Instituições Privadas				
Transferências do Exterior				
Transferências de Pessoas				
Transf. de Outras Instituições Públicas				
Transferências de Convênios				
Transferências para o Combate à Fome				
OUTRAS RECEITAS DE CAPITAL				
Integralização do Capital Social				
Div. Ativa Prov. da Amort. Emp. e Financ.				
Restituições				
Receitas de Capital Diversas				
SUBTOTAL DAS RECEITAS (I)				
OPERAÇÕES DE CRÉDITO REFINANCIAMENTO (II)				
OPERAÇÕES DE CRÉDITO INTERNAS				
Mobiliária				
Contratual				
OPERAÇÕES DE CRÉDITO EXTERNAS				
Mobiliária				
Contratual				
SUBTOTAL C/ REFINANCIAMENTO (III) = (I + II)				
DÉFICIT (IV)				
TOTAL (V) = (III + IV)				
SALDOS DE EXERCÍCIOS ANTERIORES (UTILIZADOS PARA CRÉDIT. ADICIONAIS) Superávit Financeiro Reabertura de Créditos adicionais				

DESPESAS ORÇAMENTÁRIAS	DOTAÇÃO INICIAL (d)	DOTAÇÃO ATUALIZ. (e)	DESPESAS EMPENH. (f)	DESPESAS LIQUID. (g)	DESPESAS PAGAS (h)	SALDO DOTAÇÃO (i) = (e - f)
DESPESAS DESPESAS CORRENTES Pessoal e Encargos Sociais Juros e Encargos da Dívida Outras Despesas Correntes DESPESAS DE CAPITAL Investimentos Inversões Financeiras Amortização da Dívida RESERVA DE CONTINGÊNCIA RESERVA DO RPPS						
SUBTOTAL DAS DESPESAS (VI)						
AMORTIZAÇÃO DA DÍVIDA REFINANCIAMENTO (VII) AMORTIZAÇÃO DA DÍVIDA INTERNA Dívida Mobiliária Outras Dívidas AMORTIZAÇÃO DA DÍVIDA EXTERNA Dívida Mobiliária Outras Dívidas						
SUBTOTAL COM REFINANCIAMENTO (VIII) = (VI + VII)						
SUPERÁVIT (IX)						
TOTAL (X) = (VIII + IX)						

Conforme se observa no modelo apresentado, o balanço orçamentário está estruturado em um quadro com duas seções, uma de "receitas orçamentárias" e outra de "despesas orçamentárias".

Na seção relativa às receitas orçamentárias, são apresentadas quatro colunas:

- na primeira coluna, são apresentados os valores da receita prevista;
- na segunda coluna, são apresentados os valores da receita atualizada;
- na terceira coluna, são apresentados os valores da receita realizada; e
- na quarta coluna, são apresentados os saldos existentes entre a receita realizada e a receita atualizada.

No final da seção da receita orçamentária, são apresentados subtotal das receitas, subtotal com refinanciamento, déficit e Total. E, ainda, há informações sobre saldos de exercícios anteriores, relativos ao superávit financeiro que possam ter sido utilizados para abertura de créditos adicionais e se houve reabertura de créditos adicionais.

Na seção relativa às despesas orçamentárias, são apresentadas seis colunas:

- na primeira coluna, são apresentados os valores da dotação inicial;
- na segunda coluna, são apresentados os valores da dotação atualizada;
- na terceira coluna, são apresentados os valores das despesas empenhadas;
- na quarta coluna, são apresentados os valores das despesas liquidadas;
- na quinta coluna, são apresentados os valores das despesas pagas; e
- na sexta coluna, são apresentados os saldos existentes entre a despesa atualizada e a despesa empenhada.

No final da seção da despesa orçamentária, são apresentados subtotal das receitas, subtotal com refinanciamento, superávit e Total.

Atendendo às normas gerais editadas pelo Manual de Contabilidade Aplicada ao Setor Público, devem ser incluídos ao Balanço Orçamentário dois quadros demonstrativos da execução de restos a pagar, um relativo aos restos a pagar não processados, outro relativo aos restos a pagar processados, com o mesmo detalhamento das despesas orçamentárias do balanço, de modo a propiciar uma análise da execução orçamentária do exercício em conjunto com a execução dos restos a pagar. Os modelos aludidos são os seguintes:

ANEXO 1 – DEMONSTRATIVO DE EXECUÇÃO DOS RESTOS A PAGAR NÃO PROCESSADOS

RESTOS A PAGAR NÃO PROCESSADOS	INSCRITOS		LIQUI-DADOS (c)	PAGOS (d)	CANCE-LADOS (e)	SALDO (f) = (a + b - c - e)
	EM EXERCÍCIOS ANTERIORES (a)	EM 31 DE DEZEMBRO DO EXERCÍCIO ANTERIOR (b)				

DESPESAS CORRENTES
    Pessoal e Encargos Sociais
    Juros e Encargos da Dívida
    Outras Despesas Correntes
DESPESAS DE CAPITAL
    Investimentos
    Inversões Financeiras
    Amortização da Dívida						

TOTAL						

Os Restos a Pagar não processados e liquidados no exercício de referência deverão permanecer demonstrados nas respectivas colunas de RESTOS A PAGAR NÃO PROCESSADOS. Todavia, no exercício seguinte, os saldos liquidados a pagar deverão ser demonstrados na coluna RESTOS A PAGAR PROCESSADOS – Inscritos – Em Exercícios Anteriores, apenas para efeito desse demonstrativo.

ANEXO 2 – DEMONSTRATIVO DE EXECUÇÃO DOS RESTOS A PAGAR PROCESSADOS

RESTOS A PAGAR PROCESSADOS	INSCRITOS		PAGOS (c)	CANCE-LADOS (d)	SALDO (e) = (a + b - c - d)
	EM EXERCÍCIOS ANTERIORES (a)	EM 31 DE DEZEMBRO DO EXERCÍCIO ANTERIOR (b)			

DESPESAS CORRENTES
  Pessoal e Encargos Sociais
  Juros e Encargos da Dívida
  Outras Despesas Correntes
DESPESAS DE CAPITAL
  Investimentos
  Inversões Financeiras
  Amortização da Dívida					

TOTAL					

Ao tomar conhecimento dessa estrutura apresentada pelo balanço orçamentário, preliminarmente atenta-se para o fato de que a sua leitura e consequente interpretação devem ser feitas considerando-se necessariamente:

a) o relacionamento entre a coluna de "Previsão Inicial" da receita com a coluna "Dotação Inicial" da despesa;

b) o relacionamento entre a coluna de "Previsão Atualizada" da receita com a coluna "Dotação Atualizada" da despesa;

c) o relacionamento entre a coluna de "Receita Realizada" com a coluna "Despesa Empenhada".

d) se no relacionamento da coluna de Receita Realizada, com a coluna Despesa Empenhada for verificado um saldo positivo (receita maior que despesa) será apresentado na parte da Despesa o "superávit" para equiparar os valores. Porém, se for verificado um saldo negativo (receita menor que despesa) será apresentado na parte da Receita o "déficit" para equiparar os valores.

Seguindo essa linha de raciocínio, fatalmente se conseguirá com maior facilidade e certeza chegar a uma leitura mais compreensível dos dados representados no balanço orçamentário e, consequentemente, adquirir as condições desejáveis para se proceder à análise e interpretação dos resultados apresentados.

A apresentação dos dados no balanço orçamentário, como acontece com a maioria dos balanços das entidades públicas, segue um padrão de valores consolidados por grandes grupos de contas que, relativamente às receitas, atendem à classificação econômica e às origens e espécies e, no que diz respeito às despesas, ao montante dos créditos orçamentários autorizados na lei de orçamento, ao montante dos créditos suplementares autorizados e abertos, ao montante dos créditos especiais autorizados e abertos ou reabertos no exercício, e ao montante dos créditos extraordinários abertos ou reabertos no exercício, atendem à classificação econômica e grupo de natureza da despesa.

Pelo fato de esses dados serem apresentados de forma consolidada, para melhor entendimento deve-se verificar o detalhamento desses valores que acabam sendo apresentados em anexos, tanto para demonstrar a discriminação da receita, quanto para demonstrar a discriminação da despesa.

No caso específico dos modelos em que são apresentados os detalhes complementares ao balanço orçamentário, devemos pelo menos verificar os demonstrativos que estarão constituídos no quadro Demonstração da Receita e Despesa, segundo as categorias econômicas; no quadro Comparativo da Receita Orçada/Atualizada com a Arrecadada; e, no quadro Comparativo da Despesa Autorizada com a Realizada.

2.2 Do balanço financeiro

Na sequência, trataremos do balanço que se baseia nas contas dos fatos financeiros, relativos aos recebimentos da Receita Orçamentária e Extraorçamentária e, os relativos aos pagamentos da Despesa Orçamentária e Extraorçamentária que são escrituradas no Grupo 6 – Controle da Execução do Planejamento e Orçamento. Podemos dizer que o balanço financeiro é um quadro de contabilidade com duas seções, "receita" e "despesa", em que se distribuem entradas e saídas de numerário, demonstram-se as operações de tesouraria e igualam-se as duas somas com os "saldos de caixa" (disponível), o inicial e o existente.

Tal como acontece nas imagens figurativas, o balanço financeiro poderia ser representado como um grande cofre; no início do exercício sabemos quanto há nele guardado (em caixa/bancos) e disponível. Na movimentação dinâmica que, fatalmente, ocorrerá durante o exercício financeiro, tudo o que entrar em numerário ou depósito bancário será considerado Receita, quer de origem orçamentária, quer de origem não orçamentária, e será acrescido aos valores já existentes no cofre; em caso contrário, também por força dessa movimentação dinâmica, tudo o que for retirado do cofre em numerário ou saque bancário será considerado Despesa e poderá ser de origem orçamentária ou extraorçamentária, e ser deduzido dos valores existentes no cofre. Evidentemente, registrando todas essas movimentações, teremos a seguinte situação: saldo inicial (exercício anterior) + entradas (receitas) – saídas (despesas) = saldo existente (que passa para o exercício seguinte).

Guardadas as devidas proporções, o que o balanço financeiro demonstra é exatamente essa equação, ou seja, os movimentos ocorridos por meio das operações financeiras, pois "o balanço financeiro demonstrará a receita e despesa orçamentárias bem como os recebimentos e os pagamentos de natureza extraorçamentária, conjugados com os saldos em espécie provenientes do exercício anterior, e os que se transferem para o exercício seguinte.[3]

---

[3] Art. 103 da Lei nº 4.320/64.

A Lei nº 4.320/64 apresenta o Anexo nº 13 que deverá ser utilizado para constituir o balanço financeiro, conforme modelo a seguir:

ANEXO Nº 13 – BALANÇO FINANCEIRO

Exercício: _____ Mês: _____ Emissão: _____ Página: _____

INGRESSOS			DISPÊNDIOS		
ESPECIFICAÇÃO	Exercício Atual	Exercício Anterior	ESPECIFICAÇÃO	Exercício Atual	Exercício Anterior
Receita Orçamentária (I)			Despesa Orçamentária (VI)		
Ordinária			Ordinária		
Vinculada			Vinculada		
Previdência Social			Previdência Social		
Convênios			Convênios		
Recursos Próprios Diretamente Arrecadados			Recursos Próprios Diretamente Arrecadados		
Operações de Crédito			Operações de Crédito		
Alienação de Bens					
Deduções da Receita			Transferências Financeiras Concedidas (VII)		
Transferências Financeiras Recebidas (II)			Pagamentos Extraorçamentários (VIII)		
Recebimentos Extraorçamentários (III)			Pagamento de RP Processados		
Inscrição de RP Processados			Pagamento de RP Não Processados		
Inscrição de RP Não Processados			Valores Restituíveis		
Valores Restituíveis			Saldo para o exercício Seguinte (IX)		
Saldo do Período Anterior (IV)					
TOTAL (V) = (I+II+III+IV)			TOTAL (X) = (VI+VII+VIII+IX)		

O balanço financeiro, estruturalmente, como se observa, é um quadro com duas seções, uma de "receita ou ingressos" e outra de "despesas ou dispêndios", que se igualam, computando-se os saldos do exercício anterior, na parte da receita/ingresso, e o saldo que passa para o exercício seguinte, na parte da despesa/dispêndio.

No balanço financeiro devem ser demonstrados os "movimentos do exercício", isto é, a somatória das operações realizadas por contas durante o exercício, e não somente os saldos das contas. Os únicos saldos que são apresentados nesse balanço são os correspondentes às disponibilidades do exercício anterior e as que passam para o exercício seguinte.

Como o balanço financeiro é apresentado com valores globais, para conhecer melhor os pormenores de sua movimentação, deve-se recorrer também ao quadro Demonstração dos Fluxos de Caixa, que apresenta as receitas/ingresso e as despesas/dispêndios, com informações mais detalhadas.

Para identificar o resultado financeiro apresentado por esse balanço, em termos de superávit ou déficit financeiro, há duas maneiras de se proceder a apuração:

1ª considerar o resultado de uma equação, em que se considera a soma total das entradas (receita orçamentária adicionada à receita extraorçamentária) subtraindo-se a soma total das saídas (despesa orçamentária mais despesa extraorçamentária); e o resultado será superávit financeiro, se o saldo for positivo, déficit se o saldo for negativo;

2ª considerar a soma total do saldo que passa para o exercício seguinte e subtrair a soma total do saldo do exercício anterior, o resultado será superávit se o saldo for positivo, e déficit no caso de ser negativo.

Portanto, o balanço financeiro, em relação à movimentação financeira ocorrida no exercício, apresentará como resultado um superávit do ponto de vista financeiro, se a somatória total das entradas (receitas/ingressos) for maior que a somatória total das saídas (despesas/dispêndios), e um déficit também do ponto de vista financeiro, se a somatória total das entradas (receitas/ingressos) for menor do que a somatória total das saídas (despesas/dispêndios), o que, em última instância, demonstrará se houve acréscimo ou diminuição dos recursos financeiros.

2.3 Do balanço patrimonial

Os registros pelos quais é demonstrada a movimentação escriturada, relativos ao sistema patrimonial, ocorrerão por meio de dois instrumentos, o balanço patrimonial e o quadro da demonstração das variações patrimoniais.

Trataremos a seguir da movimentação registrada que deverá ser demonstrada no balanço patrimonial, conforme consta do Anexo nº 14, da Lei nº 4.320/64.

ANEXO Nº 14 – BALANÇO PATRIMONIAL

Exercício: _____ Mês: _____ Emissão: _____ Página: _____

ATIVO			PASSIVO		
ESPECIFICAÇÃO	Exercício Atual	Exercício Anterior	ESPECIFICAÇÃO	Exercício Atual	Exercício Anterior
ATIVO CIRCULANTE			PASSIVO CIRCULANTE		
Caixa e Equivalentes de Caixa			Obrigações Trabalhistas, Previdenciárias e Assistenciais a Pagar a Curto Prazo		
Créditos a Curto Prazo					
Demais Créditos e Valores a Curto Prazo			Empréstimos e Financiamentos a C. Prazo		
Investimentos Temporários			Fornecedores e Contas a Pagar a C. Prazo		
Estoques					
VPD Pagas Antecipadamente			Obrigações Fiscais a Curto Prazo		
			Demais Obrigações a Curto Prazo		
ATIVO CIRCULANTE			Provisões a Curto Prazo		
Ativo Realizável a Longo Prazo					
Créditos a Longo Prazo			PASSIVO NÃO CIRCULANTE		
Demais Créditos e Valores a L. Prazo			Obrigações Trabalhistas, Previdenciárias e Assistenciais a Pagar a Longo Prazo		
Investimentos Temporários a L. Prazo			Empréstimos e Financiamentos a L. Prazo		
Estoques					
VPD Pagas Antecipadamente			Fornecedores a Longo Prazo		
Investimentos			Obrigações Fiscais a Longo Prazo		
Participações Permanentes			Demais Obrigações a Longo Prazo		
Demais Investimentos Permanentes					
(-) Redução ao Valor Recuperável			Provisões a Longo Prazo		
			Resultado Diferido		
Imobilizado					
Bens Móveis					
Bens Imóveis			TOTAL DO PASSIVO		
(-) Depreciação, Exaustão e Amortização Acumuladas			PATRIMÔNIO LÍQUIDO		
(-) Redução ao Valor Recuperável			ESPECIFICAÇÃO	Exercício Atual	Exercício Anterior
Intangível					
Softwares			Patrimônio Social e Capital Social		
Marcas, Direitos e Patentes Industriais			Adiantamento para Futuro Aumento de Capital		
Direito de Uso de Imóveis			Reservas de Capital		
(-) Amortização Acumulada			Ajustes de Avaliação Patrimonial		
(-) Redução ao Valor Recuperável			Reservas de Lucros		
			Demais Reservas		
			Resultados Acumulados		
			(-) Ações/Cotas em Tesouraria		
			TOTAL DO PATRIMÔNIO LÍQUIDO		
TOTAL			TOTAL		

Neste ponto, verifica-se que o modelo acima foi inserido pelas normas gerais editadas através do Manual de Contabilidade Aplicada ao Setor Público, Parte V – Demonstrações Contábeis Aplicadas ao Setor Público.

Porém, o art. 105 da Lei nº 4.320/64, diz:

"Art.105. O Balanço Patrimonial demonstrará:

I – o Ativo Financeiro;

II – o Ativo Permanente;

III – o Passivo Financeiro

IV – o Passivo Permanente;

V – o Saldo Patrimonial;

VI – as Contas de Compensação.

§1º O Ativo Financeiro compreenderá os créditos e valores realizáveis independentemente de autorização orçamentária e os valores numerários.

§ 2º O Ativo Permanente compreenderá os bens, créditos e valores, cuja mobilização ou alienação dependa de autorização legislativa.

§ 3º O Passivo Financeiro compreenderá os compromissos exigíveis cujo pagamento independa de autorização orçamentária.

§ 4º O Passivo Permanente compreenderá as dívidas fundadas e outras que dependam de autorização legislativa para amortização ou resgate.

§ 5º Nas contas de compensação serão registrados os bens, valores, obrigações e situações não compreendidas nos parágrafos anteriores e que, mediata ou imediatamente, possam vir a afetar o patrimônio."

O demonstrativo que será apresentado a seguir tem a finalidade de atender às disposições do art. 105 da Lei nº 4.320/64, especificamente, as relativas às alíneas "I a V".

ATIVO FINANCEIRO			PASSIVO FINANCEIRO		
ATIVO PERMANENTE			PASSIVO PERMANENTE		
SALDO PATRIMONIAL					

E, para o atendimento da alínea "VI" do art. 105 da Lei nº 4.320/64, é apresentado o demonstrativo seguinte:

Compensações:

ESPECIFICAÇÃO Saldo dos Atos Potenciais Ativos	Exercício Atual	Exercício Anterior	ESPECIFICAÇÃO Saldo dos Atos Potenciais Passivos	Exercício Atual	Exercício Anterior
TOTAL _____			TOTAL _____		

Como se pode observar, a estrutura do balanço patrimonial guarda estreita conformidade com a apresentada para as empresas e entidades da iniciativa privada, e cuja estrutura deve obedecer aos dispositivos da Lei nº 6.404 de 15-12-1976, havendo tão somente algumas nomenclaturas de grupos de contas diferentes, mas que na essência se referem a fatos semelhantes. Por exemplo, na Lei nº 6.404/76 consta um grupo com o nome de Ativo Circulante e na Lei nº 4.320/64, o grupo Ativo Financeiro, composto de contas que representam as demonstrações de fatos idênticos ou semelhantes.

E, nem poderia ser diferente, uma vez que,

> "o patrimônio é o objeto da Contabilidade, pois sobre ele se exercem as funções dessa ciência, que o estuda, o controla e o demonstra de forma expositiva, através das demonstrações contábeis, alcançando-se assim a finalidade informativa da Contabilidade".[4]

O patrimônio em seu conceito clássico é considerado como "o conjunto de bens, direitos e obrigações" pertencentes a pessoa física ou jurídica. A interpretação real desse conceito leva-nos à seguinte ilação prática: o patrimônio é composto pela somatória dos bens mais os direitos (ativo), subtraindo-se as obrigações (passivo), possuídos por uma pessoa física ou jurídica.

Essa interpretação é, até certo ponto, lógica, pois não se pode compreender o patrimônio como constituído apenas dos bens e dos direitos de uma pessoa (física ou jurídica). Eles compõem a parte ativa do patrimônio, isto é, a propriedade física dos bens para uso ou movimentação, e os créditos ou valores a receber, realizáveis a curto, médio ou longo prazos em moeda corrente.

Obviamente, a parte passiva do patrimônio, ou seja, os compromissos assumidos que devem ser pagos e exigidos a curto, médio ou longo prazos, também deve compor esse conjunto. Não fora assim, haveria uma visão errônea do patrimônio e, como consequência, da situação patrimonial das pessoas físicas ou jurídicas.

---

[4] FRANCO, Hilário. *Estrutura, análise e interpretação de balanços*. 15. ed. São Paulo: Atlas, 1992.

Patrimônio Público, por analogia, compreende o conjunto de bens, direitos e obrigações, avaliáveis em moeda corrente, das entidades que compõem a administração pública.

Consoante se verifica, fica bem claro, pela distribuição apresentada no balanço patrimonial, que sua estrutura observa o conteúdo conceitual relativo ao patrimônio público, pois, na parte correspondente à demonstração do Ativo, representando os bens e direitos, vamos encontrar dois grandes grupos de contas denominadas ativo circulante e ativo não circulante que, conforme já procuramos antecipar, referem-se às contas dos grupos denominados ativo financeiro e ativo permanente constantes da Lei nº 4.320/64, na realidade, representando as demonstrações de fatos idênticos ou semelhantes.

A outra parte apresenta a demonstração do Passivo e do Patrimônio Líquido, que, em tese, diz respeito às contas denominadas passivo circulante e passivo não circulante, identicamente, ao que já foi mencionado na parte do Ativo, referem-se às contas dos grupos denominados passivo financeiro e passivo permanente constantes da Lei nº 4.320/64, na realidade, também representando as demonstrações de fatos idênticos ou semelhantes.

Portanto, ao se observar o balanço patrimonial, verificamos a demonstração da situação patrimonial de determinado exercício, apresentada pelo saldo de grupos de contas e, por conseguinte, por valores globais, que nos indicam que maiores detalhes e esclarecimentos devem ser apresentados nos Anexos nºs 1, 10 e 11, relativos às questões orçamentárias e financeiras e, nos Anexos nºs 16 e 17, relativos às Demonstrações da Dívida Fundada Interna e Externa, e da Dívida Flutuante, respectivamente.

Por outro lado, o balanço patrimonial apresenta o resultado patrimonial do exercício, mediante os saldos das contas que representam os valores residuais dos ativos da entidade, depois de deduzidos todos os seus passivos, demonstradas na parte do Patrimônio Líquido, ou seja, onde é apresentado o saldo patrimonial, que corresponde ao mencionado na alínea V do art. 105 da Lei nº 4.320/64.

2.4 Da demonstração das variações patrimoniais

A demonstração das variações patrimoniais evidencia as alterações verificadas no patrimônio, resultantes ou independentes da execução orçamentária, e indica o resultado patrimonial do exercício. Nela são demonstrados os registros do subsistema de informações patrimoniais, evidenciando a movimentação ocorrida no patrimônio, resultante de alterações nos valores de qualquer dos elementos do patrimônio público, por alienação, aquisição, dívida contraída, dívida liquidada, depreciação ou valorização, amortização, superveniência, insubsistência, efeitos da execução orçamentária e resultado do exercício financeiro.

Essa movimentação deve ser apresentada conforme dispõe o Anexo nº 15, Demonstração das Variações Patrimoniais.

Conforme se pode verificar pelo Anexo nº 15, esse quadro demonstrativo das variações patrimoniais assemelha-se muito ao demonstrativo da conta de Lucros e Perdas utilizado pelas empresas privadas, até porque ambos se referem à apuração de resultados do exercício, um do ponto de vista das variações ocorridas no patrimônio, e o outro do ponto de vista da movimentação comercial, em termos de lucros e perdas.

ANEXO Nº 15 – DEMONSTRAÇÃO DAS VARIAÇÕES PATRIMONIAIS

Exercício: _____ Mês: _____ Emissão: _____ Página: _____

VARIAÇÕES PATRIMONIAIS QUANTITATIVAS	EXERCÍCIO ATUAL	EXERCÍCIO ANTERIOR
VARIAÇÕES PATRIMONIAIS AUMENTATIVAS		
Impostos, Taxas e Contribuições de Melhoria		
Impostos		
Taxas		
Contribuições de Melhoria		
Contribuições		
Contribuições Sociais		
Contribuições de Intervenção no Domínio Econômico		
Contribuição de Iluminação Pública		
Exploração e Venda de Bens, Serviços e Direitos		
Venda de Mercadorias		
Venda de Produtos		
Exploração de Bens e Direitos e Prestação de Serviços		
Variações Patrimoniais Aumentativas Financeiras		
Juros e Encargos de Empréstimos e Financiamentos Concedidos		
Juros e Encargos de Mora		
Variações Monetárias e Cambiais		
Descontos Financeiros Obtidos		
Remuneração de Depósitos Bancários e Aplicações Financeiras		
Outras Variações Patrimoniais Aumentativas – Financeiras		
Transferências Recebidas		
Transferências Intragovernamentais		
Transferências Intergovernamentais		
Transferências das Instituições Privadas		
Transferências das Instituições Multigovernamentais		
Transferências de Consórcios Públicos		
Transferências do Exterior		
Transferências de Pessoas Físicas		
Valorização e Ganhos com Ativos		
Reavaliação de Ativos		
Ganhos com Alienação		
Ganhos com Incorporação de Ativos por Descobertas e Nascimentos		
Outras Variações Patrimoniais Aumentativas		
Resultado Positivo de Participações		
Diversas Variações Patrimoniais Aumentativas		

VARIAÇÕES PATRIMONIAIS DIMINUTIVAS		
Pessoal e Encargo		
Remuneração a Pessoal		
Encargos Patronais		
Benefícios a Pessoal		
Custo de Pessoal e Encargos		
Outras Variações Patrimoniais Diminutivas – Pessoal e Encargos		
Benefícios Previdenciários		
Aposentadorias e Reforma		
Pensões		
Outros Benefícios Previdenciários		
Benefícios Assistenciais		
Benefícios de Prestação Continuada		
Benefícios Eventuais		
Políticas Públicas de Transferência de Renda		
Outros Benefícios Assistenciais		
Uso de Bens, Serviços e Consumo de Capital Fixo		
Uso de Material de Consumo		
Serviços		
Depreciação, Amortização e Exaustão		
Custo de Materiais, Serviços e Consumo de Capital Fixo		
Variações Patrimoniais Diminutivas – Financeiras		
Juros e Encargos de Empréstimos e Financiamentos Obtidos		
Juros e Encargos de Mora		
Variações Monetárias e Cambiais		
Descontos Financeiros Concedidos		
Outras Variações Patrimoniais Diminutivas – Financeiras		
Transferências Concedidas		
Transferências Intragovernamentais		
Transferências Intergovernamentais		
Transferências a Instituições Privadas		
Transferências a Instituições Multigovernamentais		
Transferências a Consórcios Públicos		
Transferências ao Exterior		
Desvalorização e Perda de Ativos		
Redução a Valor Recuperável e Provisão para Perdas		
Perdas com Alienação		
Perdas Involuntárias		
Tributárias		
Impostos, Taxas e Contribuição de Melhoria		
Contribuições		
Custo com Tributos		
Outras Variações Patrimoniais Diminutivas		
Premiações		
Resultado Negativo de Participações		
Variações Patrimoniais Diminutivas de Instituições Financeiras		
Equalizações de Preços e Taxas		
Participações e Contribuições		
Diversas Variações Patrimoniais Diminutivas		
Resultado Patrimonial do Período		

VARIAÇÕES PATRIMONIAIS QUALITATIVAS (decorrentes da execução orçamentária)	EXERCÍCIO ATUAL	EXERCÍCIO ANTERIOR
Incorporação de ativo Desincorporação de passivo Incorporação de passivo Desincorporação de ativo		

Isto nos faz recordar o que foi exposto sobre o Balanço Patrimonial: os registros contábeis que constituem o subsistema de informações patrimoniais são apresentados por duas peças: o Balanço Patrimonial e as Demonstrações das Variações Patrimoniais; nunca podemos esquecer, porém, que ambas se referem à escrituração contábil da movimentação patrimonial.

Segundo J. Teixeira Machado Jr. e Heraldo da Costa Reis,

"a Demonstração das Variações Patrimoniais não constitui anexo de balanço; ela é integrante do balanço, pois a compreensão deste só se faz perfeita quando acompanhada dela. Tal observação é válida também para a contabilidade das empresas, onde a Demonstração de Lucros e Perdas integra o conteúdo do Balanço Geral".[5]

A Demonstração das Variações Patrimoniais evidencia as alterações que ocorreram no patrimônio, ou seja, apresenta as modificações registradas do ponto de vista contábil, em duas seções: Variações Patrimoniais Aumentativas e Variações Patrimoniais Diminutivas.

As Variações Patrimoniais Aumentativas são alterações que ocorrem nos elementos patrimoniais, resultando no aumento do patrimônio público. Portanto, qualquer aumento de valor dos bens e direitos do ativo não circulante, ou qualquer diminuição de valor das obrigações do passivo não circulante consideram-se variações patrimoniais aumentativas, pois contribuem para que o patrimônio seja aumentado.

Essas variações podem decorrer da execução orçamentária, ou ser independente dela e, como se observa, são apresentadas e classificadas nos seguintes grupos: Impostos, Taxas e Contribuições de Melhoria; Contribuições; Exploração e Venda de Bens, Serviços e Direitos; Variações Patrimoniais Aumentativas – Financeiras; Transferências Recebidas; Valorização e Ganhos com Ativos; e Outras Variações Patrimoniais Aumentativas.

As Variações Patrimoniais Diminutivas são alterações que ocorrem nos elementos patrimoniais e provocam a diminuição do patrimônio público. Portanto, qualquer aumento de valor dos elementos das obrigações do passivo não circulante, ou qualquer

---

[5] *A Lei nº 4.320 comentada*. Rio de Janeiro: Instituto Brasileiro de Administração Municipal – Ibam, 1975.

diminuição de valor dos elementos dos bens e direitos do ativo não circulante consideram-se variações patrimoniais diminutivas, pois contribuem para a diminuição do patrimônio público.

Essas variações também podem decorrer da execução orçamentária ou ser independentes dela e, como se observa, são apresentadas e classificadas nos seguintes grupos: Pessoal e Encargos; Benefícios Previdenciários; Benefícios Assistenciais; Uso de Bens, Serviços e Consumo de Capital Fixo; Variações Patrimoniais Diminutivas Financeiras; Transferências Concedidas; Desvalorização e Perda de Ativos; Tributárias; e Outras Variações Patrimoniais Diminutivas.

Vamos encontrar também ao final delas a indicação sobre a apresentação do Resultado Patrimonial do exercício.

A esta altura, podemos dizer que as Variações Patrimoniais devem ser vistas sob dois enfoques. As Variações Patrimoniais Quantitativas são as que decorrem de transações que aumentam ou diminuem o patrimônio líquido, subdividindo-se em: Variações Patrimoniais Aumentativas – quando aumentam o patrimônio líquido; e Variações Patrimoniais Diminutivas – quando diminuem o patrimônio líquido. E as Variações Patrimoniais Qualitativas, que são as que alteram a composição dos elementos patrimoniais sem afetar o patrimônio líquido, determinando modificações apenas na composição específica dos elementos patrimoniais, ou seja, são aquelas em que ocorrem permutações de mesmo valor dos elementos do patrimônio e, portanto, não alteram o valor do patrimônio líquido.

Concluindo, verifica-se que foi apresentado o Quadro Demonstrativo das Variações Patrimoniais Qualitativas, ou seja, aquelas decorrentes da execução orçamentária que, em tese, correspondem às variações patrimoniais que a Lei nº 4.320/64, em seu Anexo nº 15, as exibia como Mutações Patrimoniais, tanto nas Variações Patrimoniais Ativas, como nas Passivas. Esse quadro procura demonstrar o movimento registrado dessas variações permutativas ocorridas no exercício.

02

COMPOSIÇÃO E CONTEÚDO DOS BALANÇOS PÚBLICOS

1 Considerações

Os Balanços Públicos, conforme já exposto, são apresentados por meio de um conjunto de quatro peças que representam o resultado contábil dos atos e fatos praticados pelas entidades públicas, em determinado período de tempo, correspondente geralmente ao exercício financeiro que no Brasil coincide com o ano civil, ou seja, inicia-se em 1º de janeiro e termina em 31 de dezembro.

As quatro peças mencionadas referem-se ao Balanço Orçamentário, ao Balanço Financeiro, ao Balanço Patrimonial e à Demonstração das Variações Patrimoniais; sobre o assunto, a Lei nº 4.320, de 17-3-1964, em seu art. 101, diz textualmente:

> "Art. 101. Os resultados gerais do exercício serão demonstrados no Balanço Orçamentário, no Balanço Financeiro, no Balanço Patrimonial, na Demonstração das Variações Patrimoniais, segundo os Anexos nºs 12, 13, 14 e 15 (...)".

A leitura do texto legal transcrito evidencia que

> "a Contabilidade Pública é um dos ramos mais complexos da ciência contábil e tem por objetivo captar, registrar, acumular, resumir e interpretar os fenômenos que afetam as situações orçamentárias, financeiras e patrimoniais das entidades de direito público interno, ou seja, a União, os Estados, o Distrito Federal e os Municípios, através de metodologia especialmente concebida para tal, que se utiliza de contas escrituradas segundo normas específicas que constituem o Sistema Contábil Público."

O Sistema Contábil[1] é a estrutura de informações para identificação, mensuração, avaliação, registro, controle e evidenciação dos atos e dos fatos da gestão do patrimônio público, com o objetivo de orientar o processo de decisão, a prestação de contas e a instrumentalização do controle social.

---

[1] Deve-se entender por Sistema Contábil o Sistema Contábil Brasileiro.

Esse sistema é organizado em subsistemas de informações, que oferecem produtos diferentes em razão das especificidades demandadas pelos usuários e facilitam a extração de informações.

Conforme as Normas Brasileiras de Contabilidade Aplicadas ao Setor Público, o sistema contábil público estrutura-se nos seguintes subsistemas:

a) Subsistema de Informações Orçamentárias;

b) Subsistema de Informações Patrimoniais;

c) Subsistema de Custos; e

d) Subsistema de Compensação.

Muito embora a Contabilidade Pública utiliza-se dos quatro subsistemas mencionados, somente são apresentados três balanços com os resultados gerais do exercício, como: o Balanço Orçamentário, o Balanço Financeiro e o Balanço Patrimonial, este último apresenta também a Demonstração das Variações Patrimoniais e, o subsistema de compensação, conquanto a escrituração seja independente, possui na legislação um tratamento como Contas de Compensação e seus saldos serão apresentados junto com o balanço patrimonial.

2 Composição e Conteúdo

2.1 Preâmbulo

Por outro lado, a estruturação de contas, feita por meio do sistema descrito, tem como objetivo atender à legislação relativa às normas de direito financeiro, ou seja, normas gerais de Orçamento Público e de Contabilidade Pública, a saber:

> "Os serviços de contabilidade serão organizados de forma a permitir o acompanhamento da execução orçamentária, o conhecimento da composição patrimonial, a determinação dos custos Industriais, o levantamento dos balanços gerais, a análise e a interpretação dos resultados econômicos e financeiros."[2]

Na sequência, providências deverão ser tomadas para, nos momentos oportunos, apresentar a composição[3] que cada uma dessas quatro peças procuram demonstrar, pois acreditamos que, além de ser uma forma de conhecer e entender seu conteúdo,[4] pode também possibilitar as condições e os meios necessários para melhor interpretar seus resultados.

---

[2] Art. 85 da Lei nº 4.320/64.

[3] Composição: ato ou efeito de compor. Compor, formar ou construir de diferentes partes ou várias coisas (*Minidicionário Aurélio*).

[4] Conteúdo – o que se contém nalguma coisa. Conter: ter em si; incluir (*Minidicionário Aurélio*).

2.2 Do balanço orçamentário

O Balanço Orçamentário apresenta as receitas e as despesas previstas em confronto com as realizadas.

Essa peça deve refletir o fato de que

"o registro contábil da receita e da despesa far-se-á de acordo com as especificações constantes da Lei de Orçamento e dos créditos adicionais".

Para melhor visualizarmos o que compõe o Balanço Orçamentário, vamos em seguida apresentá-lo, conforme o modelo oficial e legal que obedece à seguinte forma:

ANEXO Nº 12 – BALANÇO ORÇAMENTÁRIO

Exercício: _____ Mês: _____ Emissão: _____ Página: _____

RECEITAS ORÇAMENTÁRIAS	PREVISÃO INICIAL	PREVISÃO ATUALIZADA (a)	RECEITAS REALIZADAS (b)	SALDO (b – a)
RECEITAS				
RECEITAS CORRENTES				
RECEITA TRIBUTÁRIA				
Impostos				
Taxas				
Contribuição de Melhoria				
RECEITA DE CONTRIBUIÇÕES				
Contribuições Sociais				
Contribuições Econômicas				
RECEITA PATRIMONIAL				
Receitas Imobiliárias				
Receitas de Valores Mobiliários				
Receitas de Concessões e Permissões				
Outras Receitas Patrimoniais				
RECEITA AGROPECUÁRIA				
Receita de Produção Vegetal				
Receita da Produção Animal e Derivados				
Outras Receitas Agropecuárias				
RECEITA INDUSTRIAL				
Receita da Indústria de Transformação				
Receita da Indústria de Construção				
Outras Receitas Indústriais				
RECEITA DE SERVIÇOS				
TRANSFERÊNCIAS CORRENTES				
Transferências Intergovernamentais				
Transferências de Instituições Privadas				
Transferências do Exterior				
Transferências de Pessoas				
Transferências de Convênios				
Transferências para o Combate à Fome				
OUTRAS RECEITAS CORRENTES				
Multas e Juros de Mora				
Indenizações e Restituições				
Receita da Dívida Ativa				
Receitas Correntes Diversas				

RECEITAS DE CAPITAL					
OPERAÇÕES DE CRÉDITO					
Operações de Crédito Internas					
Operações de Crédito Externas					
ALIENAÇÃO DE BENS					
Alienação de Bens Móveis					
Alienação de Bens Imóveis					
AMORTIZAÇÃO DE EMPRÉSTIMOS					
TRANSFERÊNCIAS DE CAPITAL					
Transferências Intergovernamentais					
Transferências de Instituições Privadas					
Transferências do Exterior					
Transferências de Pessoas					
Transf. de Outras Instituições Públicas					
Transferências de Convênios					
Transferências para o Combate à Fome					
OUTRAS RECEITAS DE CAPITAL					
Integralização do Capital Social					
Div. Ativa Prov. da Amort. Emp. e Financ.					
Restituições					
Receitas de Capital Diversas					
SUBTOTAL DAS RECEITAS (I)					
OPERAÇÕES DE CRÉDITO REFINANCIAMENTO (II)					
OPERAÇÕES DE CRÉDITO INTERNAS					
Mobiliária					
Contratual					
OPERAÇÕES DE CRÉDITO EXTERNAS					
Mobiliária					
Contratual					
SUBTOTAL C/ REFINANCIAMENTO (III) = (I + II)					
DÉFICIT (IV)					
TOTAL (V) = (III + IV)					
SALDOS DE EXERCÍCIOS ANTERIORES (UTILIZADOS PARA CRÉDIT. ADICIONAIS)					
Superávit Financeiro					
Reabertura de Créditos adicionais					

DESPESAS ORÇAMENTÁRIAS	DOTAÇÃO INICIAL (d)	DOTAÇÃO ATUALIZ. (e)	DESPESAS EMPENH. (f)	DESPESAS LIQUID. (g)	DESPESAS PAGAS (h)	SALDO DOTAÇÃO (i) = (e - f)
DESPESAS						
DESPESAS CORRENTES						
Pessoal e Encargos Sociais						
Juros e Encargos da Dívida						
Outras Despesas Correntes						
DESPESAS DE CAPITAL						
Investimentos						
Inversões Financeiras						
Amortização da Dívida						
RESERVA DE CONTINGÊNCIA						
RESERVA DO RPPS						

SUBTOTAL DAS DESPESAS (VI)						
AMORTIZAÇÃO DA DÍVIDA REFINANCIAMENTO (VII) 　AMORTIZAÇÃO DA DÍVIDA INTERNA 　　Dívida Mobiliária 　　Outras Dívidas 　AMORTIZAÇÃO DA DÍVIDA EXTERNA 　　Dívida Mobiliária 　　Outras Dívidas						
SUBTOTAL COM REFINANCIA-MENTO (VIII) = (VI + VII)						
SUPERÁVIT (IX)						
TOTAL (X) = (VIII + IX)						

Atendendo às normas gerais editadas pelo Manual de Contabilidade Aplicada ao Setor Público, devem ser incluídos ao Balanço Orçamentário dois quadros demonstrativos da execução de restos a pagar, um relativo aos restos a pagar não processados, outro relativo aos restos a pagar processados, com o mesmo detalhamento das despesas orçamentárias do balanço, de modo a propiciar uma análise da execução orçamentária do exercício em conjunto com a execução dos restos a pagar. Os modelos aludidos são os seguintes:

ANEXO 1 – DEMONSTRATIVO DE EXECUÇÃO DOS RESTOS A PAGAR NÃO PROCESSADOS

RESTOS A PAGAR NÃO PROCESSADOS	INSCRITOS		LIQUI-DADOS (c)	PAGOS (d)	CANCE-LADOS (e)	SALDO (f) = (a + b – c – e)
	EM EXERCÍCIOS ANTERIORES (a)	EM 31 DE DE-ZEMBRO DO EXERCÍCIO ANTERIOR (b)				
DESPESAS CORRENTES 　Pessoal e Encargos Sociais 　Juros e Encargos da Dívida 　Outras Despesas Correntes DESPESAS DE CAPITAL 　Investimentos 　Inversões Financeiras 　Amortização da Dívida						
TOTAL						

Os Restos a Pagar não processados e liquidados no exercício de referência deverão permanecer demonstrados nas respectivas colunas de RESTOS A PAGAR NÃO PROCESSADOS. Todavia, no exercício seguinte, os saldos liquidados a pagar deverão ser demonstrados na coluna RESTOS A PAGAR PROCESSADOS – Inscritos – Em Exercícios Anteriores, apenas para efeito desse demonstrativo.

ANEXO 2 – DEMONSTRATIVO DE EXECUÇÃO DOS RESTOS A PAGAR PROCESSADOS

RESTOS A PAGAR PROCESSADOS	INSCRITOS EM EXERCÍCIOS ANTERIORES (a)	INSCRITOS EM 31 DE DEZEMBRO DO EXERCÍCIO ANTERIOR (b)	PAGOS (c)	CANCELADOS (d)	SALDO (e) = (a + b – c – d)

DESPESAS CORRENTES
  Pessoal e Encargos Sociais
  Juros e Encargos da Dívida
  Outras Despesas Correntes
DESPESAS DE CAPITAL
  Investimentos
  Inversões Financeiras
  Amortização da Dívida					

TOTAL					

Consoante se pode verificar, o Balanço Orçamentário apresenta os registros de forma sintética e com valores globais; quem necessitar de maiores informações deve utilizar os anexos que demonstram as receitas e as despesas orçamentárias, com mais detalhes.

Observando o Anexo nº 12, pode-se inferir que o Balanço Orçamentário deve demonstrar o resultado dos registros contábeis, de forma que atenda às especificações constantes da Lei de Orçamento relativa ao exercício financeiro a que se referir, especificamente quanto à receita prevista em confronto com a realizada, e quanto à despesa fixada, incluindo-se o montante de créditos adicionais abertos no exercício, em confronto com a despesa executada.

O Balanço Orçamentário, por conseguinte, é elaborado para atender e controlar as receitas e as despesas de acordo com as especificações constantes da Lei de Orçamento e dos créditos adicionais; por isso, pode-se dizer que, em realidade, esses registros contábeis têm vigência restrita ao exercício a que se referir; portanto, os saldos das contas, bem como seus resultados, não se transferem de um exercício para outro.

Devemos considerar como exceção os créditos especiais e os extraordinários que forem autorizados no último quadrimestre do exercício, cujos saldos podem ser transferidos, pois sua vigência poderá ser estendida até o final do exercício subsequente.

Devemos realçar também que todo ano é editada uma Lei de Orçamento destinada a discriminar a receita e a despesa, e a evidenciar a política econômico-financeira e o programa de trabalho do Governo, obedecidos os princípios de unidade, universalidade e anualidade.[5]

---

[5] Art. 2º da Lei nº 4.320/64.

2.2.1 Da especificação da receita

O Balanço Orçamentário, com relação à receita, deve conter, na coluna relativa às receitas orçamentárias, a especificação da receita em termos de categoria econômica, origem e espécie, e, na coluna relativa à Previsão Inicial, os valores que a Lei de Orçamento consignar para o exercício.

No que respeita, especificamente, à receita,

> "a Lei de Orçamento compreenderá todas as receitas, inclusive as de operações de crédito autorizadas em lei, não se considerando as operações de crédito por antecipação da receita, as emissões de papel moeda e outras entradas compensatórias no ativo e passivo financeiros".[6]

A Lei de Orçamento deve conter todas as receitas que se espera arrecadar no exercício a que ela referir-se; são consideradas também as operações de crédito autorizadas em lei, ou seja, os empréstimos e financiamentos que, eventualmente, são necessários para a cobertura das despesas constantes do programa de trabalho do Governo.

Ainda, devemos atentar para o fato de que a Lei de Orçamento relativamente à discriminação da receita deverá obedecer ao seguinte esquema:

"RECEITAS CORRENTES
  RECEITA TRIBUTÁRIA
    Impostos
    Taxas
    Contribuições de Melhoria
  RECEITA DE CONTRIBUIÇÕES
  RECEITA PATRIMONIAL
  RECEITA AGROPECUÁRIA
  RECEITA INDUSTRIAL
  RECEITA DE SERVIÇOS
  TRANSFERÊNCIAS CORRENTES
  OUTRAS RECEITAS CORRENTES

RECEITAS DE CAPITAL
  OPERAÇÕES DE CRÉDITO
  ALIENAÇÕES DE BENS
  AMORTIZAÇÃO DE EMPRÉSTIMOS
  TRANSFERÊNCIAS DE CAPITAL
  OUTRAS RECEITAS DE CAPITAL"[7]

---

[6] Art. 3º e parágrafo único da Lei nº 4.320/64.

[7] Art. 11, § 4º, da Lei nº 4.320/64.

A Lei de Orçamento, ao tratar da receita, utiliza-se da classificação econômica que contém todas as receitas previstas do exercício a que se referir. A Lei nº 4.320/64, a fim de dar um caráter geral, diz que "os itens da discriminação da receita, mencionados no art. 11, § 4º, serão identificados por números de código decimal, na forma do Anexo nº 3". Deixa claro que "o código geral estabelecido nesta Lei não prejudicará a adoção de códigos locais".[8]

Sobre esse assunto, o Manual de Receita Nacional orienta no sentido de que o detalhamento de nível de código de receita somente poderá ser efetivado nos níveis que estão com zero, ou em um 7º nível (subalínea) a ser criado, opcionalmente pelo ente.

Isto quer dizer que, não obstante a Lei nº 4.320/64 se tenha preocupado em apresentar um código geral no Anexo nº 3, muitas outras receitas orçamentárias poderão ser objeto de arrecadação. Mesmo que não estejam previstas na discriminação e identificadas por números de código decimal e, portanto, não possuam especificação adequada, nada impede que se criem códigos e discriminação necessários ao atendimento dos valores a serem arrecadados, e que eles façam parte integrante do quadro explicativo da receita prevista para o exercício.

Entretanto, ainda há, em determinadas situações, dúvidas quanto à possibilidade de se proceder à arrecadação de um valor que não está discriminado na tabela explicativa da receita prevista na Lei de Orçamento. Exemplo: a administração de um Estado, do Distrito Federal ou de um Município, em razão de seus planos de trabalho, acerta um convênio com outra entidade pública, no caso, um ministério federal. Se ambos têm interesse comum a ser atendido pelo convênio, há a estipulação de um valor a ser transferido pelo órgão federal. É possível ocorrer, porém, de verificar-se que na administração estadual, municipal ou do Distrito Federal pode não haver uma classificação que identifique, por números e código decimal, a especificação da Lei de Orçamento que atenda a essa arrecadação.

Nessa hipótese, mesmo não tendo sido prevista na Lei de Orçamento uma classificação própria para esse recebimento, há condições de arrecadar o valor que o ministério federal transferir, em razão do cumprimento dos objetivos do convênio, para que a administração estadual, do Distrito Federal ou municipal possa cumprir sua parte no atendimento do que lhe couber realizar?

Sim. A possibilidade existe e está prevista no art. 57 da Lei nº 4.320/64:

> "Art. 57. Ressalvado o disposto no parágrafo único do art. 3º desta Lei, serão classificadas como receita orçamentária, sob as rubricas próprias, todas as receitas arrecadadas, inclusive as provenientes de operações de crédito ainda que não previstas no orçamento."

---

[8] Art. 8º, §§ 1º e 3º, da Lei nº 4.320/64.

Consoante se observa pela leitura do texto anterior, verifica-se que há condições de proceder à arrecadação do valor a ser recebido do ministério federal, no exemplo citado, quer pela administração estadual, quer pela do Distrito Federal, quer pela municipal, simplesmente abrindo no registro de escrituração contábil a rubrica própria para atender a essa arrecadação.

Aliás, sobre o assunto a norma editada na Parte I – Procedimentos Contábeis Orçamentários, do Manual de Contabilidade Aplicada ao Setor Público, diz:

> "embora haja obrigatoriedade de a Lei Orçamentária Anual (LOA) lhes registrar a previsão de arrecadação, a mera ausência formal do registro dessa previsão, no citado documento legal, não lhes tira o caráter de orçamentárias, haja vista o art. 57 da Lei nº 4.320, de 1964, determinar classificar-se como Receita Orçamentária toda a receita arrecadada que porventura represente ingressos financeiros orçamentários, inclusive os provenientes de operações de crédito, exceto: operações de crédito por antecipação de receita – ARO, emissões de papel moeda e outras entradas compensatórias no ativo e passivo financeiros."

Na demonstração da execução da receita, mais precisamente no que se refere à discriminação do comparativo da receita orçada (prevista) com a realizada, dever-se-á abrir a classificação própria da receita arrecadada, colocando na coluna Orçada o valor zero; na coluna Arrecadada, o valor efetivamente arrecadado, e na coluna de diferença para mais, o mesmo valor arrecadado, uma vez que, não tendo sido feita uma previsão para esse caso, foi considerada zero para efeito de escrituração e registro contábil e, portanto, todo o valor arrecadado será tratado como diferença para mais.

Ressalve-se, nesta oportunidade, que esse procedimento não se aplica, especificamente, aos tributos, em razão de eles merecerem tratamento especial, pois o texto da Constituição Federal, de 5-10-1988, em seu art. 150, incisos I e III, *a* e *b*, determina:

> "Art. 150. Sem prejuízo de outras garantias asseguradas ao contribuinte, é vedado à União, aos Estados, ao Distrito Federal e aos Municípios:
>
> I – exigir ou aumentar tributo sem lei que o estabeleça.
>
> II – ...
>
> III – cobrar tributos:
>
> a) em relação aos fatos geradores ocorridos antes do início da vigência da lei que os houver instituído ou aumentado;
>
> b) no mesmo exercício financeiro em que haja sido publicada a lei que os instituiu ou aumentou."

Portanto, verifica-se que para os tributos existem algumas regras diferentes a serem observadas, como a de que "nenhum tributo será exigido ou aumentado sem que a lei o estabeleça, nenhum será cobrado em cada exercício sem prévia autorização orçamentária."[9]

2.2.1.1 Das Receitas Correntes

São Receitas Correntes as receitas tributárias, de contribuições, patrimonial, agropecuária, industrial, de serviços e, ainda, as provenientes de recursos financeiros recebidos de outras pessoas de direito público ou privado, quando destinadas a atender a despesas classificáveis em Despesas Correntes, e outras receitas correntes.[10]

Há vinculação entre as Receitas Correntes com as chamadas operações correntes, pois, enquanto estas dizem respeito a todas as transações que o Governo realiza diretamente ou por meio de ramificações (autarquias) e de cujo esforço não resulta a constituição ou criação de bens de capital, ou seja, acréscimos em seu patrimônio permanente, aquelas, basicamente, são as que não provêm da alienação de um bem de capital, não estão na lei, definidas como de capital, e estão por ato do poder público, vinculadas a uma despesa corrente (transferências correntes).

As Receitas Correntes, portanto, classificam-se em:

- Receita Tributária.
- Receita de Contribuições.
- Receita Patrimonial.
- Receita Agropecuária.
- Receita Industrial.
- Receita de Serviços.
- Transferências Correntes.
- Outras Receitas Correntes.

2.2.1.1.1 Receita tributária

A Receita Tributária é uma classificação da receita orçamentária, composta de impostos, taxas e contribuições de melhoria. Conceitua-se como a resultante da cobrança de tributos pagos pelos contribuintes em razão de suas atividades, suas rendas, suas propriedades e dos benefícios diretos e imediatos recebidos do Estado.[11]

A respeito dos tributos, podemos fazer as seguintes citações:

1. "Tributo é toda a prestação pecuniária compulsória, em moeda ou cujo valor nela se possa exprimir, que não constitua sanção de ato ilícito, instituída em lei

---

[9] Art. 51 da Lei nº 4.320/64.
[10] Art. 11, § 1º, da Lei nº 4.320/64.
[11] ANGÉLICO, João. *Contabilidade pública*. São Paulo: Atlas, 1985.

e cobrada mediante atividade administrativa plenamente vinculada."[12]

2. "Tributo é a receita derivada (aquela que provém do patrimônio dos particulares), instituída pelas entidades de direito público, compreendendo os impostos, as taxas e contribuições nos termos da Constituição e nas leis vigentes em matéria financeira, destinando-se o seu produto ao custeio de atividades gerais ou específicas exercidas por essas entidades."[13]

Portanto, a Receita Tributária, consoante se observa, é constituída por impostos, taxas e contribuições de melhoria:

a) O Imposto é uma discriminação da receita orçamentária e conceitua-se como "um tributo cuja obrigação tem como fato gerador uma situação, independente de qualquer atividade estatal específica, relativa ao contribuinte. É pago coativamente, independentemente de uma contraprestação imediata e direta do Estado".[14]

b) A Taxa é outra discriminação da receita orçamentária; também é um tributo, que tem como fato gerador "o exercício do poder de polícia, ou pela utilização, efetiva ou potencial, de serviços públicos específicos e divisíveis, prestados ao contribuinte ou posto à sua disposição";[15] correspondendo, portanto, à especialização de serviço público, em proveito direto ou por ato do contribuinte.

Nesse particular, é preciso tomar algumas cautelas, para bem identificar as taxas, ou seja, não se deixar levar pela denominação "taxa", porque existem várias receitas com essa denominação, que não se enquadram na classificação de receita tributária.

Assim, quando uma repartição ligada à área do ensino público cobra uma taxa de matrícula ou de diploma, por exemplo, será que estaremos diante de uma receita classificável como tributária?

Para responder a essa questão, é necessário fazer algumas investigações, especificamente, sobre o aspecto legal de sua instituição.

Para que seja considerada um tributo, há necessidade de uma autorização legislativa para possibilitar sua cobrança, pois nenhum tributo será exigido ou aumentado sem que a lei o estabeleça, aliás, esse princípio constitucional e legal já foi mencionado. Portanto, caso não haja a autorização legislativa para essa cobrança, obviamente não estaremos falando de um tributo.

Se não se caracterizar como um tributo a taxa de matrícula ou de diploma referida, é lícito pensar que se trata de um preço cobrado pela prestação de um serviço e,

---

[12] Art. 3º da Lei nº 4.320/64.
[13] Art. 9º da Lei nº 4.320/64.
[14] Art. 16 da Lei nº 4.320/64.
[15] Art. 145 da Constituição Federal.

geralmente, sua cobrança estará integrando um ato administrativo constante de um decreto, resolução, portaria ou outro instrumento que seja utilizado para tanto. Nesse caso, estaremos referindo-nos à cobrança de um preço, que deverá ser arrecadado e classificado como uma receita de serviço.

> c) A contribuição de melhoria, outra espécie dos tributos, "é destinada a fazer face ao custo de obras públicas de que decorra valorização imobiliária, tendo como limite global a despesa realizada e como limite individual o acréscimo do valor que a obra resultar para cada imóvel beneficiado".[16]

2.2.1.1.2 Receita de contribuições

A Receita de Contribuições é uma classificação das receitas correntes, destinada a arrecadar receitas relativas a contribuições sociais e econômicas, que visam, geralmente, à manutenção dos programas e serviços sociais, sindicais, previdenciários e outros de interesse coletivo.

Sobre esse assunto, devemos citar:

> "Compete exclusivamente à União instituir contribuições sociais, de intervenção no domínio econômico e de interesse das categorias profissionais ou econômicas, como instrumento de sua atuação nas respectivas áreas, observado o disposto nos arts. 146, III, e 150, I e III, e sem prejuízo do previsto no art. 195, § 6º, relativamente às contribuições a que alude o dispositivo".[17]

Os Estados, o Distrito Federal e os Municípios poderão instituir contribuição, cobrada de seus servidores, para o custeio, em benefício destes, de sistemas de previdência e assistência social.[18]

2.2.1.1.3 Receita patrimonial

A Receita Patrimonial também é uma classificação das receitas correntes e compõe-se de rendas provenientes da utilização de bens móveis e imóveis pertencentes ao Estado, como aluguéis, arrendamentos, foros, juros etc.

Nesse ponto, há que se fazer uma pausa para reflexão, até porque existe na prática dificuldade no perfeito entendimento dos atos e fatos que devam ser classificados como receita patrimonial. E o fato que provoca uma série de questionamentos e dúvidas no momento da classificação dessas arrecadações parece-nos estar intimamente ligado ao bom entendimento das ocorrências que as originam.

---

[16] Art. 81 da Lei nº 5.172/66.

[17] Art. 149 da Constituição Federal.

[18] Parágrafo único, do art. 149, da Constituição Federal.

Assim, geralmente, ao classificar essas receitas, há uma predisposição em considerá-las como receita de capital, mas, embora se procure nas rubricas constantes da discriminação da receita de capital, não se encontra uma classificação específica.

Daí, surge um misto de dificuldade e incerteza, provocado pela dúvida originada do perfeito entendimento do fato que se deve classificar.

Para sanar essa dificuldade, precisamos estabelecer como deve ser entendida a receita patrimonial; ela classifica-se aqui como a arrecadação de renda proveniente da utilização de bens imóveis, como, por exemplo: aluguéis, arrendamentos, foros, laudêmios etc., ou da aplicação de valores mobiliários, como juros, dividendos e participações.

Em todos os casos mencionados, a receita origina-se de rendimentos provenientes da utilização de bens pertencentes ao Estado, e não de sua alienação. No caso da alienação de bens, aí sim, estaríamos tratando de um fato classificável como receita de capital, pois a arrecadação da receita estaria sendo originada pela venda (alienação) do bem.

A diferença existente entre a classificação da receita patrimonial e a receita de capital parece ter ficado bem nítida, pois aquela se origina da arrecadação da renda proveniente da utilização de bens do Estado, enquanto esta provém de sua alienação (venda).

2.2.1.1.4 Receita agropecuária

A Receita Agropecuária é outra classificação das receitas correntes; ela provém das rendas obtidas com a produção vegetal, animal e de seus derivados. Especificamente, poderemos encontrar as receitas decorrentes de atividades ou explorações agropecuárias, como: cultivo do solo, inclusive hortaliças e flores; criação, recriação ou engorda de gado e de pequenos animais; silvicultura ou reflorestamento e extração de produtos vegetais; e atividades de beneficiamento ou transformação de produtos agropecuários, excetuando-se as usinas de açúcar, fábrica de polpa de madeira, serrarias e unidades industriais com produção licenciada, por serem classificadas como industriais.

2.2.1.1.5 Receita industrial

A Receita Industrial, também classificação das receitas correntes, provém das rendas originárias da indústria extrativa mineral, de transformação e de construção, e de serviços industriais de utilidade pública.

Nesse caso, entre outros, encontraremos: atividades de extração com ou sem beneficiamento de minerais sólidos, líquidos ou gasosos que se encontram em estado natural (minerais, sal marinho, pedras e outros metais em bruto para construção, pedras preciosas e semipreciosas, combustíveis minerais etc.); atividades ligadas à indústria de transformação e de funcionamento de matadouros municipais (abate de reses e preparação de carne etc.); atividade da indústria de construção (construção, reforma, reparação e demolições de prédios e edifícios, obras viárias, grandes estruturas e obras de arte etc.); e atividades de produção e distribuição de energia elétrica, abastecimento de água potável, saneamento e limpeza pública e remoção de lixo, desde que sob forma de tarifa (em geral, essa atividade é prestada por entidades autárquicas ou da administração indireta).

2.2.1.1.6 Receita de serviços

As Receitas de Serviços integram outra classificação das receitas correntes que se originam da prestação de serviços comerciais, financeiros, de transporte, de comunicação, hospitalares, armazenagem, recreativos e culturais, e de outros serviços diversos. Aqui se classificam as arrecadações com as mais diversas cobranças de tarifas e as taxas não tributárias, conforme ressalva feita na parte relativa às taxas, na receita tributária.

2.2.1.1.7 Transferências correntes

As Transferências Correntes também constituem outra classificação das receitas correntes; são:

> "as provenientes de recursos financeiros recebidos de outras pessoas de direito público ou privado, quando destinadas a atender despesas classificáveis em Despesas Correntes".[19]

Nesse ponto, convém fazer uma pausa para refletirmos sobre as consequências das transferências correntes, não só do ponto de vista de que estão sendo tratadas como receita orçamentária, mas também da recíproca que deve ser observada, quando uma entidade pública a recebe, pois existem restrições que devem ser cumpridas.

Vamos iniciar com algumas menções legais, que devem ser cumpridas, como, por exemplo:

a) As cotas de receita que uma entidade pública deve transferir a outra incluir-se-ão como despesa no orçamento da entidade obrigada à transferência e, como receita, no orçamento da que as deve receber.[20]

b) "São receitas correntes (...) e, ainda, as provenientes de recursos financeiros recebidos de outras pessoas de direito público ou privado, quando destinadas a atender despesas classificáveis em Despesas Correntes."[21]

As transferências correntes, portanto, são recursos recebidos de pessoas de direito público ou privado, independente da contraprestação direta em bens e serviços. Podem ocorrer no âmbito intragovernamental – que acontece dentro ou no interior do

---

[19] Final do § 1º, do art. 11, da Lei nº 4.320/64.
[20] Art. 6º, § 1º, da Lei nº 4.320/64.
[21] Art. 11, § 1º, da Lei nº 4.320/64.

Governo – e intergovernamental que acontece entre governos, assim como recebidos pelas pessoas de direito público de instituições privadas, do exterior e de pessoas.

A esta altura, podemos detalhar as transferências correntes, descrevendo a própria classificação que a Lei nº 4.320/64 apresenta em seu ementário da receita, da seguinte forma:

1.700.00.00	TRANSFERÊNCIAS CORRENTES
1.720.00.00	TRANSFERÊNCIAS INTERGOVERNAMENTAIS Transferências ocorridas entre diferentes esferas do governo. Referem-se a recursos recebidos pelos Estados, Distrito Federal, Municípios ou por suas entidades da administração descentralizada, transferidos pela União. O mesmo ocorre com o inverso, que é verdadeiro, quando a União recebe recursos, ou entre as esferas de governo, quando ocorrerem transferências. Geralmente, dizem respeito às cotas-partes e participações em impostos e contribuições diversas, inclusive, aos recebimentos correspondentes a participações provenientes de convênios diversos.
1.730.00.00	TRANSFERÊNCIAS DE INSTITUIÇÕES PRIVADAS Compreendem as contribuições e doações a governos e a entidades da administração descentralizada, realizadas por instituições privadas nacionais.
1.740.00.00	TRANSFERÊNCIAS DO EXTERIOR Refere-se a recursos recebidos de organismos e fundos internacionais, de governos estrangeiros e instituições privadas internacionais.
1.750.00.00	TRANSFERÊNCIAS DE PESSOAS Compreendem as contribuições e doações a governos e entidades da administração descentralizada realizadas por pessoas físicas.
1.760.00.00	TRANSFERÊNCIAS DE CONVÊNIOS Referem-se a recebimento de recursos oriundos de convênios firmados, com ou sem contraprestações de serviços, por entidades públicas de qualquer espécie, ou entre estas e organizações particulares, para realização de objetivos de interesse comum dos partícipes, destinados a custear despesas correntes.
1.770.00.00	TRANSFERÊNCIAS PARA O COMBATE À FOME Compreendem as receitas recebidas por meio de transferências correntes para o combate à fome.

Conforme se pode observar, em razão de as transferências correntes se destinarem a cobertura de gastos classificáveis em despesas correntes, por parte da entidade pública recebedora, quando do trabalho de consolidação dos orçamentos e dos balanços públicos, haverá compensação se se eliminarem as despesas e as receitas que forem classificadas como transferências correntes. Portanto, na consolidação dos orçamentos e balanços mencionados, deve-se evitar que haja dupla contagem, do ponto de vista orçamentário e financeiro.

2.2.1.1.8 Outras receitas correntes

As Outras Receitas Correntes são outra classificação das receitas correntes, cuja arrecadação é proveniente da cobrança de multas e juros de mora (aplicada por infrações legais e regulamentares, aos contribuintes ou devedores faltosos), de indenizações e restituições (ressarcimento por danos causados ao patrimônio público, devoluções de recursos relativos a pagamentos indevidos), da dívida ativa (crédito da Fazenda Pública, de natureza tributária ou não, exigível após apurada a liquidez e certeza e inscrição na forma da lei), e de receitas diversas (produto da alienação de mercadorias apreendidas, receitas de mercados, feiras e cemitérios etc.).

Nesse particular, é preciso fazer uma pausa para reflexão, pois notamos que é classificada como outras receitas correntes a arrecadação proveniente da cobrança de juros de mora. O que se classifica nesta fonte de receita são os juros de mora, ou seja, juros que deverão ser cobrados pelo atraso no cumprimento de algum compromisso financeiro, diferentemente dos juros que são rendas provenientes de aplicação financeira.

2.2.1.2 Das Receitas de Capital

São Receitas de Capital as provenientes da realização de recursos financeiros oriundos de constituição de dívidas, da conversão, em espécie, de bens e direitos; os recursos recebidos de outras pessoas de direito público ou privado, destinados a atender as despesas classificáveis em Despesas de Capital e, ainda, o superávit do Orçamento Corrente. O superávit do Orçamento Corrente resultante do balanceamento dos totais das receitas e despesas correntes, apurado na demonstração a que se refere o Anexo nº 1, não constituirá item de receita orçamentária.[22]

As Receitas de Capital guardam conformidade estrita com as chamadas operações de capital e são as que provêm da realização de recursos financeiros oriundos da obtenção de empréstimos e financiamentos, da alienação de bens ou direitos, de recebimento de amortizações de empréstimos concedidos e as que estejam, por ato do poder público, vinculadas a uma operação de capital (transferências de capital).

As Receitas de Capital classificam-se em:

- Operações de Crédito.
- Alienação de Bens.
- Amortização de Empréstimos.
- Transferências de Capital.
- Outras Receitas de Capital.

---

[22] Art. 11, §§ 2º e 3º, da Lei nº 4.320/64.

2.2.1.2.1 Operações de crédito

As Operações de Crédito são classificação de receita, cuja arrecadação é proveniente da realização de recursos financeiros advindos da constituição de dívidas, por meio de empréstimos e financiamentos, que podem ser de origem interna ou externa:

> "operação de crédito: compromisso financeiro assumido em razão de mútuo, abertura de crédito, emissão e aceite de título, aquisição financiada de bens, recebimento antecipado de valores provenientes da venda a termo de bens e serviços, arrendamento mercantil e outras operações assemelhadas, inclusive com o uso de derivativos financeiros".[23]

Há, ainda, a se considerar que:

> "Equiparam-se a operação de crédito a assunção, o reconhecimento ou a confissão de dívidas pelo ente da Federação, sem prejuízo do cumprimento das exigências dos arts. 15 e 16."[24]

> "Equiparam-se a operações de crédito e estão vedados:
>
> I – captação de recursos a título de antecipação de receita de tributo ou contribuição cujo fato gerador ainda não tenha ocorrido, sem prejuízo do disposto no § 7º do art. 150 da Constituição;
>
> II – recebimento antecipado de valores de empresa em que o Poder Público detenha, direta ou indiretamente, a maioria do capital social com direito a voto, salvo lucros e dividendos, na forma da legislação;
>
> III – assunção direta de compromisso, confissão de dívida ou operação assemelhada, com fornecedor de bens, mercadorias ou serviços, mediante emissão, aceite ou aval de título de crédito, não se aplicando esta vedação a empresas estatais dependentes;
>
> IV – assunção de obrigação, sem autorização orçamentária, com fornecedores para pagamento *a posteriori* de bens e serviços."[25]

Conforme já mencionado, o art. 3º da Lei nº 4.320/64 diz que a Lei de Orçamento compreenderá todas as receitas, inclusive as operações de crédito autorizadas em lei. E, em seu parágrafo único, diz que não se consideram para os fins desse artigo as operações de crédito por antecipação da receita, as emissões de papel-moeda e outras entradas compensatórias no ativo e passivo financeiros.

---

[23] Inciso III, do art. 29, da Lei Complementar nº 101/2000 (Lei de Responsabilidade Fiscal).

[24] § 1º, do art. 29, da Lei Complementar nº 101/2000 (Lei de Responsabilidade Fiscal).

[25] Art. 37, da Lei Complementar nº 101/2000 (Lei de Responsabilidade Fiscal).

Isto quer dizer que existem dois tipos de operações de crédito, as que devem estar compreendidas na Lei de Orçamento e as operações de crédito por antecipação da receita, que não devem ser consideradas para esse fim (estarem compreendidas na Lei de Orçamento), por se considerarem entradas compensatórias no ativo e passivo financeiro.

Agora, vamos dedicar-nos às Operações de Crédito que devem ser consideradas na Lei de Orçamento, pois as operações de crédito por antecipação da receita serão tratadas no momento oportuno, quando da abordagem da receita extraorçamentária na composição do balanço financeiro.

Observe-se também que, sobre as operações de crédito, a Lei nº 4.320/64, em seu art. 7º e §§ 2º e 3º, diz textualmente:

> "Art. 7º A Lei de Orçamento poderá conter autorização ao Executivo para:
>
> § 2º O produto estimado de operações de crédito e de alienação de bens imóveis somente se incluirá na receita quando umas e outras forem especificamente autorizadas pelo Poder Legislativo em forma que juridicamente possibilite ao Poder Executivo realizá-las no exercício.
>
> § 3º A autorização legislativa a que se refere o parágrafo anterior no tocante a operações de crédito poderá constar da própria Lei de Orçamento."

Aliás, esses dispositivos da Lei nº 4.320/64, conquanto sejam anteriores à Constituição Federal vigente, pois, esta foi aprovada em 5-10-1988, guardam perfeita conformidade com os novos mandamentos, especialmente com o § 8º do art. 165, que diz textualmente:

> "§ 8º A lei orçamentária anual não conterá dispositivo estranho à previsão da receita e à fixação da despesa, não se incluindo na proibição a autorização para abertura de créditos suplementares e contratação de operações de crédito, ainda que por antecipação de receita, nos termos da lei."

Conforme se pode observar, o produto estimado de operações de crédito e de alienações de bens imóveis somente poderá ser incluído na receita, quando forem especificamente autorizadas pelo Poder Legislativo em forma que, juridicamente, possibilite o Poder Executivo realizá-las no exercício.

Algumas questões devem ser levantadas a esse respeito.

Dedicaremos em seguida mais ênfase às questões relativas às operações de crédito, para efeito de melhor entendimento e compreensão, principalmente no que diz respeito à necessidade de autorização legislativa que juridicamente possibilite ao Poder Executivo realizá-las no exercício, até porque o assunto relativo às alienações de bens imóveis, certamente, será tratado no momento oportuno.

As Operações de Crédito estão intimamente ligadas à constituição da Dívida Pública. Quando se recebe ou arrecada um valor proveniente de uma operação de crédito, há certamente a constituição de uma dívida. É preciso identificar quais as que devem ser consideradas para efeito de composição da Lei Orçamentária, obviamente, para compreender o conteúdo das que estarão consignadas no balanço orçamentário.

A título de informação, podemos dizer que Dívida Pública:

> "é um procedimento adotado pelas administrações públicas, para fazer face às deficiências financeiras, decorrentes do excesso de despesa sobre a receita (déficit orçamentário), caso em que o Estado, geralmente, recorre à realização de operações de crédito a curto prazo ou também da necessidade de realização de empreendimentos de vulto, caso em que se justifica a tomada de um empréstimo (operação de crédito) a longo prazo".[26]

Verificamos que a dívida pública não é a que decorre apenas de empréstimos a longo prazo, mas também a que compreende os compromissos pecuniários a curto prazo. A essa altura, podemos dizer que a Dívida Pública se classifica em Fundada ou Consolidada e Flutuante ou Administrativa.

Feitos os comentários que julgamos necessários para proceder à vinculação existente entre as operações de crédito e a dívida pública, vamos agora às questões que devem ser observadas para o entendimento do texto que diz: "em forma que juridicamente possibilite ao Poder Executivo realizá-las no exercício".

A primeira questão que surge é a relativa ao limite de realização das operações de crédito, pois deve ser observado o seguinte:

> "São vedados:
>
> a realização de operações de crédito que excedam o montante da despesa de capital, ressalvadas as autorizadas mediante créditos suplementares ou especiais com finalidade precisa, aprovados pelo Poder Legislativo por maioria absoluta."[27]

A título de esclarecimento e melhor entendimento, é preciso observar também:

> "O Ministério da Fazenda verificará o cumprimento dos limites e condições relativos à realização de operações de crédito de cada ente da Federação, inclusive das empresas por eles controladas, direta ou indiretamente.
>
> O ente interessado formalizará seu pleito fundamentando-o em parecer de seus órgãos técnicos e jurídicos, demonstrando a relação custo-benefício, o interesse econômico e social da operação e o atendimento das seguintes condições:

---

[26] KOHAMA, Heilio. *Contabilidade Pública*: teoria e prática. 12. ed. São Paulo: Atlas, 2012.

[27] Inciso III do art. 167 da Constituição Federal.

I – existência de prévia e expressa autorização para a contratação, no texto da lei orçamentária, em créditos adicionais ou lei específica;

II – inclusão no orçamento ou em créditos adicionais dos recursos provenientes da operação, exceto no caso de operações por antecipação de receita;

III – observância dos limites e condições fixados pelo Senado Federal;

IV – autorização específica do Senado Federal, quando se tratar de operação de crédito externo;

V – atendimento do disposto no inciso III do art. 167 da Constituição;

VI – observância das demais restrições estabelecidas nesta Lei Complementar.

Para fins do disposto no inciso V, considerar-se-á, em cada exercício financeiro, o total dos recursos de operações de crédito nele ingressados e o das despesas de capital executadas, observado o seguinte:

I – não serão computadas nas despesas de capital as realizadas sob a forma de empréstimo ou financiamento a contribuinte, com o intuito de promover incentivo fiscal, tendo por base título de competência do ente da Federação, se resultar a diminuição, direta ou indireta, do ônus deste;

II – se o empréstimo ou financiamento a que se refere o inciso I for concedido por instituição financeira controlada pelo ente da Federação, o valor da operação será deduzido das despesas de capital".[28]

Preliminarmente, com respeito à autorização do Senado Federal, os Estados, o Distrito Federal e os Municípios encaminharão ao Ministério da Fazenda os pedidos de verificação de limites e condições para a realização de operações de crédito, com a proposta do financiamento ou empréstimo, devidamente instruídos com toda a documentação necessária,[29] que terá o prazo máximo de 30 (trinta) dias úteis, contado do recebimento da documentação completa exigida para enviá-lo ao Senado Federal.[30]

Por outro lado, são sujeitas à autorização específica do Senado Federal as seguintes modalidades de operações:

I – de crédito externo;

II – decorrentes de convênios para aquisição de bens e serviços no exterior;

III – de emissão de títulos da dívida pública;

IV – de emissão de debêntures ou assunção de obrigações por entidades controladas pelos Estados, pelo Distrito Federal e pelos Municípios que não exerçam atividade produtiva ou não possuam fonte própria de receitas.[31]

---

[28] Art. 32, §§ 1º e 3º, da Lei Complementar nº 101/2000 (Lei de Responsabilidade Fiscal).
[29] Vide arts. 21, 22 e 23, da Resolução nº 43, de 2001, atualizada (com seu texto consolidado).
[30] Vide art. 25, da Resolução nº 43, de 2001, atualizada (com seu texto consolidado).
[31] Vide art. 28, da Resolução nº 43, de 2001, atualizada (com seu texto consolidado).

Devidamente considerados e aprovados esses passos descritos, deverão levar à edição de uma Resolução por parte do Senado Federal, autorizando a operação de crédito solicitada.

É óbvio que existem outras determinações e detalhamentos legais, e que o assunto não se esgota nessas considerações, porém estes, em princípio, são os aspectos mais importantes sobre as operações de crédito; eles devem ser obedecidos para que se possa incluí-las na receita e poder-se considerar plenamente atendida a determinação legal, no que respeita ao aspecto jurídico que possibilite o Poder Executivo realizá-las no exercício.

2.2.1.2.2 Alienação de bens

As Alienações de Bens são outra classificação das receitas de capital, captadas pela venda de bens patrimoniais móveis ou imóveis; dizem respeito às conversões de bens e valores em espécie, isto é, conversão desses bens e valores em moeda corrente; portanto, nessa fonte de receita classificam-se os recebimentos de numerário provenientes da alienação (venda) de bens.

A alienação de bens móveis e imóveis da Administração Pública e a conversão em moeda corrente estão subordinadas à existência de interesse público devidamente justificado. Elas são precedidas de avaliação e:

"I – quando imóveis, dependerá de autorização legislativa para órgãos da administração direta e entidades autárquicas e fundacionais e, para todos, inclusive para entidades paraestatais, dependerá de avaliação prévia e de licitação na modalidade de concorrência, dispensada esta nos casos de investidura e de venda a outro órgão ou entidade da Administração Pública de qualquer esfera de governo;

II – quando móveis, dependerá de avaliação prévia e de licitação, dispensada esta nos seguintes casos:

- venda de ações que poderão ser negociadas em bolsa, observada a legislação específica;
- venda de títulos, na forma da legislação pertinente;
- venda de bens produzidos ou comercializados por órgãos ou entidades da Administração Pública, em virtude de suas finalidades;
- venda de materiais e equipamentos para outros órgãos ou entidades da Administração Pública, sem utilização previsível por quem deles dispõe;"[32]
- "para a venda de bens móveis avaliados, isolada ou globalmente, em quantia não superior ao limite previsto no art. 23, inciso 11, alínea b, desta Lei (Lei de Licitações), a Administração poderá permitir o leilão".[33]

---

[32] Art. 17, inciso I, d e e, inciso II, c, d, e e f, da Lei nº 8.666/93, atualizada.

[33] Art. 17, § 6º, da Lei nº 8.666/93, atualizada.

Observa-se pela simples leitura do texto anterior que para a alienação de bens imóveis da Administração Pública, subordinada à existência de interesse público devidamente justificado, além da necessária autorização legislativa, devem-se verificar os aspectos que dizem respeito a seu cumprimento e execução, para o perfeito atendimento do que a lei estabelece, como "forma que juridicamente possibilite ao Poder Executivo realizá-las no exercício".

Entretanto, quando estamos referindo-nos ao produto estimado de alienação de bens imóveis para os fins de composição da receita orçamentária, indiscutivelmente, estamos tratando da alienação, da transferência do direito real de uso de bens imóveis pela de venda propriamente dita, por meio da qual se deverá receber um valor a ser arrecadado pelo tesouro público.

E, nesse casso, a alienação de bens imóveis depende, além da autorização legislativa, também da verificação da origem, pois os bens imóveis

> "cuja aquisição haja derivado de procedimentos judiciais ou de dação de pagamento poderão ser alienados por ato de autoridade competente, observadas as seguintes regras:
>
> – avaliação dos bens alienáveis;
> – comprovação da necessidade ou utilidade da alienação;
> – adoção de procedimento licitatório, sob modalidade de concorrência ou leilão".[34]

Por outro lado, na concorrência para a venda de bens imóveis, a fase de habilitação limitar-se-á à comprovação do recolhimento da quantia correspondente a 5% da avaliação.[35]

Consoante se observa, para que a alienação de bens possa classificar-se como fonte de Receita de Capital, deve-se conhecer a origem da aquisição dos bens, que pode ser identificada por meio de algumas situações, tais como: execução orçamentária, permuta ou doação de pessoas de direito público ou privado, e herança vacante, por exemplo.

Em qualquer dessas situações, existe um procedimento comum que é identificado, talvez por vias diversas, mas, de uma ou outra forma, todas vão tratar os bens móveis ou imóveis, como bens patrimoniais.

Isto quer dizer que tanto as entidades públicas quanto as privadas incorporarão a seu patrimônio os bens móveis e imóveis, por meio das contas do ativo imobilizado, que compõem o grupo de contas do Ativo não Circulante, do balanço patrimonial. Note-se que, em razão das novas normas gerais, editadas através do Manual de Contabilidade Aplicada ao Setor Público, as entidades públicas passaram a utilizar as mesmas nomenclaturas das contas que as entidades privadas, pois como já havíamos mencionado, o sentido e as consequências são idênticos.

---

[34] Art. 19, incisos I, II e III da Lei nº 8.666/93, atualizada pela Lei nº 8.883/94.
[35] Art. 18 da Lei nº 8.666/93, atualizada pela Lei nº 8.883/94.

Já no caso de doações de bens móveis ou imóveis, de pessoas físicas, ou de o Estado obtê-los por herança vacante, em razão da inexistência de herdeiros, também se identifica um tratamento equivalente, visto serem equiparados a incorporações ao patrimônio de seus originários aquisitores.

Nesse caso, como são pessoas físicas, não há a escrituração contábil como para as pessoas jurídicas; entretanto, há um tratamento semelhante, quando são incluídos nas declarações de bens de seus proprietários, que em tese, equivale à incorporação patrimonial utilizada por entidades públicas ou privadas.

Em razão de se incorporarem ao patrimônio das entidades, por se tratar de bens móveis ou imóveis e se revestirem das condições de caráter permanente, e como tal resultarem na constituição ou criação de bens de capital e, consequentemente, acréscimos de patrimônio, condições estas que identificam as operações de capital, o produto obtido por sua alienação classifica-se como Receita de Capital.

2.2.1.2.3 Amortização de empréstimos

Amortização de Empréstimos é outra classificação das receitas de capital, por meio da qual se classificam todos os valores relativos a recebimento de empréstimos concedidos a outras entidades de direito público e privado.

Geralmente, quando se procede a empréstimos ou financiamentos que visam à realização de alguma atividade ou objetivo, pode-se estabelecer, ou não, a cobrança de juros, multas e outros ônus, incidentes sobre os valores negociados.

No caso de cobrança de tais encargos incidentes nas operações de empréstimos realizadas, deve-se ter claro que, nessa fonte de receita de capital, deve ser classificada tão somente a arrecadação correspondente ao valor da amortização do empréstimo concedido. Aqui, também vale a questão da correspondência, pois, quando se faz um empréstimo, utiliza-se uma dotação classificada como despesa de capital e, obviamente, quando do recebimento do empréstimo, nada mais justo do que classificá-lo como receita de capital.

Entretanto, quanto ao valor dos juros, eventuais multas e demais encargos, devem ser classificados em fontes próprias, como: juros e encargos não correspondentes a multas, em receitas patrimoniais; e multas e juros de mora, quando existirem, em outras receitas correntes.

2.2.1.2.4 Transferências de capital

As Transferências de Capital são outra classificação de recursos de outras entidades de direito público ou privado, destinadas a atender a despesas classificáveis em Despesas de Capital.[36]

---

[36] Art. 11, § 2º, da Lei nº 4.320/64.

Devem ser classificados nessa fonte todos os recebimentos e arrecadações, provenientes de auxílios e contribuições, com a destinação específica de atenderem a despesas de capital, como investimentos, inversões financeiras, amortização da dívida interna ou externa e outras despesas de capital.

Assim como descrevemos o detalhamento das transferências correntes, também nessa fonte da receita orçamentária vamos encontrar as mesmas características, conforme poderemos verificar a seguir:

2.400.00.00	TRANSFERÊNCIAS DE CAPITAL
2.420.00.00	TRANSFERÊNCIAS INTERGOVERNAMENTAIS
2.430.00.00	TRANSFERÊNCIAS DE INSTITUIÇÕES PRIVADAS
2.440.00.00	TRANSFERÊNCIAS DO EXTERIOR
2.450.00.00	TRANSFERÊNCIAS DE PESSOAS
2.460.00.00	TRANSFERÊNCIAS DE OUTRAS INSTITUIÇÕES PÚBLICAS
2.470.00.00	TRANSFERÊNCIAS DE CONVÊNIOS
2.480.00.00	TRANSFERÊNCIAS PARA O COMBATE À FOME

Em razão da característica desse tipo de receita, que se constitui de recursos recebidos com destinação específica, ou seja, atender a despesas classificáveis em despesas de capital, haverá, no momento da consolidação dos orçamentos e balanços, a compensação de receitas e despesas que forem identificadas como transferências de capital. Portanto, também nesse caso, quando da consolidação dos orçamentos e balanços, essa compensação tem por finalidade evitar a dupla contagem na movimentação orçamentária e financeira.

2.2.1.2.5 Outras receitas de capital

Há ainda Outras Receitas de Capital que constituem uma classificação das Receitas de Capital destinada a arrecadar outras receitas de capital que se constituirão em uma classificação genérica não enquadrável nas fontes anteriores.

2.2.2 Da especificação da despesa orçamentária

2.2.2.1 Considerações

O Balanço Orçamentário, na parte da despesa, será composto, na coluna dotação inicial, pelos montantes globais dos créditos autorizados pelo Poder Legislativo, representados pelas dotações constantes da lei orçamentária e, o seguinte: na coluna dotação atualizada, deverá ser acrescida das que lhe forem reforçadas por meio de créditos suplementares destinados ao reforço de dotações orçamentárias,[37] dos créditos especiais destinados a despesas não dotadas na lei de orçamento,[38] e dos eventuais créditos extraordinários que ocorrerem para cobrir despesas urgentes e imprevisíveis, em caso de guerra, comoção intestina ou calamidade pública.[39]

Muito embora "a lei de orçamento deva compreender todas as despesas próprias dos órgãos do Governo e da administração centralizada, ou que por intermédio deles se deva realizar"[40] e que "a despesa será classificada nas seguintes categorias econômicas: Despesas Correntes e Despesas de Capital"[41] e, ainda, que "na lei de orçamento a discriminação da despesa far-se-á, no mínimo, por elementos", "entendendo-se por elementos o desdobramento da despesa com pessoal, material, serviços, obras e outros meios de que se serve a administração pública para a consecução dos seus fins",[42] a composição do Balanço Orçamentário apresenta o desdobramento e o detalhamento da classificação da despesa orçamentária, por Categoria Econômica e Grupo de Natureza da Despesa.

2.2.2.2 Natureza da Despesa Orçamentária

Neste momento, parece-me oportuno fazer algumas considerações sobre a despesa, pois é sabido que ela deve levar em consideração, conforme ficou evidenciado, uma estrutura da natureza da despesa orçamentária, não só quando da elaboração da proposta orçamentária, como também da execução orçamentária, durante o exercício financeiro.

Portanto, a despesa orçamentária deverá atender a estrutura da natureza da despesa orçamentária, consubstanciada na seguinte classificação:[43]

– Categoria Econômica;

– Grupo de Natureza da Despesa;

– Elemento de Despesa.

2.2.2.2.1 Categorias Econômicas

A despesa orçamentária, no que se refere às categorias econômicas, deverá, de conformidade com a Portaria Interministerial nº 163/2001, ser classificada em:

3 – Despesas Correntes; e

4 – Despesas de Capital.

---

[37] Art. 41, inciso I, da Lei nº 4.320/64.
[38] Art. 41, inciso II, da Lei nº 4.320/64.
[39] Art. 41, inciso III, da Lei nº 4.320/64.
[40] Art. 4º da Lei nº 4.320/64.
[41] Art. 12 da Lei nº 4.320/64.
[42] Art. 15 e § 1º da Lei nº 4.320/64.
[43] KOHAMA, Heilio. *Contabilidade Pública*: teoria e prática. 12. ed. São Paulo: Atlas, 2012.

a) Classificam-se na categoria econômica de **despesas correntes** todas as despesas que não contribuem diretamente para a formação ou aquisição de um bem de capital. Podemos nesta oportunidade complementar este conceito, dizendo que Despesas Correntes são gastos de natureza operacional, realizados pelas instituições públicas, para a manutenção e o funcionamento dos seus órgãos.

A esta altura, podemos identificar que as despesas correntes devem ser compreendidas, através dos seguintes grupos de natureza da despesa:

1 – Pessoal e Reflexos;

2 – Juros e Encargos da Dívida;

3 – Outras Despesas Correntes.

b) Classificam-se na categoria econômica de **despesas de capital** aquelas despesas que contribuem diretamente para formação ou aquisição de um bem de capital. Também aqui podemos complementar este conceito, dizendo que Despesas de Capital são gastos realizados pelas instituições públicas, cujo propósito é o de criar novos bens de capital ou mesmo adquirir bens de capital já em uso, como é o caso dos investimentos e inversões financeiras, respectivamente, e que constituirão em última análise incorporações ao patrimônio público de forma efetiva ou através de mutação patrimonial.

Também nesta categoria podemos identificar que as despesas de capital devem ser compreendidas, através dos seguintes grupos de natureza da despesa:

4 – Investimentos;

5 – Inversões Financeiras;

6 – Amortização da Dívida;

7 – Reserva do Regime Próprio de Previdência do Servidor;

8 – Reserva de Contingência.

2.2.2.2.2 Grupos de Natureza da Despesa

Entendem-se por grupos de natureza da despesa, segundo o disposto no § 2º, do art. 3º, da Portaria Interministerial nº 163/2001, a agregação de elementos de despesa que apresentam as mesmas características quanto ao objeto de gasto que a seguir serão especificadas:

1 – **Pessoal e Encargos Sociais**;

2 – **Juros e Encargos da Dívida**;

3 – **Outras Despesas Correntes**;

4 – **Investimentos**;

5 – **Inversões Financeiras**;

6 – Amortização da Dívida;

7 – Reserva do Regime Próprio de Previdência do Servidor;

8 – Reserva de Contingência.

1 – Pessoal e Encargos Sociais

Despesas de natureza salarial decorrentes do efetivo exercício do cargo, emprego ou função de confiança no setor público, do pagamento dos proventos de aposentadorias, reformas e pensões, das obrigações trabalhistas de responsabilidade do empregador, incidentes sobre a folha de salários, contribuições a entidades fechadas de previdência, bem como o soldo, gratificações e adicionais previstos na estrutura remuneratória dos militares.

2 – Juros e Encargos da Dívida

Despesas com pagamento de juros, comissões e outros encargos de operações de crédito internas e externas contratadas, bem como da dívida pública mobiliária.

3 – Outras Despesas Correntes

Despesas com aquisição de material de consumo, pagamento de diárias, contribuições, subvenções, auxílio-alimentação, auxílio-transporte, despesas com a contratação temporária para atender a necessidade de excepcional interesse público, quando não se referir à substituição de servidores de categorias funcionais abrangidas pelo respectivo plano de cargos do quadro de pessoal, além de outras despesas da categoria econômica "Despesas Correntes" não classificáveis nos demais grupos de natureza da despesa.

4 – Investimentos

Despesas com o planejamento e a execução de obras, inclusive com a aquisição de imóveis considerados necessários à realização destas últimas, e com a aquisição de instalações, equipamentos e material permanente.

5 – Inversões Financeiras

Despesa com a aquisição de imóveis ou bens de capital já em utilização; aquisição de títulos representativos do capital de empresas ou entidades de qualquer espécie, já constituídas, quando a operação não importe aumento de capital; e com a constituição ou aumento do capital de empresas.

6 – Amortização da Dívida

Despesas com pagamento e/ou refinanciamento do principal e da atualização monetária ou cambial da dívida pública interna e externa, contratual ou mobiliária.

7 – Reserva do Regime Próprio de Previdência do Servidor

Os ingressos previstos que ultrapassarem as despesas orçamentárias fixadas num determinado exercício constituem o superávit orçamentário inicial, destinado a garantir desembolsos futuros do Regime Próprio de Previdência Social – RPPS, do ente respectivo. Assim sendo, este superávit orçamentário representará a fração de ingressos que serão recebidos sem a expectativa de execução de despesa orçamentária no exercício e constituirá reserva orçamentária para suportar déficit futuros, onde as receitas orçamentárias previstas serão menores que as despesas orçamentárias.

A constituição da reserva orçamentária do RPPS, utilizando ações e detalhamentos específicos do RPPS, combinadas com a natureza da despesa "7.7.99.99".

8 – Reserva de Contingência

Compreende o volume de recursos destinados ao atendimento de passivos contingentes e outros riscos, bem como eventos fiscais imprevistos. Essa reserva poderá ser utilizada para abertura de créditos adicionais, desde que definida na LDO.

Deve-se alertar, porém, que a natureza da despesa será complementada pela informação gerencial denominada "modalidade de aplicação", a qual tem por finalidade indicar se os recursos são aplicados diretamente por órgãos ou entidades no âmbito da mesma esfera de Governo ou por outro ente da Federação e suas respectivas entidades, e objetiva, precipuamente, possibilitar a eliminação da dupla contagem dos recursos transferidos ou descentralizados.

2.2.2.2.3 Modalidades de Aplicação

A modalidade de aplicação tem por finalidade indicar se os recursos são aplicados diretamente por órgãos ou entidades no âmbito da mesma esfera do Governo ou por outro ente da Federação e suas respectivas entidades, e objetiva, precipuamente, possibilitar a eliminação de dupla contagem dos recursos transferidos ou descentralizados. Também indica se tais recursos são aplicados mediante transferência para entidades privadas sem fins lucrativos, outras instituições ou ao exterior.

As modalidades de aplicação são as seguintes:

20. Transferências à União
30. Transferências a Estados e ao Distrito Federal
40. Transferências a Municípios
50. Transferências a Instituições Privadas sem Fins Lucrativos
60. Transferências a Instituições Privadas com Fins Lucrativos
70. Transferências a Instituições Multigovernamentais
71. Transferências a Consórcios Públicos
80. Transferências ao Exterior

90. Aplicações Diretas

91. Aplicação Direta Decorrente de Operação entre Órgãos, Fundos e Entidades, Integrantes dos Orçamentos Fiscal e da Seguridade Social

99. A Definir

Nota-se, pela relação das modalidades de aplicação, a existência de duas formas de aplicação dos recursos orçamentários, uma relativa à aplicação direta e outra referente às transferências de recursos a órgãos e entidades públicas ou privadas.

a) *No que se refere às aplicações diretas*, vemos duas modalidades de aplicação, que possuem as seguintes características de utilização de recursos:

90. Aplicação Direta – modalidade através da qual a unidade orçamentária utiliza as dotações orçamentárias que lhe são alocadas na Lei de Orçamento, diretamente, para a realização das ações necessárias ao atendimento das atividades e projetos, visando ao cumprimento dos objetivos e metas dos programas, que lhe cabe concretizar.

91. Aplicação Direta Decorrente de Operação entre Órgãos, Fundos e Entidades, Integrantes dos Orçamentos Fiscal e da Seguridade Social – modalidade através da qual as despesas orçamentárias de órgãos, fundos, autarquias, fundações, empresas estatais dependentes e outras entidades integrantes dos orçamentos fiscal e da seguridade social decorrentes da aquisição de materiais, bens e serviços, pagamento de impostos, taxas e contribuições, além de outras operações, quando o recebedor dos recursos também for órgão, fundo, autarquia, fundação, empresa estatal dependente ou outra entidade constante desses orçamentos, no âmbito da mesma esfera de Governo.

b) *No que se refere às transferências*, a modalidade de aplicação comum entre as transferências elencadas se consubstancia no repasse de recursos para que outros órgãos ou entidades realizem despesas de interesse comum, mas, os recebedores dos auxílios precisam observar as seguintes determinações legais para sua utilização correta:

I – caso as transferências sejam para realização de despesas correntes, os recebedores deverão registrá-las como receita orçamentária na origem Transferências Correntes, pois:

Os órgãos e entidades que transferem recursos utilizam a dotação orçamentária Transferências Correntes, para a realização de despesa, de acordo com o seguinte:

"Classificam-se como transferências correntes, as dotações para despesas às quais não corresponda contraprestação direta em bens ou serviços, inclusive para contribuições e subvenções destinadas a atender à manutenção de outras entidades de direito público ou privado."[44]

Os órgãos ou entidades recebedores, em razão do recurso proveniente de despesas classificadas como transferências correntes, deverão classificar o recebimento em

---

[44] § 2º do art. 12 da Lei nº 4.320/64.

receita orçamentária classificada como Transferências Correntes, para poder utilizá-la em despesas correntes, de acordo com o seguinte:

"São Receitas Correntes as receitas tributárias, de contribuições, patrimonial, agropecuária, Indústrial, de serviços e outras e, *ainda, as provenientes de recursos financeiros recebidos de outras pessoas de direito público ou privado,* quando destinadas a atender despesas classificáveis em Despesas Correntes."[45]

II – caso as transferências sejam para realização de despesas de capital, os recebedores deverão registrá-las como receita orçamentária na origem Transferências de Capital, pois:

Os órgãos e entidades que transferem recursos utilizam a dotação orçamentária Transferências de Capital, para a realização de despesa, de acordo com o seguinte:

"São transferências de capital as dotações para investimentos ou inversões financeiras que outras entidades de direito público ou privado devam realizar, independentemente de contraprestação direta em bens ou serviços, constituindo essas transferências auxílios ou contribuições, segundo derivem diretamente da Lei de Orçamento ou de lei especial anterior, bem como as dotações para amortização da dívida pública".[46]

Os órgãos ou entidades recebedores, em razão do recurso proveniente de despesas classificadas como transferências de capital, deverão classificar o recebimento em receita orçamentária como Transferências de Capital, para poder utilizá-la em despesas de capital, de acordo com o seguinte:

"São Receitas de Capital as provenientes de recursos financeiros oriundos da constituição de dívidas, da conversão, em espécie, de bens e direitos; *os recursos recebidos de outras pessoas de direito público ou privado, destinados a atender despesas classificáveis em Despesas de Capital* e, ainda, o superávit do Orçamento Corrente."[47]

2.2.2.2.4 Elementos de Despesa

Os elementos de despesa têm por finalidade identificar os objetos de gasto que a administração pública utiliza para a consecução de seus fins, conforme códigos definidos no Manual de Despesa Nacional.

A seguir, vamos fazer uma adaptação da classificação, apresentando a conjugação das categorias econômicas, com os grupos de natureza da despesa, de aplicação direta e os elementos de despesa, apenas como amostra, para fins didáticos. Para conhecer o assunto com mais detalhes, consulte a Portaria Interministerial nº 163/2001 atualizada, ou o Manual de Despesa Nacional.

---

[45] § 1º do art. 11 idem.
[46] § 6º do art. 12 idem.
[47] § 2º do art. 11 idem.

A relação adaptada é a seguinte:

CATEGORIA ECONÔMICA:	3 – DESPESAS CORRENTES
Grupo de Natureza da Despesa:	1– Pessoal e Encargos Sociais
Aplicação Direta	90 __
Elemento de Despesa:	11 – Vencimentos e Vantagens Fixas – Pessoal Civil
Elemento de Despesa:	13 – Obrigações Patronais
Elemento de Despesa:	09 – Salário-Família
Grupo de Natureza da Despesa:	2– Juros e Encargos da Dívida
Aplicação Direta	90 __
Elemento de Despesa:	21 – Juros sobre a Dívida por Contrato
Elemento de Despesa:	22 – Outros Encargos sobre a Dívida por Contrato
Grupo de Natureza da Despesa:	3– Outras Despesas Correntes
Aplicação Direta	90 __
Elemento de Despesa:	30 – Material de Consumo
Elemento de Despesa:	39 – Outros Serviços de Terceiros – Pessoa Jurídica
Elemento de Despesa:	33 – Passagens e Despesas com Locomoção
CATEGORIA ECONÔMICA:	4 – DESPESAS DE CAPITAL
Grupo de Natureza da Despesa:	4 – Investimentos
Aplicação Direta	90 __
Elemento de Despesa:	51 – Obras e Instalações
Elemento de Despesa:	52 – Equipamentos e Material Permanente
Grupo de Natureza da Despesa:	5 – Inversões Financeiras
Aplicação Direta	90 __
Elemento de Despesa:	61 – Aquisição de Imóveis
Elemento de Despesa:	65 – Constituição ou Aumento de Capital de Empresas
Elemento de Despesa:	66 – Concessão de Empréstimos e Financiamentos
Grupo de Natureza da Despesa:	6 – Amortização da Dívida
Aplicação Direta	90 __
Elemento de Despesa:	71 – Principal da Dívida Contratual Resgatado
Elemento de Despesa:	72 – Principal da Dívida Mobiliária Resgatado
Elemento de Despesa:	73 – Correção Monetária ou Cambial da Dívida Contratual Resgatada

Obs.: Conforme já foi mencionado acima, este é apenas um exemplo didático.

2.2.2.2.5 Aplicação Prática para Empenho da Despesa

Na execução orçamentária da despesa será necessário, para o processamento do devido empenhamento, que a classificação, no caso dos elementos de despesa constantes da relação acima exposta, seja a seguinte:

No caso das despesas correntes:

    3.1.90.11.00 – Vencimentos e Vantagens Fixas – Pessoal Civil
    3.1.90.13.00 – Obrigações Patronais
    3.1.90.09.00 – Salário-Família
    3.2.90.21.00 – Juros sobre a Dívida por Contrato
    3.2.90.22.00 – Outros Encargos sobre a Dívida por Contrato
    3.3.90.30.00 – Material de Consumo
    3.3.90.39.00 – Outros Serviços de Terceiros – Pessoa Jurídica
    3.3.90.33.00 – Passagens e Despesas com Locomoção

No caso das despesas de capital:

    4.4.90.51.00 – Obras e Instalações
    4.4.90.52.00 – Equipamentos e Material Permanente
    4.5.90.61.00 – Aquisição de Imóveis
    4.5.90.65.00 – Constituição ou Aumento de Capital de Empresas
    4.6.90.71.00 – Principal da Dívida Contratual Resgatado
    4.6.90.72.00 – Principal da Dívida Mobiliária Resgatado
    4.6.90.73.00 – Correção Monetária ou Cambial da Dívida Contratual Resgatada

Conforme se observa, os códigos são apresentados em ordem sequencial, iniciando pelo relativo à Categoria Econômica 3 – Despesas Correntes, ou 4 – Despesas de Capital, seguido do que se refere ao Grupo de Natureza da Despesa, 1 – Pessoal e Encargos Sociais, ou 2 – Juros e Encargos da Dívida, ou ainda, Outras Despesas Correntes. No nosso exemplo, segue a Modalidade de Aplicação 90 – Aplicação Direta e continua com os elementos de despesa.

No que se relaciona com os elementos de despesa, precisamos sempre fazer o acoplamento do grupo de natureza da despesa, com os elementos de despesa que lhes sejam característicos e intrínsecos, como foi o caso do exemplo em que o elemento de despesa 11 – Vencimentos e Vantagens Fixas – Pessoal Civil, foi acoplado ao Grupo de Natureza da Despesa 1 – Pessoal e Encargos Sociais, por ser intrinsecamente da mesma característica. Da mesma forma, no caso do exemplo em que o elemento de Despesa 61 – Aquisição de Imóveis, foi acoplado ao Grupo de Natureza da Despesa 5 – Inversões Financeiras, também, por ser intrinsecamente da mesma característica.

Por último, nota-se que, ao final da classificação, consta dois algarismos 00, que cada nível de governo federal, estadual ou municipal poderá utilizá-los para indicar o detalhamento que julgar conveniente, no sentido de controlar algum tipo de gasto. No caso de se desejar conhecer e controlar o nível de gasto com combustíveis, por exemplo, poder-se-ia introduzir um item 10 – Combustíveis e Lubrificantes, e como subitem, 11 – Gasolina, na classificação, que ficaria: 3.3.90.30.11 – Gasolina, que seria utilizada no processamento da despesa orçamentária, para aquisição de gasolina. No caso, gasolina seria o detalhamento, do tipo de material de consumo a ser adquirido, que interessaria ser controlado, pois através dele se conheceria o nível de consumo com gasolina.

2.3 Do balanço financeiro

O Balanço Financeiro, em razão do fato de que "o exercício financeiro coincidirá com o ano civil",[48] deverá corresponder ao movimento financeiro ocorrido no período de 1º de janeiro a 31 de dezembro do ano a que se referir e conterá, além das relativas às operações orçamentárias, também "todas as operações de que resultem débitos e créditos de natureza financeira, não compreendidas na execução orçamentária".[49]

Aliás, a Lei nº 4.320/64 apresenta o Anexo nº 13 relativo ao Balanço Financeiro, que foi adaptado, conforme Parte V – Demonstrações Contábeis Aplicadas ao Setor Público, integrante do Manual de Contabilidade Aplicada ao Setor Público, cuja composição deve ser obedecida pelas entidades da administração direta ou centralizada e pelas entidades autárquicas, conforme demonstração a seguir.

Observe-se que

> "o Balanço Financeiro demonstrará a receita e despesa orçamentárias bem como os recebimentos e pagamentos de natureza extraorçamentária, conjugados com os saldos em espécie provenientes do exercício anterior, e os que se transferem para o exercício seguinte".[50]

Portanto, no Balanço Financeiro deverão ser demonstrados os movimentos ocorridos na receita e despesa orçamentárias, bem como os recebimentos e pagamentos de natureza extraorçamentária e não simplesmente os seus saldos no final do exercício. No caso das receitas e despesas orçamentárias, poderá haver coincidência do valor dos movimentos ocorridos, com o valor dos saldos, porém, no caso dos recebimentos e pagamentos de natureza extraorçamentária, isso não deverá ocorrer. Na apresentação do resultado proveniente do exercício anterior, e os que se transferem para o exercício seguinte, estes sim corresponderão aos saldos em espécie, provenientes do exercício anterior, e os que se transferem para o exercício seguinte.

O Balanço Financeiro, consoante se verifica tanto na parte das receitas, como na parte das despesas, apresenta os grupos de movimentação financeira; o primeiro refere-se aos registros da receita e despesa orçamentárias; em seguida, há o realce

---

[48] Art. 34 da Lei nº 4.320/64.
[49] Art. 93 da Lei nº 4.320/64.
[50] Art. 103 da Lei nº 4.320/64.

das transferências financeiras recebidas, na parte da receita e das transferências financeiras concedidas, na parte da despesa; segue a informação dos recebimentos e pagamentos extraorçamentários; e, ao final, são apresentados os saldos do exercício anterior e os que se transferem para o exercício seguinte, conforme se observa do Anexo nº 13 a seguir:

ANEXO Nº 13 – BALANÇO FINANCEIRO

Exercício: _____ Período (Mês): _____ Data da Emissão: _____ Página: _____

INGRESSOS			DISPÊNDIOS		
ESPECIFICAÇÃO	Exercício Atual	Exercício Anterior	ESPECIFICAÇÃO	Exercício Atual	Exercício Anterior

Receita Orçamentária (I)
  Ordinária
  Vinculada
    Previdência Social
    Convênios
    Recursos Próprios Diretamente Arrecadados
    Operações de Crédito
    Alienação de Bens
Deduções da Receita
Transferências Financeiras Recebidas (II)
Recebimentos Extraorçamentários (III)
  Inscrição de RP Processados
  Inscrição de RP Não Processados
  Valores Restituíveis
Saldo do Período Anterior (IV)
			Despesa Orçamentária (VI)
			  Ordinária
			  Vinculada
			    Previdência Social
			    Convênios
			    Recursos Próprios Diretamente Arrecadados
			    Operações de Crédito
			Transferências Financeiras Concedidas (VII)
			Pagamentos Extraorçamentários (VIII)
			  Pagamento de RP Processados
			  Pagamento de RP Não Processados
			  Valores Restituíveis
			Saldo para o exercício Seguinte (IX)		

TOTAL (V) = (I+II+III+IV)			TOTAL (X) = (VI+VII+VIII+IX)		

2.3.1 Da parte das receitas

A parte da receita, no Balanço Financeiro, é composta por quatro grandes grupos de contas que são apresentados da seguinte forma:

– RECEITA ORÇAMENTÁRIA
– TRANSFERÊNCIAS FINANCEIRAS RECEBIDAS
– RECEITA EXTRAORÇAMENTÁRIA
– SALDO DO EXERCÍCIO ANTERIOR

2.3.1.1 Receita Orçamentária

Consoante se pode observar no modelo apresentado do Balanço Financeiro, na parte da Receita Orçamentária, é apresentado um detalhamento consubstanciado nas seguintes contas:

RECEITA ORÇAMENTÁRIA
Ordinária[51]
Vinculada[52]
Previdência Social
Transferências Obrigatórias de Outro Ente
Convênios
(....)
(–) Deduções da Receita Orçamentária

Os dados que compõem a parte da receita orçamentária, no Balanço Financeiro, em virtude de corresponderem aos recolhimentos realizados durante o exercício, iniciam todo o processo de escrituração contábil, uma vez que tais recolhimentos ocorrem por intermédio de arrecadações efetuadas em tesourarias ou da rede bancária, provocando, por consequência, os primeiros registros da movimentação financeira, no subsistema de informações patrimoniais.

Pode-se inferir, portanto, que os registros contábeis relativos ao recebimento da receita orçamentária são realizados no subsistema de informações patrimoniais, representando a arrecadação efetuada e, também, deverão ser realizados no subsistema de informações orçamentárias, representando a execução da receita orçamentária correspondente. Isto faz com que a demonstração dos valores constantes da movimentação financeira escriturada como receita orçamentária deva ser idêntica no Balanço Financeiro e, também, no Balanço Orçamentário, pois os registros são efetuados concomitantemente nos mesmos valores.

O Balanço Financeiro, conforme se observa, apresenta também a receita orçamentária pelos valores globais utilizando o processo de destinação dos recursos: *ordinária*, ou seja, no caso da alocação da receita ser livre entre a origem e a aplicação dos recursos para atender quaisquer finalidades; e, *vinculada*, ou seja, no caso de existir vinculação entre a origem e a aplicação dos recursos, destinada a atender finalidades específicas estabelecidas pela legislação. Foi introduzida **deduções da receita**, ou seja, deduções que

---

[51] Ordinária – também conhecida por destinação ordinária, é a receita que pode ser alocada livremente, entre a origem e a aplicação de recursos, para atender quaisquer finalidades. Pode ser qualquer receita que não possua nenhuma vinculação.

[52] Vinculada – também conhecida por destinação vinculada, é a receita que está vinculada, entre a origem e a aplicação de recursos, ao atendimento de alguma finalidade específica estabelecida pela legislação.

podem ocorrer na receita orçamentária, como por exemplo, dentre outros, podemos mencionar as parcelas destinadas a outros entes e as parcelas a serem restituídas.

2.3.1.2 Transferências Financeiras Recebidas

E, ainda, existe a identificação das **Transferências Financeiras Recebidas**, que refletem as movimentações de recursos financeiros entre órgãos e entidades da administração direta e indireta, que podem ser: orçamentárias (aquelas efetuadas em cumprimento à execução do orçamento são as cotas, repasses e sub-repasses) ou extraorçamentárias (aquelas que não se relacionam com o orçamento em geral decorrem da transferência de recursos relativos a restos a pagar).

2.3.1.3 Receita Extraorçamentária

O Balanço Financeiro, ainda, na parte das receitas/ingressos apresenta o grupo de contas, cujo detalhamento segue a seguinte descrição:

RECEBIMENTOS EXTRAORÇAMENTÁRIOS
Inscrição de Restos a Pagar Processados
Inscrição de Restos a Pagar Não Processados
Valores Restituíveis

A Receita Extraorçamentária, segundo grupo da receita pública, compreende os recebimentos efetuados e os provenientes de apropriação da despesa orçamentária, ou dela provenientes como contrapartida. Tais recebimentos constituirão compromissos exigíveis, geralmente, a curto prazo, e seu pagamento independe de autorização orçamentária e, portanto, independe de autorização legislativa. Por conseguinte, o Estado é obrigado a arrecadar valores que, em princípio, não lhe pertencem.

Há alguns valores recolhidos que, transitoriamente, aguardam melhor classificação, como as receitas diferidas e a classificar, e outros em que o Estado figura apenas como depositário dos valores que ingressam esse título, como, por exemplo: as cauções, as fianças, as consignações e outras; as que se originam da apropriação da despesa orçamentária, quando atuam como sua contrapartida, como as despesas orçamentárias a pagar, que no fim do exercício constituem os restos a pagar, sendo sua arrecadação, retenção ou apropriação classificada como receita extraorçamentária.

Em termos contábeis, devemos observar que "todas as operações que resultam débitos e créditos de natureza financeira, não compreendidas na execução orçamentária, serão também objeto de registro, individualização e controle contábil".[53] Isto, em última análise, quer dizer que a receita extraorçamentária será registrada por meio de escrituração contábil, devidamente individualizada, o que nos leva, por consequência,

---

[53] Art. 93 da Lei nº 4.320/64.

a concluir que a movimentação financeira registrada deverá ser demonstrada com base no Balanço Financeiro.

A parte relativa à receita extraorçamentária, que no Balanço Financeiro, segundo consta do modelo apresentado, está identificada como recebimentos extraorçamentários, prevê movimentação financeira correspondente à inscrição dos restos a pagar processados e não processados, que se refere aos saldos da despesa liquidada a pagar e da despesa empenhada em liquidação, respectivamente, e os das contas relativas aos valores restituíveis, que em tese, se referem às *entradas compensatórias no ativo e passivo financeiro*, a que se refere o parágrafo único do art. 3º da Lei nº 4.320/64.

2.3.1.3.1 Restos a pagar

Com o intuito de configurar a composição da receita extraorçamentária, vamos iniciar demonstrando que "consideram-se restos a pagar as despesas empenhadas mas não pagas até o dia 31 de dezembro, distinguindo-se as processadas das não processadas".[54] E há mais uma observação a respeito, em que se vê que "o registro dos restos a pagar far-se-á por exercício e por credor, distinguindo-se as despesas processadas das não processadas".[55]

Notemos que existe uma reafirmação sobre os restos a pagar, no sentido de que se faça a distinção entre a despesa processada das não processadas, quando de sua inscrição. Isto nos leva a explicar o que deve ser entendido por despesa processada e não processada, para verificar-se a distinção de que fala o texto legal.

Para tanto, embora estejamos tratando da composição do Balanço Financeiro, especificamente da parte relativa à receita extraorçamentária, devemos buscar a resposta nos estágios da despesa orçamentária.

No sentido de expor o assunto, relativo à despesa orçamentária, do ponto de vista histórico, desde a edição do Código de Contabilidade Pública, em 8-11-1922, determinou-se que toda a despesa do Estado deve passar por três estágios:[56]

    a) empenho;

    b) liquidação; e

    c) pagamento.

Preliminarmente, vamos iniciar pelo empenho da despesa, que é o primeiro estágio da despesa orçamentária e que, tendo sido realizado durante o exercício, mas não sendo pago, poderá ser objeto de inscrição como restos a pagar. É óbvio que, para se inscrever uma despesa em restos a pagar, necessário faz-se que, pelo menos, ela tenha passado pelo estágio denominado empenho.

---

[54] Art. 36 da Lei nº 4.320/64.
[55] Parágrafo único do art. 92 da Lei nº 4.320/64.
[56] Art. 227 do Decreto nº 15.783/22 (Código de Contabilidade Pública).

Aliás, "o empenho da despesa é o ato emanado de autoridade competente que cria para o Estado obrigação de pagamento pendente ou não de implemento de condição",[57] por isso, por meio da autorização do empenho, é que fica criada a obrigação de pagamento, até porque "o empenho da despesa não poderá exceder o limite dos créditos concedidos"[58] e "é vedada a realização de despesa sem prévio empenho".[59] Todas essas citações nos levam a pressupor que, uma vez empenhada a despesa, há obrigação de pagamento, pois existe o compromisso e reserva de recursos garantidos e autorizados na lei de orçamento ou em leis que autorizam créditos adicionais.

Em seguida,

> "a liquidação da despesa consiste na verificação do direito adquirido pelo credor, tendo por base os títulos e documentos comprobatórios do respectivo crédito.
>
> Essa verificação tem por fim apurar:
>
> – a origem e o objeto do que se deve pagar;
>
> – a importância exata a pagar;
>
> – a quem se deve pagar a importância, para extinguir a obrigação.
>
> A liquidação da despesa por fornecimentos feitos ou serviços prestados terá por base:
>
> – o contrato, ajuste ou acordo respectivo;
>
> – a nota de empenho;
>
> – os comprovantes da entrega do material ou da prestação do serviço".[60]

Reportando-nos ao termo despesa processada e à distinção com a despesa não processada, podemos interpretá-lo da seguinte maneira: deve-se entender a despesa processada como aquela que passou pelo estágio do empenho da despesa e, também, pelo estágio da liquidação da despesa; por outro lado, entende-se como despesa não processada aquela que somente passou pelo estágio do empenho.

Portanto, devemos considerar como restos a pagar de despesa processada aquela que, tendo sido empenhada, passou também pelo estágio da liquidação, restando, somente, o pagamento para extinguir a obrigação criada pelo empenho. Inscreve-se como restos a pagar de despesa não processada aquela que tenha sido empenhada, mas na qual ainda faltam os estágios da liquidação e do pagamento para que a obrigação seja extinta.

---

[57] Art. 58 da Lei nº 4.320/64.
[58] Art. 59 da Lei nº 4.320/64.
[59] Art. 60 da Lei nº 4.320/64.
[60] Art. 63, §§ 1º e 2º, da Lei nº 4.320/64.

Essa distinção demonstra, claramente, a preocupação para com o atendimento do mandamento legal, quando determina que "o pagamento da despesa só será efetuado quando ordenado após sua regular liquidação",[61] pois direciona no sentido de proceder-se ao pagamento somente das despesas liquidadas, valendo essa regra, seguramente, também para os restos a pagar. Operacionalmente, será obrigatória a liquidação para a despesa inscrita em restos a pagar não processados; quando da ocorrência do ato (liquidação), far-se-á o lançamento contábil relativo à transferência para os restos a pagar não processados liquidados a pagar, para poder-se efetuar o devido pagamento.

Por outro lado, os procedimentos relativos ao registro dos restos a pagar das despesas empenhadas e não pagas até o dia 31 de dezembro possuem ligação estreita com o atendimento do regime de competência, uma vez que "pertencem ao exercício financeiro (...) as despesas nele legalmente empenhadas".[62]

A composição do Balanço Financeiro, por consequência, deverá demonstrar os valores dos movimentos financeiros, dentro dos quais serão apresentadas as importâncias totais da despesa orçamentária, computando-se a soma das pagas, nela incluídas as registradas como restos a pagar. Como podemos observar, a somatória das despesas orçamentárias, consideradas nos movimentos financeiros do exercício, deve ser entendida como efetivamente realizada para efeito do Balanço Financeiro.

Neste ponto, necessário se faz a apresentação da seguinte determinação: "os restos a pagar do exercício serão computados na receita extraorçamentária para compensar sua inclusão na despesa orçamentária".[63]

Portanto, podemos dizer que, em razão da despesa orçamentária ser apresentada pelo seu total, o valor dos restos a pagar registrados no exercício deve funcionar, em contrapartida, como uma conta de compensação financeira, computando-se o valor na receita extraorçamentária. Este procedimento procura transferir o estágio do pagamento para o exercício seguinte, tratando-o sob o ponto de vista eminentemente financeiro, uma vez que, do ponto de vista orçamentário, encerra-se no fim do exercício, no qual, no valor da despesa orçamentária executada, foi incluído o valor dos restos a pagar registrado.

Ainda, sobre a questão dos restos a pagar, pode-se verificar os Anexos 1 – Demonstrativo de Execução dos Restos a Pagar Não Processados e 2 – Demonstrativo de Execução dos Restos a Pagar Processados, que complementam o Balanço Orçamentário, onde são apresentados mais detalhes a respeito da movimentação relativa aos restos a pagar.

Concluindo, o valor dos restos a pagar computados na receita extraorçamentária corresponde ao registro das importâncias empenhadas no exercício e que deverá ser baixado quando ocorrer o devido pagamento ou eventual cancelamento.

---

[61] Art. 62 da Lei nº 4.320/64.
[62] Art. 34, inciso II, da Lei nº 4.320/64.
[63] Parágrafo único do art. 103 da Lei nº 4.320/64.

a) Inscrição de Restos a Pagar Não Processados

Portanto, se inscreve como restos a pagar de despesa não processada aquela que tenha sido empenhada, mas, na qual ainda faltam os estágios da liquidação e pagamento.

Conforme já foi mencionado, deve-se atentar para o fato de que existe um quadro (Anexo 1) Demonstrativo de Execução dos Restos a Pagar Não Processados, que foi adicionado ao Balanço Orçamentário, com o objetivo de propiciar uma análise da execução orçamentária do exercício em conjunto com a execução dos restos a pagar.

Como se pode inferir, o controle da execução das contas de restos a pagar não processados é feito através das contas do grupo 5 – Controle da Aprovação do Planejamento e Orçamento, e 6 – Controles da Execução do Planejamento e Orçamento, que integram o Subsistema de Informações Orçamentárias, daí porque terem sido adicionados ao Balanço Orçamentário.

Porém, não nos esqueçamos que, ao mesmo tempo, existem os registros no Subsistema de Informações Patrimoniais, que se referem aos mesmos fatos e valores, que executam os controles do ponto de vista financeiro e não financeiro, relacionados com as variações do patrimônio público.

b) Inscrição de Restos a Pagar Processados

Por outro lado, se inscreve como restos a pagar de despesa processada aquela que tenha sido empenhada e liquidada, mas, na qual ainda falta o cumprimento do estágio do pagamento. Há que se considerar, ainda, que os restos a pagar processados não podem ser cancelados, salvo por motivo plenamente justificável, pois a despesa passou pelo estágio do empenho e da liquidação, ou seja, o credor, que é o fornecedor dos objetos contratados, já fez a entrega dos bens ou serviços que lhe foram solicitados, porém, a Administração ainda não cumpriu a sua parte contratual efetuando o devido pagamento.

Deve-se alertar para o fato de que existe um quadro (Anexo 2) Demonstrativo de Execução dos Restos a Pagar Processados, que foi adicionado ao Balanço Orçamentário, com o objetivo de propiciar uma análise da execução orçamentária do exercício em conjunto com a execução dos restos a pagar.

Como se pode inferir aqui também o controle da execução das contas de restos a pagar processados é feito através das contas do grupo 5 – Controle da Aprovação do Planejamento e Orçamento, e 6 – Controles da Execução do Planejamento e Orçamento, que integram o Subsistema de Informações Orçamentárias, daí porque terem sido adicionados ao Balanço Orçamentário.

Porém, ao mesmo tempo, existem os registros no Subsistema de Informações Patrimoniais, que se referem aos mesmos fatos e valores, mas que executam o controle do ponto de vista financeiro e não financeiro, relacionados com as variações do patrimônio público.

2.3.1.3.2 Outros recebimentos extraorçamentários

Neste grupo devem ser demonstrados os recebimentos que não têm origem orçamentária e, por isso, não foram previstos na lei de orçamento, atendendo o disposto no parágrafo único do art. 3º, da Lei nº 4.320/64, que diz textualmente: "Não se consideram para os fins deste artigo as operações de crédito por antecipação da receita, as emissões de papel-moeda e outras entradas compensatórias no ativo e passivo financeiro."

Podem ser citados, a título de exemplo, como recebimentos extraorçamentários, para fins deste grupo, os ingressos que constituirão compromissos exigíveis, cujo pagamento ou restituição, independe de autorização orçamentária e, portanto, independe de autorização legislativa. Por conseguinte, o Estado é obrigado a arrecadar valores que, em princípio, não lhe pertencem. O Estado figura apenas como depositário dos valores que ingressam a esse título, como, por exemplo:

- **Operações de Crédito por Antecipação da Receita Orçamentária;**
- **cauções;**
- **as consignações em folha;**
- **outras com essas características.**

Em termos contábeis, devemos observar que "todas as operações que resultem débitos e créditos de natureza financeira, não compreendidos na execução orçamentária, serão também objeto de registro, individualização e controle contábil".[64] Isso, em última análise, quer dizer que a receita extraorçamentária será registrada através de escrituração contábil, devidamente individualizada.

a) Operações de Crédito por Antecipação da Receita Orçamentária

Conforme o disposto no art. 38 da Lei Complementar nº 101/2000 (Lei de Responsabilidade Fiscal), a operação de crédito por antecipação da receita destina-se a atender insuficiência de caixa durante o exercício financeiro, e realizar-se-á somente a partir do dia 10 de janeiro e, ser liquidada, com juros e outros encargos incidentes, até o dia 10 de dezembro de cada ano. Portanto, verifica-se que a característica é de resgate inferior a doze meses.

Essas operações estarão proibidas enquanto existir operação anterior da mesma não integralmente resgatada, e no último ano de mandato do Presidente, Governador ou Prefeito Municipal.

Assim, por exemplo, o Governo, ao contrair uma operação de crédito por antecipação da receita, isto é, lançar títulos ou contratos, compromissos com prazo de resgate inferior a doze meses, o valor obtido dará entrada em caixa/bancos em

---

[64] Art. 93 da Lei nº 4.320/64.

contrapartida com uma conta do passivo circulante, que por ser de característica de curto prazo, integrará a dívida flutuante ou administrativa, por se constituírem em simples entradas compensatórias no ativo e passivo financeiros.

As operações de crédito por antecipação da receita realizadas por Estados ou Municípios serão efetuadas mediante abertura de crédito junto à instituição financeira vencedora em processo competitivo eletrônico promovido pelo Banco Central do Brasil.

Como se pode inferir, em tese, as operações de crédito por antecipação da receita orçamentária poderão apresentar movimentação financeira durante o exercício, mas, em razão do período em que podem ser realizadas (10 de janeiro a 10 de dezembro de cada ano), eventualmente, podem não apresentar saldos no balanço financeiro. Entretanto, em razão de terem constituído recebimentos e pagamento de natureza extraorçamentária, os movimentos financeiros ocorridos devem ser demonstrados no balanço financeiro.

b) cauções

As cauções, geralmente, se referem à garantia contratual que, a critério da autoridade competente, em cada caso, e desde que prevista no instrumento convocatório da licitação, poderá ser exigida nas contratações de obras, serviços e compras.

A legislação relativa à licitações, diz que, quando exigida, a garantia é prestada por opção do contratado, por uma das seguintes modalidades: caução em dinheiro ou títulos da dívida pública; seguro-garantia; e fiança bancária.

Obviamente, estamos falando aqui das cauções prestadas em dinheiro, pois é a única que possui as características necessárias para ser considerada como receita extraorçamentária, pelo recebimento de uma importância em dinheiro, quando da assinatura do contrato e um pagamento relativo à devolução da importância em dinheiro, quando do encerramento pelo cumprimento do objeto contratual, portanto, é efetuada uma entrada compensatória no ativo e passivo financeiro.

c) consignações em folha

São os valores identificados na parte da receita extraorçamentária e referem-se ao montante do valor relativo a recebimentos feitos a título de consignações em folha de pagamento. O fato é que o poder público, ao promover o desconto na folha de pagamento de seus servidores, o faz na condição de consignante, daí porque, ao fazer a apropriação dos descontos na folha de pagamento, providencia a escrituração contábil dos valores relativos aos descontos, no sentido de preservar as importâncias que terá que pagar a quem de direito, por isso, consubstanciam-se como recebimentos considerados como entradas compensatórias no ativo e passivo financeiro.

Podem ser classificadas como consignações: imposto de renda retido na fonte; contribuições a institutos de previdência; e, outras que possam ser objeto de desconto em folha de pagamento, que devam ser pagas a quem de direito.

d) outras com essas características

Neste caso, podem existir, ou vir a existir, recebimentos que sejam efetuados pelos órgãos públicos, mas que não lhe pertença e ele o faz como depositário do valor, obrigando-se a efetuar a sua restituição ou o devido pagamento a quem de direito. Note-se que deve se tratar, sempre, de valores que sejam considerados como entradas compensatórias no ativo e passivo financeiro, característica intrínseca das receitas extraorçamentárias.

2.3.1.4 Saldo do Exercício Anterior

O Balanço Financeiro possui, ainda, um grupo de contas, que é demonstrado na parte da receita, correspondente aos saldos do exercício financeiro anterior e que são aqui colocados, para compor a parte da conjugação da receita orçamentária e extraorçamentária com os saldos em espécie provenientes do exercício anterior, em atendimento às determinações legais.

A composição desse grupo, que em realidade representa os saldos do exercício anterior, com os quais se iniciou o exercício financeiro, apresenta o somatório dos saldos das contas do subgrupo Caixa e Equivalentes de Caixa, bem como o valor das entradas compensatórias no ativo e passivo financeiros, nos termos do parágrafo único do art. 3º da Lei nº 4.320/64.

Portanto, o grupo Saldo em espécie do Exercício Anterior representa, em última análise, o montante financeiro apresentado no final do exercício anterior, corresponde aos recursos disponíveis no início do exercício.

2.3.2 Na parte das despesas

A parte das despesas, no Balanço Financeiro, que também é identificada como dispêndios, é composta pelos grupos de contas apresentados da seguinte forma:

- DESPESA ORÇAMENTÁRIA
- TRANSFERÊNCIAS FINANCEIRAS CONCEDIDAS
- DESPESAS EXTRAORÇAMENTÁRIAS
- SALDO PARA O EXERCÍCIO SEGUINTE

2.3.2.1 Despesa Orçamentária

Consoante se pode observar no modelo apresentado do Balanço Financeiro, na parte da Despesa Orçamentária, é apresentado um detalhamento consubstanciado nas seguintes contas:

DESPESA ORÇAMENTÁRIA
Ordinária[65]
Vinculada[66]
Previdência Social
Transferências obrigatórias de outro ente
Convênios
(....)

Os dados que compõem a despesa orçamentária no Balanço Financeiro são provenientes dos compromissos orçamentários, inicialmente, assumidos pela emissão de empenhos e, portanto, oriundos do sistema orçamentário, que, em razão de terem se transformado em compromissos de ordem financeira, foram registrados no sistema financeiro e correspondem à despesa realizada no exercício.

Observe que o fato de a despesa orçamentária ter sido considerada como despesa realizada, para efeito do Balanço Financeiro que, efetivamente, representar que o valor registrado demonstra a despesa orçamentária que foi executada para efeito da utilização da autorização legislativa, inerente à aprovação da Lei de Orçamento do exercício a que se referir. Isto procura atender ao regime de competência de escrituração contábil e, relativamente, à despesa, pois "pertencem ao exercício financeiro, as despesas nele legalmente empenhadas e, quanto aos valores não pagos que correspondem aos "restos a pagar do exercício serão computados na receita extraorçamentária para compensar sua inclusão na despesa orçamentária", aliás, conforme mencionado na parte relativa à receita extraorçamentária."

Verificamos que, também no caso da despesa orçamentária, os valores globais constantes do Balanço Financeiro, por representarem registros da movimentação financeira e, tendo em vista que "os restos a pagar do exercício serão computados na receita extraorçamentária para compensar sua inclusão na despesa orçamentária", deverão ser idênticos ao apresentado, especificamente no somatório da coluna de despesas empenhadas do Balanço Orçamentário. Portanto, nas duas peças, o valor da despesa orçamentária deverá ser idêntico, por se referirem aos mesmos fatos, somente aqui tratados sob a ótica de cada subsistema contábil em que o registro for realizado.

Ainda, pelo fato de a despesa orçamentária, no Balanço Financeiro, ser demonstrada, no caso, como característica intrínseca, a apresentação evidenciada por destinação, consoante se observa no modelo exposto, para melhor conhecermos o seu detalhamento, necessário será consultar as contas 622.13.01 a 622.13.04 do subsistema de informações orçamentárias, pois nelas podem ser obtidas as informações em seu detalhamento.

---

[65] Ordinária – é a despesa que foi alocada livremente, para atender a quaisquer finalidades.

[66] Vinculada – é a despesa que foi alocada, atendendo a vinculação existente quando do recebimento da receita, atendendo a finalidades específicas estabelecidas pela legislação.

Concluindo, portanto, o Balanço Financeiro demonstrará nesta parte a despesa orçamentária do exercício. Devem ser informadas todas as despesas empenhadas, mesmo que ainda não tenham sido pagas. Para compensar os valores empenhados devem ser informados os valores inscritos em restos a pagar na receita/recebimento extraorçamentários. A despesa orçamentária deve ser evidenciada por destinação, podendo ser obtida por meio das contas 622.13.01 a 622.13.04 do subsistema de informações orçamentárias, que trazem as informações detalhadas.

2.3.2.2 Transferências Financeiras Concedidas

E, ainda, existe a identificação das *Transferências Financeiras Concedidas*, que refletem as movimentações de recursos financeiros entre órgãos e entidades da administração direta e indireta, que podem ser: orçamentárias (aquelas efetuadas em cumprimento à execução do orçamento são as cotas, repasses e sub-repasses) ou extraorçamentárias (aquelas que não se relacionam com o orçamento em geral decorrem da transferência de recursos relativos a restos a pagar).

2.3.2.3 Despesa Extraorçamentária

O Balanço Financeiro, ainda, na parte das despesas/dispêndios, apresenta o grupo de contas, cujo detalhamento segue a seguinte descrição:

> PAGAMENTOS EXTRAORÇAMENTÁRIOS
> Pagamento de Restos a Pagar Processados
> Pagamento de Restos a Pagar Não Processados
> Valores Restituíveis

Despesa Extraorçamentária é aquela paga à margem da Lei Orçamentária e, portanto, independente de autorização legislativa, pois constitui-se em saídas do passivo financeiro, compensatórias de entradas no ativo financeiro, oriundas de receitas extraorçamentárias, correspondentes ao pagamento de restos a pagar, à restituição ou entrega de valores recebidos, como depósitos, cauções, consignações e outros.

Devemos, ainda, a título de informação, mencionar os resgates relativos às operações de crédito por antecipação da receita, ou seja, os empréstimos e financiamentos, com prazo de resgate inferior a 12 meses, deverão ser, obrigatoriamente, liquidados até dez dias antes do encerramento do exercício em que foram contratados, e cujo resgate também é considerado extraorçamentário, pois constitui saída compensatória no ativo e passivo financeiro, respectivamente.

Observando o Balanço Financeiro, notamos que a parte das **despesas/pagamentos extraorçamentários** é composta da movimentação financeira, correspondente a pagamentos de restos a pagar processados, pagamentos de restos a pagar não processados e outros valores restituíveis.

2.3.2.3.1 Restos a pagar

Iniciando o detalhamento da despesa extraorçamentária, vamos delinear a composição dos restos a pagar, que estão aqui inseridos.

Os restos a pagar que estiverem colocados nesta parte da despesa extraorçamentária representam o montante financeiro pago durante o exercício. É oportuno ressaltar que neste Balanço Financeiro não devem ser considerados os saldos das contas financeiras, mas a movimentação financeira ocorrida no exercício.

Faremos, neste momento, uma observação a respeito dos restos a pagar inscritos: é possível inscrever não somente a despesa orçamentária liquidada, como também a despesa orçamentária não liquidada, uma vez que, "consideram-se restos a pagar as despesas empenhadas, mas, não pagas até o dia 31 de dezembro, distinguindo-se as processadas das não processadas".[67]

Em razão dos restos a pagar, quando inscritos constituírem receita extraorçamentária, atendendo ao disposto no parágrafo único do art. 103 da Lei nº 4.320/64, para compensar sua inclusão na despesa orçamentária, essa operação será refletida em contas próprias, no passivo circulante, como dívida flutuante.

Nota-se que, em razão de a inscrição dos restos a pagar ser considerada como receita extraorçamentária, equivalerá a recolhimento de receita, para compensar sua inclusão na despesa orçamentária, que alguns chamam de "receita figurativa".[68] Por outro lado, verificamos uma operação contábil que, ao menos na questão da inscrição dos restos a pagar de despesas não processadas, poderíamos chamar, também, por suas características, de "despesa figurativa".[69]

a) Pagamento de Restos a Pagar Não Processados

Lembremo-nos que entende-se como restos a pagar de despesa não processada aquela que tenha sido empenhada, mas na qual ainda faltam os estágios da liquidação e pagamento. Conforme já foi mencionado, deve-se atentar para o fato de que existe um quadro (Anexo 1) Demonstrativo de Execução dos Restos a Pagar Não Processados, que foi adicionado ao Balanço Orçamentário, com o objetivo de propiciar uma análise da execução orçamentária do exercício em conjunto com a execução dos restos a pagar.

Como se pode inferir, o controle da execução das contas de restos a pagar não processados é feito através das contas do grupo 5 – Controle da Aprovação do Planejamento e Orçamento, e 6 – Controles da Execução do Planejamento e Orçamento, que integram o Subsistema de Informações Orçamentárias, daí porque terem sido adicionados ao Balanço Orçamentário.

---

[67] Art. 36 da Lei nº 4.320/64.

[68] Receita Figurativa – Que não se concretiza em entrada de dinheiro e tem contrapartida na despesa.

[69] Despesa Figurativa – Que não se concretiza em saída de dinheiro e tem contrapartida na receita.

Porém, não nos esqueçamos que, ao mesmo tempo, existem os registros no Subsistema de Informações Patrimoniais, que se referem aos mesmos fatos e valores, que executam os controles do ponto de vista financeiro e não financeiro relacionados com as variações do patrimônio público.

Portanto, para que o pagamento dos restos a pagar não processados adquira condições de ser efetuado, necessário será que a despesa seja liquidada, ou seja, que o fornecedor do objeto pelo qual foi feito o empenho faça a sua parte com a entrega do material ou serviço contratado. Essa operação deverá ser contabilizada nas contas do subsistema de informações patrimoniais, do passivo circulante, em contrapartida com a variação patrimonial diminutiva correspondente e, ao mesmo tempo, também haverá a escrituração do mesmo fato, nas contas do subsistema de informações orçamentárias, transferindo os valores da conta de Restos a Pagar Não Processados para a conta de Restos a Pagar Não Processados Liquidados a Pagar.

Aliás, essas providências são necessárias, pois, como já foi mencionado, "o pagamento da despesa só será efetuado quando ordenado após a sua regular liquidação".[70]

Após, cumpridas essas medidas, haverá condições de se providenciar o devido pagamento.

Por outro lado, nos restos a pagar de despesas não processadas, por corresponderem à despesa orçamentária que passou unicamente pelo estágio do empenho, faltam, ainda, a liquidação e o pagamento, o que indica que, neste caso, havendo necessidade e condições, poderá haver a ocorrência de seu cancelamento. É óbvio que deverá haver algum motivo plausível para que isso ocorra, porém, o cancelamento, neste caso, poderá ser efetivado.

Isso nos parece lógico, pois diversos fatores poderão sobrevir para impossibilitar a ocorrência do estágio da liquidação da despesa. Apenas para citar um fator, lembramos o caso das despesas empenhadas por estimativa, que são inscritas em restos a pagar, via de regra, pelo saldo apresentado em 31 de dezembro, que na maioria dos casos é de valor superior ao necessário para cobertura dos gastos, mas que, por segurança, acaba sendo inscrito.

Sem dúvida, após a liquidação e o pagamento das despesas necessárias, o saldo que ainda houver deverá ser objeto de cancelamento, pois não mais será utilizado.

Concluindo, o movimento dos valores que forem pagos durante o exercício, relativos aos restos a pagar não processados, deverá constar do balanço financeiro, no grupo das despesas/pagamentos extraorçamentários e, consequentemente, integrarão o quadro (Anexo 1) Demonstrativo de Execução dos Restos a Pagar Não Processados, que foi adicionado ao Balanço Orçamentário, com o objetivo de propiciar uma análise da execução orçamentária do exercício em conjunto com a execução dos restos a pagar.

---

[70] Art. 62 da Lei nº 4.320/64.

b) Pagamento de Restos a Pagar Processados

Por outro lado, entende-se como restos a pagar de despesa processada aquela que tenha sido empenhada e liquidada, mas na qual ainda falta o cumprimento do estágio do pagamento. Há que se considerar, ainda, que dificilmente deverá ocorrer o cancelamento de restos a pagar de despesas processadas, pois a despesa passou pelo estágio do empenho e da liquidação, representando o fato de ser cumprido o objeto contratual por parte do credor, com a entrada da mercadoria, da prestação do serviço ou da construção da obra e, portanto, a obrigação do pagamento será considerada iminente.

Deve-se alertar para o fato de que existe um quadro (Anexo 2) Demonstrativo de Execução dos Restos a Pagar Processados, que foi adicionado ao Balanço Orçamentário, com o objetivo de propiciar uma análise da execução orçamentária do exercício em conjunto com a execução dos restos a pagar.

Como se pode mencionar, aqui também o controle da execução das contas de restos a pagar processados é feito através das contas do grupo 5 – Controle da Aprovação do Planejamento e Orçamento, e 6 – Controles da Execução do Planejamento e Orçamento, que integram o Subsistema de Informações Orçamentárias, daí porque terem sido adicionados ao Balanço Orçamentário.

Porém, ao mesmo tempo, existem os registros no Subsistema de Informações Patrimoniais, que se referem aos mesmos fatos e valores, mas que executam os controles, do ponto de vista financeiro e não financeiro relacionados com as variações do patrimônio público.

Deve-se observar que, os restos a pagar processados, só dependem das providências necessárias para se efetivarem os devidos pagamentos, pois já foram liquidadas, ainda, antes da própria inscrição.

Concluindo, o movimento dos valores que forem pagos durante o exercício, relativos aos restos a pagar processados, também deverão constar do balanço financeiro, no grupo das despesas/pagamentos extraorçamentários e, consequentemente, integrarão o quadro (Anexo 2) Demonstrativo de Execução dos Restos a Pagar Processados, que foi adicionado ao Balanço Orçamentário, com o objetivo de propiciar uma análise da execução orçamentária do exercício em conjunto com a execução dos restos a pagar.

2.3.2.4 *Outros pagamentos extraorçamentários*

Neste grupo devem ser demonstrados os pagamentos que não têm origem orçamentária e, por isso, não foram previstos na Lei de Orçamento, atendendo o disposto no parágrafo único do art. 3º da Lei nº 4.320/64, que diz textualmente: "Não se consideram para os fins deste artigo as operações de crédito por antecipação da receita, as emissões de papel-moeda e outras entradas compensatórias no ativo e passivo financeiro."

Podem ser citados, a título de exemplo, como pagamentos extraorçamentários, para fins deste grupo, os dispêndios que constituem compromissos exigíveis, cujo pagamento ou restituição independe de autorização orçamentária e, portanto, independe de autorização legislativa. Portanto, o Estado deverá pagar ou restituir os valores que, em princípio, não lhe pertencem, pois atuou apenas como depositário dos valores que ingressam a esse título, como, por exemplo:

- Operações de Crédito por Antecipação da Receita Orçamentária;
- cauções;
- as consignações em folha;
- outras com essas características

Em termos contábeis, devemos observar que "todas as operações que resultem débitos e créditos de natureza financeira, não compreendidos na execução orçamentária, serão também objeto de registro, individualização e controle contábil".[71] Isso, em última análise, quer dizer que a despesa extraorçamentária será registrada através de escrituração contábil, em contas que foram devidamente individualizadas.

a) Operações de Crédito por Antecipação da Receita Orçamentária

Conforme o disposto no art. 38 da Lei Complementar nº 101/2000 (Lei de Responsabilidade Fiscal), a operação de crédito por antecipação da receita destina-se a atender insuficiência de caixa durante o exercício financeiro, e realizar-se-á somente a partir do dia 10 de janeiro e, ser liquidada, com juros e outros encargos incidentes, até o dia 10 de dezembro de cada ano. Portanto, verifica-se que a característica é de resgate inferior a doze meses.

Assim, as operações de crédito por antecipação da receita, que foram realizadas a partir do dia 10 de janeiro, deverão ser resgatadas até o dia 10 de dezembro, de tal forma que, ao se elaborar o balanço financeiro em 31 de dezembro, espera-se que as contas do passivo circulante correspondentes não apresentem saldos, pois, se isso não ocorreu, ou seja, se existirem saldo nessas contas, fatalmente, houve falta do pagamento e, portanto, encontra-se em situação de inadimplência.

Como se pode inferir, em tese, as operações de crédito por antecipação da receita orçamentária poderão apresentar movimentação financeira durante o exercício, mas, em razão do período em que podem ser realizadas (10 de janeiro a 10 de dezembro de cada ano), não deverão apresentar saldo nas contas do passivo circulante correspondentes, mas, mesmo que apresentem saldo, nesta parte do balanço financeiro, devem ser demonstrados o movimento dos pagamentos de natureza extraorçamentária ocorridos no exercício. Obviamente, se houver saldo nas contas do passivo circulante correspondentes, no balanço financeiro, na parte da despesa/pagamentos extraorçamentários, se verificará o recebimento extraorçamentário maior que o pagamento extraorçamentário, cuja diferença deverá ser igual ao saldo que não foi pago.

---

[71] Art. 93 da Lei nº 4.320/64.

b) cauções

As cauções que, geralmente, se referem à garantia contratual, serão pagas ou devolvidas, tão logo se encerre a obrigação contratual, sem que haja nenhuma pendência a ser resolvida.

Obviamente, estamos falando aqui das cauções prestadas em dinheiro, pois, é a única que possui as características necessárias para ser considerada como despesa extraorçamentária, pelo pagamento relativo à devolução de uma importância em dinheiro, quando do encerramento pelo cumprimento do objeto contratual, portanto, é efetuada uma saída compensatória no passivo financeiro.

c) consignações em folha

Podem ser classificadas como consignações: imposto de renda retido na fonte; contribuições a institutos de previdência; e outras que possam ser objeto de desconto em folha de pagamento, que devam ser pagas a quem de direito.

Como se observa, os valores identificados na parte da despesa extraorçamentária referem-se ao montante do valor relativo a pagamentos feitos a título de consignações, relativas aos descontos feitos em folha de pagamento. Essas providências podem ser caracterizadas como pagamentos extraorçamentários, considerados como saídas compensatórias no passivo financeiro.

d) outros com essas características

Neste caso, podem existir, ou vir a existir, pagamentos que sejam efetuados pelo órgão público de valores que não lhe pertença, pois ele o faz como depositário do valor, obrigando-se a efetuar a sua restituição ou o devido pagamento a quem de direito. Note-se que deve se tratar, sempre, de valores que sejam considerados como entradas compensatórias no ativo e passivo financeiro, característica intrínseca dos pagamentos extraorçamentários.

2.3.2.5 Saldo para o exercício seguinte

O Balanço Financeiro possui, ainda, o grupo de contas, demonstrado na parte da despesa/dispêndio, que corresponde aos saldos que passam para o exercício seguinte, e que são aqui colocados para compor a parte da conjugação da despesa orçamentária, transferências financeiras concedidas e despesa/dispêndios extraorçamentários, com os saldos em espécie que se transferem para o exercício seguinte, em atendimento às determinações legais.

A composição desse grupo, que em realidade representa os saldos que se transferem para o exercício seguinte, com os quais se finalizou o exercício financeiro, apresenta o somatório dos saldos das contas do subgrupo Caixa e Equivalentes de Caixa, bem como o valor das entradas compensatórias no ativo e passivo financeiros, nos termos do parágrafo único do art. 3º da Lei nº 4.320/64.

Portanto, o grupo Saldo em espécie para o exercício seguinte representa, em última análise, o montante financeiro apresentado no final do exercício, que corresponde aos recursos disponíveis no início do exercício seguinte.

Essa conjugação representa, em última análise, a movimentação financeira global do exercício, proveniente do montante das despesas orçamentárias, transferências financeiras concedidas e despesas extraorçamentárias realizadas no exercício, somadas com os saldos em espécie que se transferem para o exercício seguinte.

2.4 Do balanço patrimonial

O Balanço Patrimonial é o documento em que apresenta, de forma sistematizada, a essência da contabilidade pública, consoante conceituação que lhe foi atribuída em vários estudos realizados, como, por exemplo:

"É o ramo da contabilidade que estuda, orienta, controla e demonstra a organização e execução da Fazenda Pública; o patrimônio público e suas variações."[72]

"A Contabilidade Aplicada ao Setor Público é o ramo da ciência contábil que aplica, no processo gerador de informações, os Princípios de Contabilidade e as normas contábeis direcionadas ao controle patrimonial da entidade do setor público."

Corroborando com a assertiva descrita:

"O objetivo da Contabilidade Aplicada ao Setor Público é fornecer aos usuários informações sobre os resultados alcançados e os aspectos de natureza orçamentária, econômica, financeira e física do patrimônio da entidade do setor público e suas mutações, em apoio ao processo de tomada de decisão; a adequada prestação de contas; e o necessário suporte para a instrumentalização do controle social.

Portanto, o objeto da Contabilidade Aplicada ao Setor Público é o patrimônio público."[73]

Em razão do patrimônio, em seu conceito clássico, ser considerado o conjunto de bens, direitos e obrigações pertencentes à pessoa física ou jurídica, por analogia, podemos dizer que *patrimônio público compreende o conjunto de bens, direitos e obrigações avaliáveis em moeda corrente*, das entidades que compõem a Administração Pública. O Balanço Patrimonial, obviamente, deverá contemplar a apresentação desse conjunto, e nem poderia ser diferente, pois fica claro que essa demonstração estará apresentando os resultados da movimentação ocorrida nos elementos do patrimônio, por meio de saldos obtidos dos registros contábeis realizados no exercício.

---

[72] Conceito proveniente de estudo da Divisão de Inspeção da Contabilidade – Contadoria Geral do Estado de São Paulo, em 1954.

[73] Normas Brasileiras de Contabilidade Aplicadas ao Setor Público (NBC T16), itens 3, 4 e 5.

Senão vejamos:

BALANÇO PATRIMONIAL

Exercício: _____ Período (Mês): _____ Data da Emissão: _____ Página: _____

ATIVO			PASSIVO		
ESPECIFICAÇÃO	Exercício Atual	Exercício Anterior	**ESPECIFICAÇÃO**	Exercício Atual	Exercício Anterior
ATIVO CIRCULANTE			PASSIVO CIRCULANTE		
Caixa e Equivalentes de Caixa			Obrigações Trabalhistas, Previdenciárias e Assistenciais a Pagar a Curto Prazo		
Créditos a Curto Prazo					
Demais Créditos e Valores a Curto Prazo			Empréstimos e Financiamentos a C. Prazo		
Investimentos Temporários			Fornecedores e Contas a Pagar a C. Prazo		
Estoques					
VPD Pagas Antecipadamente			Obrigações Fiscais a Curto Prazo		
ATIVO CIRCULANTE			Demais Obrigações a Curto Prazo		
Ativo Realizável a Longo Prazo			Provisões a Curto Prazo		
Créditos a Longo Prazo			PASSIVO NÃO CIRCULANTE		
Demais Créditos e Valores a L. Prazo			Obrigações Trabalhistas, Previdenciárias e Assistenciais a Pagar a Longo Prazo		
Investimentos Temporários a L. Prazo					
Estoques			Empréstimos e Financiamentos a Longo Prazo		
VPD Pagas Antecipadamente					
Investimentos			Fornecedores a Longo Prazo		
Participações Permanentes			Obrigações Fiscais a Longo Prazo		
Demais Investimentos Permanentes			Demais Obrigações a Longo Prazo		
			Provisões a Longo Prazo		
(-) Redução ao Valor Recuperável			Resultado Diferido		
Imobilizado			TOTAL DO PASSIVO		
Bens Móveis			PATRIMÔNIO LÍQUIDO		
Bens Imóveis					
(-) Depreciação, Exaustão e Amortização Acumuladas			**ESPECIFICAÇÃO**	Exercício Atual	Exercício Anterior
(-) Redução ao Valor Recuperável			Patrimônio Social e Capital Social		
Intangível			Adiantamento para Futuro Aumento de Capital		
Softwares			Reservas de Capital		
Marcas, Direitos e Patentes Industriais			Ajustes de Avaliação Patrimonial		
			Reservas de Lucros		
Direito de Uso de Imóveis			Demais Reservas		
(-) Amortização Acumulada			Resultados Acumulados		
(-) Redução ao Valor Recuperável			(-) Ações/Cotas em Tesouraria		
			TOTAL DO PATRIMÔNIO LÍQUIDO		
TOTAL			TOTAL		

Neste ponto, verifica-se que o modelo acima foi inserido pelas normas gerais editadas através do Manual de Contabilidade Aplicada ao Setor Público, Parte V – Demonstrações Contábeis Aplicadas ao Setor Público.

O Balanço Patrimonial é a demonstração contábil que evidencia, qualitativa[74] e quantitativamente,[75] a situação da entidade pública, por meio de contas representativas do patrimônio público, além das contas de compensação. O Balanço Patrimonial é apresentado num quadro de contabilidade com duas seções o **ativo**, que engloba as contas relativas ao ativo circulante e não circulante, e o **passivo**, que é composto pelas contas do passivo circulante e não circulante e pelo **patrimônio líquido**, em que se distribuem os elementos que constituem o *patrimônio público*.

Especificando um pouco mais, o Balanço Patrimonial, na parte que diz respeito ao ativo, apresenta o saldo das contas que representam a parte positiva do patrimônio, quais sejam as relativas aos bens e direitos das entidades públicas. Por outro lado, na parte correspondente ao passivo, apresenta o saldo das contas que representam a parte negativa do patrimônio, como é o caso das obrigações das entidades públicas.

A esta altura, nos parece conveniente repassar a questão do entendimento sobre patrimônio público.

Iniciando pelos bens, geralmente, escriturados no ativo circulante e não circulante, entre os quais podemos identificar os bens numerários, representados pela Conta de Caixa e Equivalentes de Caixa, os de consumo, enquanto permanecerem no almoxarifado, e os bens que merecem registro em razão de sua característica, que é vida longa, denominados de bens públicos.

E entendem-se por Direitos das Entidades Públicas, contabilmente, os valores que representam créditos realizáveis a curto ou longo prazo, geralmente, escriturados em contas do ativo circulante e não circulante, provenientes de depósitos bancários, diversos devedores, e créditos relativos a fornecimentos e serviços prestados, e inscrição da dívida ativa.

Consoante pode-se observar, referem-se a valores a receber registrados, quer por fornecimentos feitos, quer por serviços prestados pelas entidades públicas, e ainda aqueles que, provenientes da inscrição da dívida ativa de origem tributária ou de origem diversa, serão objeto de cobrança amigável ou judicial, conforme o caso requeira.

Por qualquer dos títulos, no entanto, representam direitos líquidos e certos a serem cobrados.

E, por último, as *Obrigações das Entidades Públicas* são os valores passivos, correspondentes às dívidas das entidades, consubstanciadas como dívida flutuante ou dívida fundada, respectivamente, exigíveis a curto ou longo prazo.

---

[74] São qualitativas as variações decorrentes de transações que alteram a composição dos elementos patrimoniais sem afetar o patrimônio líquido e correspondem a fatos permutativos patrimoniais.

[75] São quantitativas as variações decorrentes de transações que aumentam ou diminuem o patrimônio líquido.

Representam os compromissos assumidos e que serão pagos de acordo com os prazos e vencimentos, ou obedecem às normas regulamentares. As obrigações das entidades públicas, geralmente, estão representadas pelas contas que estão demonstradas no passivo circulante e não circulante.

Feitas as considerações que julgamos oportunas, vamos, a seguir, apresentar e demonstrar alguns detalhes sobre a composição do balanço patrimonial.

2.4.1 Da parte do ativo

Observa-se, no quadro do balanço patrimonial, a parte do ativo, que possui a seguinte constituição:

1 – ATIVO
    1.1 – **ATIVO CIRCULANTE**
    1.2 – **ATIVO NÃO CIRCULANTE**

2.4.1.1 Ativo Circulante

O **Balanço Patrimonial**, na parte correspondente ao ativo circulante, compreende os ativos que atendam a qualquer um dos seguintes critérios:

- sejam caixa ou equivalentes de caixa;
- sejam realizáveis ou mantidos para venda ou consumo dentro do ciclo operacional da entidade;
- sejam mantidos primariamente para negociação;
- sejam realizáveis até o término do exercício seguinte.

O ativo circulante é composto pelos seguintes subgrupos de contas:

a) Caixa ou equivalentes de caixa
b) Créditos a curto prazo
c) Demais créditos e valores a curto prazo
d) Investimentos temporários
e) Estoques
f) Variações patrimoniais diminutivas pagas antecipadamente

2.4.1.1.1 Caixa ou equivalentes de caixa

A conta de Caixa ou Equivalentes de Caixa compreende o somatório dos valores em caixa e em bancos, bem como equivalentes, que representam recursos com livre movimentação para aplicação nas operações da entidade e para os quais não haja restrições para uso imediato.

Observa-se que neste subgrupo são apresentadas as contas que representam o numerário que se encontra disponível, em moeda nacional e estrangeira, em poder de caixas, tesourarias, exatorias e bancos e correspondentes.

2.4.1.1.2 Créditos a Curto Prazo

Os Créditos a curto prazo compreendem os valores a receber por fornecimento de bens, serviços, créditos tributários e demais transações pertinentes ao objeto principal da entidade, realizáveis no curso do exercício seguinte.

Pode-se verificar que neste subgrupo são apresentadas as seguintes contas:

- clientes;
- créditos tributários a receber;
- dívida ativa tributária e não tributária;
- créditos de transferências a receber.

2.4.1.1.3 Demais Créditos e Valores a Curto Prazo

Os saldos da conta Demais créditos e valores a curto prazo compreendem os valores a receber por transações que não representam o objeto principal da entidade, mas são normais e inerentes às suas atividades, realizáveis até o término do exercício seguinte.

Fazem parte deste subgrupo as seguintes contas:

- adiantamentos concedidos a pessoal e a terceiros;
- tributos a recuperar/compensar;
- empréstimos e financiamentos concedidos;
- créditos a receber por descentralização da prestação de serviços públicos;
- créditos por danos ao patrimônio;
- depósitos restituíveis e valores vinculados;
- dívida ativa não tributária – demais créditos;
- outros créditos a receber e valores a curto prazo.

2.4.1.1.4 Investimentos Temporários

Os saldos das contas de Investimentos temporários compreendem as aplicações de recursos em títulos e valores mobiliários, não destinados à negociação e que não façam parte das atividades operacionais da entidade, resgatáveis até o término do exercício seguinte, além das aplicações temporárias em metais preciosos.

Neste subgrupo, podemos apresentar as seguintes contas:

- títulos e valores mobiliários;
- aplicação temporária em metais preciosos.

2.4.1.1.5 Estoques

As contas de Estoques compreendem os valores dos bens adquiridos, produzidos ou em processo de elaboração pela entidade com o objetivo de venda ou utilização própria no curso normal das atividades.

Pode-se elencar neste subgrupo as seguintes contas:

- mercadorias para revenda;
- produtos e serviços acabados;
- produtos em elaboração;
- matérias-primas;
- almoxarifado;
- adiantamento a fornecedores;
- outros estoques.

2.4.1.1.6 Variações Patrimoniais Diminutivas Pagas Antecipadamente

Nas contas de Variações patrimoniais diminutivas pagas antecipadamente, são feitos os registros relativos a pagamentos de variações patrimoniais diminutivas antecipadas, cujos benefícios ou prestação de serviço a entidade ocorrerão até o término do exercício seguinte.

Neste subgrupo, vamos encontrar as seguintes contas:

- prêmios de seguros a apropriar;
- variações patrimoniais diminutivas financeiras a apropriar;
- assinaturas e anuidades a apropriar;
- tributos pagos a apropriar;
- contribuições confederativas a apropriar;
- benefícios a pessoal a apropriar;
- demais variações patrimoniais diminutivas a apropriar.

2.4.1.2 Ativo Não Circulante

O Balanço Patrimonial apresenta, na parte do ativo, um segundo grupo de contas, denominado ativo não circulante, que compreende os bens e direitos realizáveis após o término do exercício seguinte.

O **ativo não circulante** é composto pelos seguintes subgrupos de contas:

a) Ativo Realizável a Longo Prazo
b) Investimentos
c) Imobilizado
d) Intangível

2.4.1.2.1 Ativo Realizável a Longo Prazo

As contas do Ativo realizável a longo prazo compreendem os bens, direitos e despesas antecipadas realizáveis após o término do exercício seguinte.

Neste subgrupo, vamos encontrar as seguintes contas:

- créditos a longo prazo, como clientes, créditos tributários a receber, dívida ativa tributária e não tributária;
- demais créditos e valores a longo prazo, como adiantamentos concedidos a pessoal e a terceiros, tributos a recuperar/compensar, empréstimos e financiamentos concedidos, créditos a receber por descentralização da prestação de serviços públicos, créditos por danos ao patrimônio – provenientes de créditos administrativos e os apurados em tomada de contas especial –, depósitos restituíveis e valores vinculados, dívida ativa não tributária – demais créditos, outros créditos a receber e valores a longo prazo;
- investimentos temporários a longo prazo, como títulos e valores mobiliários, aplicação temporária em metais preciosos e aplicações em segmento de imóveis;
- estoques, como mercadorias para revenda; produtos e serviços acabados; produtos e serviços em elaboração, matérias-primas, materiais em trânsito, almoxarifado, adiantamentos a fornecedores, outros estoques;
- variações patrimoniais diminutivas pagas antecipadamente, como prêmios de seguros a apropriar, variações patrimoniais diminutivas financeiras a apropriar, assinaturas e anuidades a apropriar, aluguéis pagos a apropriar, tributos pagos a apropriar, contribuições confederativas a apropriar, benefícios a apropriar, demais variações patrimoniais diminutivas a apropriar.

2.4.1.2.2 Investimentos

Os saldos das contas de Investimentos compreendem as participações permanentes em outras sociedades, bem como os bens e direitos não classificáveis no ativo circulante nem no ativo realizável a longo prazo e que não se destinem à manutenção da atividade da entidade.

Podemos citar neste subgrupo as seguintes contas:

- participações permanentes, avaliadas pelo método de equivalência patrimonial e pelo método e custo;
- demais investimentos permanentes.

2.4.1.2.3 Imobilizado

As contas do Imobilizado compreendem os direitos que tenham por objeto bens corpóreos (palpáveis), destinados à manutenção das atividades da entidade ou exercidos com essa finalidade, inclusive os decorrentes de operações que transfiram a ela os benefícios, os riscos e o controle desses bens.

Vamos encontrar neste subgrupo as seguintes contas:

a) bens móveis;
b) bens imóveis.

Considerações

Para melhor entendimento da composição patrimonial, na parte relativa aos bens móveis e imóveis, vamos a seguir, apresentar algumas considerações que poderão facilitar a compreensão do seu conteúdo.

Iniciando, vamos, a seguir, apresentar um dispositivo legal sobre o assunto:

> "O Ativo Permanente compreenderá os **bens**, créditos e valores cuja mobilização ou alienação dependa de autorização legislativa."[76]

Conforme se observa, a parte do balanço patrimonial, ao apresentar o grupo de contas do ativo não circulante, exibe o subgrupo de contas do Imobilizado, que é composto por bens móveis e bens imóveis. Portanto, no caso, os bens móveis e imóveis estão perfeitamente incluídos no que a Lei nº 4.320/64 identifica como ativo permanente.

Cabe, aqui, um alerta.

Conforme observamos na relação do subgrupo de contas, especialmente, quanto aos títulos dos bens descritos, como os móveis e imóveis, são contas que se referem aos bens identificados, mas não devemos confundi-los com as eventuais substituição e peças, ou serviços de manutenção e conservação, que embora sejam necessários à sua recomposição de utilização normal, não devem ser acrescidas ao seu valor patrimonial, ou seja, essas despesas não são passíveis de incorporação patrimonial.

O que estamos alertando origina-se pelo fato de que existe uma tendência muito forte para classificar, via de regra, as despesas de manutenção e conservação de bens

---

[76] § 2º do art. 105 da Lei nº 4.320/64.

móveis e imóveis de forma equivocada, em razão de interpretação indevida da legislação, especificamente, no texto: "para classificação da despesa, considera-se material permanente o de duração superior a dois anos".[77]

Temos, a seguir, dois exemplos em que, habitualmente, em vista da despesa ser classificada equivocadamente, as consequências advindas desse ato causarão problemas no final, quando do cadastro patrimonial.

1º CASO

Refere-se à aquisição ou troca de motor de automóvel.

Existe uma tendência muito grande em proceder a classificação da despesa como Equipamentos e Material Permanente (Despesas de Capital – Investimentos), em razão da inadequada interpretação do texto legal, fundamentada no fato de que o motor de automóvel possui duração superior a dois anos em seu uso normal.

Portanto, ao final do processo, caso o motor seja adquirido como equipamentos e material permanente, haverá uma situação em que, do ponto de vista patrimonial, existirá a incorporação do automóvel, com base em um cadastro próprio e, ao mesmo tempo, a incorporação de um motor de automóvel, por meio de outro cadastro, ou, ainda, poderá ser efetuada a incorporação do motor, no mesmo cadastro em que foi registrado o automóvel, onde se verificará a incorporação do automóvel, e também a incorporação de um motor, o que equivalerá dizer, que teremos um automóvel que funciona com dois motores.

A classificação correta seria considerarmos a aquisição do motor de automóvel como material de consumo. Caso haja a troca do motor, em uma concessionária, onde o valor da despesa inclua o serviço, podemos considerar, nesta última hipótese, como Outros Serviços de Terceiros – Pessoa Jurídica.

Neste caso, o que devemos levar em consideração, para classificação da despesa como material permanente, por possuir duração superior a dois anos em seu uso normal, é o próprio automóvel, e não os materiais e peças que o compõe.

2º CASO

Refere-se à troca de elevador, em edifício público.

Neste caso, a tendência geralmente é dupla. Uma proveniente da inadequada interpretação do dispositivo legal já mencionado, e outra provocada pela insegurança, em razão do valor da despesa ser, geralmente, muito elevado. A tendência da classificação da despesa também é dupla, no primeiro caso como Equipamentos e Material Permanente e, no segundo caso, como Investimento – Obras e Instalações.

Ao final do processo, também aqui verificaremos, no primeiro momento a incorporação de um elevador, por meio do cadastro próprio e, no segundo, a incorporação

---

[77] § 2º do art. 15 da Lei nº 4.320/64.

do elevador como bens imóveis – edificações, teoricamente, como sendo uma ampliação, adicionando seu valor no edifício público correspondente.

A classificação correta, sabendo que não há condições de adquirir-se o elevador sem o valor dos serviços de troca necessários, até porque não existe essa possibilidade nos órgãos públicos, seria Outros Serviços de Terceiros – Pessoa Jurídica, não importando o elevado valor que a despesa possa requerer.

Também, neste caso, vale a orientação de que o elevador já existia no edifício e, portanto, sua troca nada mais fez do que recompor a condição de uso normal do prédio público e este, sim, é passível de ser cadastrado no patrimônio. Em tese, a troca do elevador, para efeito patrimonial, é idêntica à troca de lâmpadas, por exemplo.

1) BENS MÓVEIS

A conta relativa aos Bens Móveis representa o valor dos bens móveis de utilização geral, adquiridos por compra, doação ou permuta e, ainda, os que são recuperados em virtude de extinção de órgãos.

Denominam-se Bens Móveis aqueles que têm a característica de duração permanente, ou seja, os materiais que em seu uso normal, como diz a legislação "o de duração superior a dois anos" e, por isso, são incorporados ao patrimônio após o devido cadastro, nas contas apropriadas, porém sujeitos a uma mobilidade intrínseca, quer pela movimentação própria ou pela remoção por força alheia.

Em seguida, vamos relacionar alguns tipos de bens que, geralmente, compõem esse grupo de bens móveis, como, por exemplo:

- móveis e utensílios;
- veículos;
- ferramentas;
- semoventes;
- bibliotecas;
- objetos de arte.

a) Móveis e Utensílios

Devem ser classificados neste grupo de contas os valores dos móveis e utensílios em geral, como alguns exemplos que a seguir serão descritos:

- mobiliário de escritório: armários, arquivos, cadeiras, mesas, máquinas de somar/calcular, microcomputadores, poltronas, persianas e tapeçaria em geral, dentre outros;
- mobiliário escolar: carteiras escolares e congêneres, quadros negros portáteis, aparelhos de televisão e de CDs, microcomputadores, estantes, réguas, compassos e transferidores, dentre outros;

- mobiliário de natureza médico-científica: armários para utensílios médicos, cirúrgicos, químicos, farmacêuticos, laboratoriais, macas para exames clínicos, dentre outros;
- mobiliário de natureza artística e cultural: pianos, banquetas para pianistas, cavaletes para pintura, estante de músicas e de telas, dentre outras.

b) Veículos

A composição deste grupo deverá ser compreendida e representada pelos valores dos veículos utilizados nos serviços públicos em geral, como alguns exemplos a seguir descritos:

- veículos de tração a motor: automóvel, motocicletas e caminhões, dentre outros;
- veículos de tração animal: carroças, charretes etc.;
- veículos de propulsão humana: bicicletas, carrinhos de mão etc.

c) Ferramentas

As contas que compõem este grupo representam os valores das ferramentas utilizadas em pequenos reparos, nos serviços gerais das entidades públicas, como, por exemplo, alicates, chaves de fenda, chaves inglesas, martelos, marretas, serrotes etc.

Devemos atentar para o fato de que existem conjuntos que compõem os chamados *kits* de ferramentas, onde se encontram chaves de fenda, alicates, martelos etc. e, quando adquiridos, o cadastro patrimonial é efetuado para todo o conjunto de ferramentas e não isoladamente, peça por peça.

Ao fazermos essa consideração, estamos querendo chamar a atenção para o fato de que, na aquisição de qualquer ferramenta que tenha por finalidade repor outra que fazia parte de um *kit* desses, não há necessidade de classificar a despesa como equipamento e material permanente, mas, tão somente, como material de consumo. Para tanto, é necessário que façamos a ressalva de que, por motivo de quebra, inservível, perda etc., a ferramenta que está sendo adquirida tem a finalidade de repor a condição de uso do *kit*, indicando seu número de cadastro patrimonial.

A justificativa para esse procedimento reside no fato de que a ferramenta que está sendo reposta não encontra respaldo para ser baixada do cadastro patrimonial, pois este foi efetuado pelo conjunto do *kit* e não individualizado. Portanto, não havendo essa condição, resta a reposição da ferramenta, para que o conjunto seja recomposto em sua condição normal de utilização.

d) Semoventes[78]

Neste grupo deverá ser demonstrada a composição das contas que representam os valores dos animais de tiro, de sela e de trabalho em geral, como por exemplo: cavalo, jumento, bois etc.

Algumas considerações adicionais são necessárias. A denominação de animais de tiro e sela deve ser entendida como aqueles animais, no caso, os cavalos utilizados no policiamento de locais públicos, para prestação de serviços de segurança pública, geralmente, pelas Polícias Militares.

Os animais que se destinam aos trabalhos em geral, no caso, são aqueles animais utilizados em carroças e charretes, como cavalos, jumentos e bois. É óbvio que, à medida que as cidades se desenvolvem e proporcionam melhorias urbanas que levam a um elevado grau de civilização, esse tipo de bem Semovente tende a ser minimizado e confinado à atividade agropastoril.

e) Bibliotecas

Este grupo engloba, em sua composição, os saldos das contas que representam os valores das obras literárias e publicações de interesse geral, de natureza especializada ou não, desde que se destinem à ampliação e ao enriquecimento de bibliotecas, portanto, encontrem-se cadastradas e tombadas, como, por exemplo, coletâneas de leis e decretos, livros, revistas, mapas, encadernações etc.

Convém, neste ponto, fazermos uma pausa para refletir um pouco mais sobre o assunto enfocado, denominado biblioteca.

Quantas vezes nos deparamos com a insegurança proveniente de dúvidas sobre a classificação orçamentária de despesa para aquisição de livros? Muitas, não é!? Felizmente, com o decorrer do tempo, por meio de muita reflexão, estudo e uma pitada de bom-senso, a experiência vai nos ditando o caminho firme e correto, da convicção e confiança.

Toda a questão está centrada no fato de se compreender quando e por que o livro pode ser considerado material de consumo ou material permanente.

Relembrando, a diferença legal que dita as regras sobre o assunto entre os materiais de consumo e permanente diz textualmente que "para efeito de classificação da despesa considera-se material permanente o de duração superior a dois anos".

Porém, quando foi instituída a Política Nacional do Livro, foi colocada uma disposição legal, que diz:

> "Com a finalidade de controlar os bens patrimoniais das bibliotecas públicas, o livro não é considerado material permanente."[79]

---

[78] Semoventes – seres que andam ou se movem por si próprios.
[79] Art. 18 da Lei Federal nº 10.753 de 30-10-2003.

Essa legislação que instituiu a Política Nacional do Livro descreve outra disposição, que diz:

> "Considera-se livro, para efeitos desta lei, a publicação de textos escritos em fichas ou folhas, não periódica, grampeada, colada ou costurada, em volume cartonado, encadernado ou em brochura, em capas avulsas, em qualquer formato e acabamento.
>
> São equiparados a livro:
>
> I – fascículos, publicações de qualquer natureza que representem parte de livro;
>
> II – materiais avulsos relacionados com o livro, impressos em papel ou em material similar;
>
> III – roteiros de leitura para controle e estudo de literatura ou de obras didáticas;
>
> IV – álbuns para colorir, pintar, recortar ou armar;
>
> V – atlas geográficos, históricos, anatômicos, mapas e cartogramas;
>
> VI – textos derivados de livro ou originais, produzidos por editores, mediante contrato de edição celebrado com o autor, com a utilização de qualquer suporte;
>
> VII – livros em meio digital, magnético e ótico, para uso exclusivo de pessoas com deficiência visual;
>
> VIII – livros impressos no Sistema Braille."[80]

Convenhamos, fazer a aquisição de um livro parece uma questão de fácil solução. E realmente o é, para quem tem o conhecimento, a convicção e confiança de como proceder.

Fica, então, necessária a identificação de quando a aquisição de um livro deve ser classificada como material de consumo, por não se considerar de duração superior a dois anos, ou quando a aquisição será para ser utilizada em biblioteca pública, e quando deverá ser classificável como material permanente, em razão de ser considerada de duração superior a dois anos.

Alguns textos legais e regulamentares, bem como nos trabalhos destinados à classificação da despesa orçamentária, têm procurado esclarecer essa diferenciação e, conclusivamente, chegaram à seguinte orientação:

1. A aquisição avulsa de livro, quando se destinar a coleções e ao enriquecimento e ampliação de bibliotecas (não públicas),[81] deverá ser classificada como material permanente, pois fará parte do acervo de obras a ser colocado à disposição de consultas para um público específico; pressupõe-se, neste caso, que a duração, em seu uso normal, será superior a dois anos.

---

[80] Art. 2º e parágrafo único da Lei Federal nº 10.753 de 30-10-2003.

[81] Bibliotecas (não públicas) – São aquelas que, embora se situem em organizações públicas, são destinadas a algum segmento da comunidade com um propósito específico. Não se destinam indistintamente a todos os seguimentos da comunidade, com acervos de interesse geral.

2. A aquisição avulsa, no interesse público, de livro, quando se destinar a utilização por uma consultoria técnica ou jurídica, por exemplo, que dele necessita constantemente, deverá ser classificada como material de consumo, pois pressupõe-se que a sua duração não será superior a dois anos, em razão do uso a que se destina; não fará parte do acervo da biblioteca e, portanto, não será tombada, em razão de ser consultado e manuseado continuamente e permanecer à disposição no local de trabalho.

3. A aquisição que for destinada à biblioteca pública,[82] nos termos da Lei nº 10.753/2003, deverá ser classificada como material de consumo, pois pressupõe-se que a sua duração não será superior a dois anos, em razão do uso a que se destina; faz parte da biblioteca, porém, o controle patrimonial dos livros será feito de forma simplificada, por relação do material e/ou verificação periódica da quantidade de itens requisitados, não sendo necessária a identificação do número do registro patrimonial.

Essa orientação poderá ser utilizada, também, em razão da característica de semelhança existente, nas aquisições de revistas e publicações especializadas. Se analisarmos com a acuidade necessária, verificaremos tratar-se de casos de identidade perfeita e, portanto, merecerem igual tratamento.

f) Objetos de Arte

Neste grupo de contas, encontraremos os valores que representam o montante dos objetos de arte, que se encontram cadastrados no patrimônio, como, por exemplo, quadros, molduras, esculturas, pinturas etc.

2) BENS IMÓVEIS

A composição deste grupo de contas representa o valor dos bens imóveis pertencentes às entidades públicas a que se referirem, como objeto de direito pessoal ou real, adquiridos por compra, doação ou permuta, dentre algumas formas de aquisição. "Os bens imóveis se alienam (vendem) somente por escritura."?

Conceitualmente, podemos mencionar que "são considerados bens imóveis, aqueles que não podem ser transportados de um lugar para outro sem alterar a sua forma e substância"; o solo, com sua superfície e adjacências naturais, compreendendo as árvores e subsolo; tudo quanto o homem incorporar permanentemente ao solo, como os edifícios e construções, e quando no imóvel for agregado, de modo que não se possam retirar sem destruição, modificação, fratura ou dano.[83]

---

[82] Biblioteca Pública – São aquelas destinadas indistintamente a todos os segmentos da comunidade, com acervos de interesse geral, voltados essencialmente à disseminação da leitura e hábitos associados entre um público amplo e definido basicamente em termos geográficos.

[83] HERMANN JR., Frederico. *Contabilidade superior*. 3. ed. São Paulo: Atlas, 1951.

Para bem determinarmos os bens imóveis que constituem o patrimônio público, ou seja, aqueles que pertencem às entidades públicas, como objeto de direito pessoal ou real, e que sendo objeto de registro e escrituração contábil deverão compor o balanço patrimonial, vamos tecer algumas considerações, que julgamos imprescindíveis.

O Código Civil Brasileiro distingue os bens públicos dos bens particulares, descrevendo o seguinte:

> "São públicos os bens do domínio nacional pertencentes às pessoas jurídicas de direito público interno; todos os outros são particulares, seja qual for a pessoa a que pertencerem".[84]

"Os bens públicos são:

I – **Os de uso comum do povo**, tais como os mares, rios, estradas, ruas e praças.

II – **Os de uso especial**, tais como edifícios ou terrenos aplicados ao serviço ou estabelecimento federal, estadual ou municipal.

III – **Os dominicais**, isto é, os que constituem o patrimônio da União, dos Estados, ou dos Municípios, como objeto de direito pessoal, ou real de cada uma dessas entidades".[85]

Em seguida, vamos descrever alguns tipos de bens imóveis que, geralmente, fazem parte do inventário encontrado nas entidades públicas:

- terras;
- edificações;
- fazendas;
- linhas férreas;
- portos;
- aeroportos.

a. Terras

Este grupo de contas representa os valores das glebas de terras, cultivadas ou não, os terrenos rurais e urbanos pertencentes às entidades públicas.

Neste ponto, convém fazermos mais uma pausa para reflexões.

1. AS TERRAS QUE CONSTITUEM MARGEM DE RIOS NAVEGÁVEIS.

Consoante foi dito, os rios, desde que não estejam confinados em uma só propriedade, cujo curso d'água seja navegável, ou seja, possam ser utilizados por embarcações,

---

[84] Art. 98 do Código Civil Brasileiro.
[85] Art. 99 do Código Civil Brasileiro.

deverão ser considerados como bens de uso comum do povo, que poderão ser utilizados de forma direta e imediata.

Ocorre, porém, que as margens desses rios não são consideradas como bens de uso comum do povo, devendo, pois, ser considerado o critério predominante de que, unicamente, as águas dos rios é que são consideradas como de domínio público, em razão de sua navegabilidade.[86]

Daí, a necessidade de se entender que as terras que servem de margem aos rios são objeto de direito pessoal e real e, portanto, pertencem a quem possuir o título de propriedade, podendo ser de uma entidade pública ou de um particular. Poderá haver a possibilidade de as margens de rios navegáveis não serem de domínio e também ninguém as possuir por título legítimo, neste caso, parece óbvio que essas terras poderão ser consideradas bens dominicais da entidade pública.

Isso nos leva a concluir que, se o poder público necessitar da terra que serve de margem de um rio navegável, para ali instalar um porto que sirva para as embarcações estabelecerem contato com a terra, deverá possuir o direito de uso, quer por meio de um título de propriedade ou constituir uma servidão pública sobre a margem necessária. Notemos que a servidão pública não exclui a propriedade do particular, apenas a onera com a destinação voltada para essa finalidade.

2. TERRAS DEVOLUTAS. Terras devolutas são todas aquelas que, pertencentes ao domínio público de qualquer das entidades estatais, não se encontram utilizadas pelo Poder Público, nem destinadas a fins administrativos específicos. São bens públicos patrimoniais ainda não utilizados pelos respectivos proprietários.[87]

Para efeito deste estudo, as terras devolutas, em razão de serem objeto de direito pessoal ou real e, portanto, passíveis de registro e escrituração patrimonial, estão incluídas nos bens públicos dominicais.

3. TERRENOS DE MARINHA. Terrenos de marinha são todos os que, banhados pelas águas do mar ou dos rios navegáveis, vão até a distância de 33 metros para a parte das terras, contados desde o ponto que chega o preamar médio. Tais terrenos pertencem ao domínio da União, que os resguarda com finalidades de defesa nacional.[88]

As praias constituem terrenos de marinha? Não.

As praias se distinguem dos terrenos de marinha e acrescidos. Estes são terras que, acidental e parcialmente, podem ser alagadas, enquanto que a praia é parte do fundo do mar, que diariamente se descobre com o refluxo.[89]

---

[86] SANTOS, J. M. de Carvalho. *Código civil brasileiro interpretado*. Rio de Janeiro: Freitas Bastos, 1951-1953.

[87] MEIRELLES, Hely Lopes. *Direito administrativo brasileiro*. 11. ed. São Paulo: Revista dos Tribunais, 1985.

[88] Idem.

[89] SANTOS, J. M. de Carvalho. *Código civil brasileiro interpretado*. Rio de Janeiro: Freitas Bastos, 1951-1953.

A utilização dos terrenos de marinha, inclusive para edificações, depende de autorização federal, mas em se tratando de áreas urbanas ou urbanizáveis, as construções e atividades civis nelas realizadas ficam sujeitas à regulamentação e à tributação municipais, como as demais realizações particulares. A reserva dominial da União visa, unicamente, fins de defesa nacional, sem restringir a competência estadual e municipal no ordenamento territorial e urbanístico dos terrenos de marinha, quando utilizados por particulares para fins civis.[90]

Os terrenos de marinha, portanto, são bens dominicais, ou seja, bens patrimoniais da União.

4. TERRENOS ACRESCIDOS. Os terrenos acrescidos são todos aqueles que, natural ou artificialmente, formam-se além das linhas do preamar[91] médio para a parte do mar ou das águas dos rios. "Tais terrenos pertencem aos proprietários das terras marginais a que aderirem."[92]

Como nos parece óbvio, em razão dos terrenos de marinha terem sido considerados como bens dominicais da União, os terrenos acrescidos a eles também deverão ter o mesmo tratamento, ou seja, ser considerados bens dominicais da União.

Por outro lado, os terrenos marginais dos rios navegáveis, geralmente, pertencem à propriedade privada, mas podem também ser bens dominicais públicos e, havendo algum terreno acrescido em razão de modificação no leito do rio, esse acréscimo pertencerá a quem tiver o direito pessoal ou real sobre os terrenos marginais.

b. Edificações

Neste grupo de contas, vamos encontrar os valores registrados relativos aos edifícios, conjuntos de edificações e todas as demais construções, inclusive aquelas que estejam sendo construídas e que são consideradas como obras em andamento. Geralmente, são edifícios que se constituem de alvenaria, de pedra ou de tijolos e de concreto armado, que se encontram nas zonas urbanas e pertencem à entidade pública a que se referir.

c. Fazendas

O grupo de contas denominado Fazendas é constituído dos valores relativos a terras, edificações, construções diversas, benfeitorias e instalações, plantações permanentes e das construções que estejam sendo construídas e que são consideradas como obras em andamento, que se encontram nas zonas rurais e pertencem à entidade pública a que se referir.

Portanto, podem ser identificadas no grupo das Fazendas as seguintes contas:

---

[90] MEIRELLES, Hely Lopes. *Direito administrativo brasileiro*. 11. ed. Rio de Janeiro: Forense, 1985.
[91] Preamar – O ponto mais alto a que sobe a maré; maré cheia. Pequeno Dicionário Brasileiro da Língua Portuguesa.
[92] MEIRELLES, Hely Lopes. *Direito administrativo brasileiro*. 11. ed. Rio de Janeiro: Forense, 1985.

- *terras ou terrenos*, cultivados ou não, localizados nas zonas rurais;
- *edificações*, compreendendo os edifícios situados nas zonas rurais;
- *construções diversas*, em que são classificadas todas as demais edificações de alvenaria, que não se enquadram perfeitamente na categoria de edifícios, como: cocheiras, estábulos, galpões, barracões, abrigos, garagens etc.
- *benfeitorias e instalações*, em que se encontram: rede de energia elétrica, instalação de água e esgoto, terraplanagem, obras de irrigação e drenagem etc.
- *plantações permanentes*, em que são encontradas: árvores frutíferas em geral, café, essências florestais ou madeiras de lei etc.
- *obras em andamento*, em que se verifica as obras que estão sendo construídas e, uma vez concluídas, serão transferidas para as contas nos títulos definitivos a que se referirem.

d. Linhas férreas

O grupo denominado por Linhas férreas compreende o valor do custo da aquisição ou construção de linhas férreas, inclusive: as desapropriações, material, mão de obra, gastos gerais, bem como o valor das benfeitorias, instalações e material rodante necessários para seu funcionamento, sinalização e segurança de tráfego, pertencentes à entidade pública a que se referirem.

e. Portos

Neste grupo de contas estão representados os valores relativos à aquisição ou construção dos portos marítimos ou fluviais, compreendendo também o valor das instalações necessárias para seu funcionamento, sinalização e segurança para aportar, facilitar a atracação e ancoragem de embarcações, assim como dos passageiros, das mercadorias e materiais, e pertencentes à entidade pública a que se referirem.

f. Aeroportos

Vamos encontrar, neste grupo de contas, os valores correspondentes ao custo da aquisição ou construção de aeroportos e as respectivas benfeitorias e instalações necessárias para o funcionamento, sinalização e segurança de voo e aterrissagem de aeronaves, assim como dos passageiros, das mercadorias e materiais, pertencentes à entidade a que se referirem.

2.4.1.2.4 Intangível

Nas contas do Intangível, são feitos os registros que compreendem os direitos que tenham por objeto bens incorpóreos destinados à manutenção da entidade ou exercidos com essa finalidade.

Observamos que, nesta parte, são encontradas as seguintes contas:

- *softwares*;
- marcas, direitos e patentes industriais;
- direito de uso de imóveis.

Explicando com mais detalhes o uso dos termos "direto" e "imediato", o faremos por meio de uma indagação:

De fato, o que se entende por uso direto e imediato?

"Uso direto é aquele que se faz pessoalmente.

Uso imediato é aquele que se faz sem intermediário.

Assim, quando se adentra numa biblioteca, o uso que a coletividade faz dos livros não é imediato, embora seja direto. Isto é, adentramos à biblioteca nos horários permitidos, diretamente, sem nenhuma interferência, porém, o uso dos livros se faz através de uma solicitação e com o auxílio de funcionários que estão ali para procurar e buscar os livros nas estantes e entregá-los ao usuário para leitura."[93]

Após essa reflexão, podemos voltar aos bens descritos como de uso comum do povo, como os mares, rios, estradas, parques, jardins, praias, monumentos, dentre outros, para verificarmos que, em todos eles, realmente, vamos encontrar a característica básica de que o uso efetivamente é direto e feito de imediato e pessoalmente, pois não existe nenhuma intermediação. Em outras palavras, podemos nos dirigir pessoalmente e usufruir deles imediatamente.

Portanto, podemos concluir que os bens de uso comum do povo são aqueles que podem ser fruídos por qualquer indivíduo, direta e imediatamente, sem qualquer intermediação.

I – Os bens de uso comum do povo são considerados como propriedade do Estado, que não tem a "posse" exclusiva. Por isso, não fazem parte do patrimônio público, em razão de não serem objeto de escrituração contábil nem registrados, do ponto de vista patrimonial.

A construção, conservação e reforma dos bens de uso comum do povo cabem à Administração Pública, que se utiliza de recursos incluídos na Lei Orçamentária ou em créditos adicionais e, por isso, percorrerão todos os estágios da despesa orçamentária. Esses gastos, conquanto constituam despesa orçamentária, geralmente, classificável como Despesa de Capital-Investimentos-Obras e Instalações, não provocam a mutação patrimonial, por não serem incorporáveis ao patrimônio.

Como dizem os juristas, os bens de uso comum do povo são afetados, ou seja, destinados diretamente ao uso público, e, enquanto mantiverem essa condição, serão considerados inalienáveis.

---

[93] SANTOS, J. M. de Carvalho. *Código civil brasileiro interpretado*. Rio de Janeiro: Freitas Bastos, 1951-1953.

Pelo que se observa, há a possibilidade de um bem de uso comum do povo vir a se tornar bem dominical?

A resposta pode ser dada, de modo afirmativo, da seguinte maneira: É óbvio que sim!

Havendo a possibilidade de um bem de uso comum do povo tornar-se um bem dominical, vamos, a seguir, por meio de exemplo bem simples, mencionar um caso em que poderá ocorrer essa desafetação, ou seja, a destinação direta ao uso público.

Em razão do desenvolvimento urbano que geralmente ocorre, vamos colocar o caso de uma praça que deixa de ter sua destinação direta ao uso público, quer pelo deslocamento do fluxo de trânsito de pessoas e de veículos, quer por ter-se tornado um local inacessível, enfim, por qualquer motivo que justifique sua desafetação, ou seja, que uma lei revogue sua destinação direta ao uso público e que, como consequência, no local seja autorizada a construção de um edifício público.

Portanto, havendo uma autorização legislativa que modifique a destinação dos bens de uso comum do povo, na hipótese do caso citado, fatalmente os bens tornar-se-ão dominicais e sujeitos ao registro patrimonial.

II – Os "bens de uso especial, ou do patrimônio administrativo, são os que se destinam especialmente à execução dos serviços públicos e, por isso mesmo, são considerados instrumentos desses serviços; não integram propriamente a Administração, mas constituem o aparelhamento administrativo, tais como os edifícios das repartições públicas, os terrenos aplicados aos serviços públicos, os veículos da Administração, os matadouros, os mercados e outras serventias que o Estado põe à disposição do público, mas com destinação especial. Tais bens, como têm uma finalidade pública permanente, são também chamados bens patrimoniais indisponíveis."[94]

Os bens de uso especial, como se observa, são aqueles que não se distinguem materialmente dos bens comuns, isto é, uma escola pública não é diferente, pela vista, de uma escola particular; assim como uma biblioteca pública não é diferente de outra que seja particular; sua distinção reside única e exclusivamente na forma como tais bens são utilizados.[95]

Portanto, podemos depreender que os bens de uso especial são assim denominados por estarem a serviço público e constituírem uma utilidade pública, sempre dependente de interferência de pessoas que administram o serviço público. Possuem essa característica, de uso especial, por estarem destinados à prestação de serviço público e só conservarem esse caráter enquanto tiverem essa destinação.

Os bens de uso especial, enquanto estiverem gravados com essa destinação, que é feita por dispositivo legal, são declarados inalienáveis, isto é, não podem ter sua posse transferida por qualquer das formas de alienação.

---

[94] MEIRELLES, Hely Lopes. *Direito administrativo brasileiro*. 11. ed. Rio de Janeiro: Forense, 1985.

[95] SANTOS, J. M. de Carvalho. *Código brasileiro interpretado*. Rio de Janeiro: Freitas Bastos, 1951-1953.

Os bens de uso especial, embora estejam descritos como bens públicos, do ponto de vista da escrituração contábil, não fazem parte, nessa condição, do seu patrimônio.

III – Os bens dominicais.

Bens dominicais são os que constituem o patrimônio público, como objeto de direito pessoal ou real. Em última análise, são os que merecerão ser cadastrados como bens patrimoniais e, como tal, considerados quando do registro e escrituração contábil.

Por conseguinte, podemos verificar que somente os bens dominicais é que serão considerados, na escrituração contábil, como bens patrimoniais que deverão, consequentemente, compor a parte consubstanciada no ativo permanente do Balanço Patrimonial.

2.4.2 Da parte do passivo e patrimônio líquido

Observa-se no quadro do Balanço Patrimonial a parte do passivo e patrimônio líquido, que possui a seguinte constituição:

    2.1   PASSIVO CIRCULANTE

    2.2   PASSIVO NÃO CIRCULANTE

    2.3   PATRIMÔNIO LÍQUIDO

2.4.2.1 Passivo Circulante

O Balanço Patrimonial, na parte correspondente ao passivo circulante, compreende as obrigações conhecidas e estimadas que atendam a qualquer dos seguintes critérios:

– tenham prazos estabelecidos ou esperados dentro do ciclo operacional da entidade;

– sejam mantidos primariamente para negociação;

– tenham prazos estabelecidos ou esperados até o término do exercício seguinte;

– sejam valores de terceiros ou retenções em nome deles, quando a entidade do setor público for fiel depositária, independentemente do prazo de exigibilidade.

O passivo circulante é composto pelos seguintes subgrupos de contas:

a) <u>Obrigações Trabalhistas, Previdenciárias e Assistenciais a Pagar a Curto Prazo</u> – compreendem as obrigações referentes a salários ou remunerações, bem como benefícios aos quais o empregado ou servidor tenha direito, aposentadorias, reformas, pensões e encargos a pagar, bem como benefícios assistenciais, com vencimento até o término do exercício seguinte.

b) Empréstimos e Financiamentos a Curto Prazo – compreendem as obrigações da entidade junto a instituições financeiras do país e do exterior, bem como as aquisições efetuadas diretamente com o fornecedor, com vencimentos dentro dos doze meses seguintes à data de publicação das demonstrações contábeis.

c) Fornecedores e Contas a Pagar a Curto Prazo – compreendem os valores de credores decorrentes das atividades operacionais da entidade, bem como as obrigações decorrentes do fornecimento de utilidades e da prestação de serviços, tais como de energia elétrica, água, telefone, propaganda, aluguéis e todas as outras contas a pagar com vencimento dentro dos doze meses seguintes à data de publicação das demonstrações contábeis.

d) Obrigações Fiscais a Curto Prazo – compreendem as obrigações das entidades com o Governo relativas a impostos, taxas e contribuições, com vencimento dentro dos doze meses seguintes à data de publicação das demonstrações contábeis.

e) Demais Obrigações a Curto Prazo – compreendem as obrigações da entidade com terceiros não inclusas nos subgrupos anteriores, com vencimento dentro dos doze meses seguintes à data de publicação das demonstrações contábeis.

f) Provisões a Curto Prazo – compreendem os passivos de prazo ou valor incertos, com prazo pagável dentro dos doze meses seguintes à data de publicação das demonstrações contábeis.

2.4.2.2 Passivo não circulante

O Balanço Patrimonial, na parte do passivo, apresenta um segundo grupo de contas, denominada passivo não circulante, que compreende as obrigações conhecidas e estimadas, cujos prazos estabelecidos ou esperados situem-se após os doze meses seguintes à data de publicação das demonstrações contábeis.

O passivo não circulante é composto pelos seguintes subgrupos de contas:

a) Obrigações Trabalhistas, Previdenciárias e Assistenciais a Pagar de Longo Prazo – compreendem as obrigações referentes a salários ou remunerações, bem como benefícios aos quais o empregado ou servidor tenha direito, aposentadorias, reformas, pensões e encargos a pagar, bem como benefícios assistenciais, com vencimento após os doze meses seguintes à data de publicação das demonstrações contábeis.

b) Empréstimos e Financiamentos a Longo Prazo – compreendem as obrigações da entidade junto a instituições financeiras do país e do exterior, bem como as aquisições efetuadas diretamente com o fornecedor, com vencimentos após os doze meses seguintes à data de publicação das demonstrações contábeis.

c) Fornecedores a Longo Prazo – compreendem os valores de credores decorrentes das atividades operacionais da entidade, com vencimento após o exercício seguinte.

d) Obrigações Fiscais a Longo Prazo – compreendem as obrigações das empresas com o Governo relativas a impostos, taxas e contribuições, com vencimento após o término do exercício seguinte.

e) <u>Demais Obrigações a Longo Prazo</u> – compreendem as obrigações da entidade com terceiros não inclusas nos subgrupos anteriores, com vencimento após os doze meses seguintes à data de publicação das demonstrações contábeis.

f) <u>Provisões a Longo Prazo</u> – compreendem os passivos de prazo ou valor incertos, com prazo que seja pagável após os doze meses seguintes à data de publicação das demonstrações contábeis.

2.4.2.3 Patrimônio Líquido

O Balanço Patrimonial, na parte do passivo, apresenta um terceiro grupo de contas, denominado patrimônio líquido, que também <u>pode ser chamado de saldo patrimonial ou situação líquida patrimonial</u>, que compreende o valor residual dos ativos depois de deduzidos todos os passivos. Quando o valor do Passivo for maior que o valor do Ativo, o resultado é denominado Passivo Descoberto. Portanto, a expressão Patrimônio Líquido deve ser substituída por Passivo a Descoberto.

O Patrimônio Líquido é composto pelos seguintes subgrupos de contas:

a) <u>Patrimônio Social/Capital Social</u> – compreende o patrimônio social das autarquias, fundações e fundos e o capital social das demais entidades da administração indireta.

b) <u>Resultados Acumulados</u> – compreendem o saldo remanescente dos superávits ou déficits acumulados da administração direta, autarquias, fundações e fundos.

2.4.2.4 Anexos e Apêndices do Balanço Patrimonial

A esta altura, convém mencionar, o art. 105 da Lei nº 4.320/64, que diz:

"Art.105. O Balanço Patrimonial demonstrará:

I – o Ativo Financeiro;

II – o Ativo Permanente;

III – o Passivo Financeiro;

IV – o Passivo Permanente;

V – o Saldo Patrimonial;

VI – as Contas de Compensação.

§ 1º O Ativo Financeiro compreenderá os créditos e valores realizáveis independentemente de autorização orçamentária e os valores numerários.

§ 2º O Ativo Permanente compreenderá os bens, créditos e valores, cuja mobilização ou alienação dependa de autorização legislativa.

§ 3º O Passivo Financeiro compreenderá os compromissos exigíveis cujo pagamento independa de autorização orçamentária.

§ 4º O Passivo Permanente compreenderá as dívidas fundadas e outras que dependam de autorização legislativa para amortização ou resgate.

§ 5º Nas contas de compensação serão registrados os bens, valores, obrigações e situações não compreendidas nos parágrafos anteriores e que, mediata ou imediatamente, possam vir a afetar o patrimônio."

O demonstrativo que será apresentado a seguir tem a finalidade de atender às disposições do art. 105 da Lei nº 4.320/64, especificamente, as relativas às alíneas "I a V", e deverá ser considerado apêndice do Balanço Patrimonial.

a) Anexo – Quadro Demonstrativo de acordo com a Lei nº 4.320/64

ATIVO FINANCEIRO			PASSIVO FINANCEIRO		
ATIVO PERMANENTE			PASSIVO PERMANENTE		
SALDO PATRIMONIAL					

E, para o atendimento da alínea "VI" do art. 105 da Lei nº 4.320/64, é apresentado o demonstrativo seguinte, que também deverá ser considerado apêndice do Balanço Patrimonial:

b) Anexo – Quadro Demonstrativo das Contas de Compensações

ESPECIFICAÇÃO Saldo dos Atos Potenciais Ativos	Exercício Atual	Exercício Anterior	ESPECIFICAÇÃO Saldo dos Atos Potenciais Passivos	Exercício Atual	Exercício Anterior
TOTAL			TOTAL		

Por outro lado, levando-se em consideração que:

"A abertura de créditos suplementares e especiais depende da existência de recursos disponíveis para ocorrer à despesa e será precedida de exposição justificativa.

Consideram-se recursos, para essa finalidade, desde que não comprometido:

I – o superávit financeiro apurado em balanço patrimonial do exercício anterior;"[96]

---

[96] Inciso I , do § 1º, do art. 43, da Lei nº 4.320/64.

Como anexo ao Balanço Patrimonial deverá ser elaborado o demonstrativo do superávit/déficit financeiro apurado no Balanço Patrimonial do exercício. Nesse anexo podem ser apresentadas algumas fontes com déficit e outras com superávit financeiro, de maneira que o total seja igual ao superávit financeiro apurado no balanço patrimonial do exercício.

c) Anexo – Quadro Demonstrativo do Superávit/Déficit apurado no Balanço Patrimonial

Em seguida, será apresentado o modelo para essa apuração:

DEMONSTRATIVO DO SUPERÁVIT/DÉFICIT APURADO NO BALANÇO PATRIMONIAL

Exercício: _____ Período (Mês): _____ Data da Emissão: _____ Página: _____

DESTINAÇÃO DE RECURSOS	SUPERÁVIT/DÉFICIT FINANCEIRO

Ordinária
Vinculada
    Previdência Social
    Transferências Obrigatórias de Outro Ente
    Convênios
    (...)	

TOTAL	

2.5 Da demonstração das variações patrimoniais

Variação Patrimonial é a alteração de valor de qualquer elemento do patrimônio público, geralmente, causada por: alienação, aquisição, dívida contraída, dívida liquidada, depreciação ou valorização, amortização, superveniência, insubsistência e efeitos da execução orçamentária. Por conseguinte:

> "As alterações da situação líquida patrimonial, que abrangem os resultados da execução orçamentária, bem como as variações independentes dessa execução e as superveniências e insubsistências ativas e passivas, constituirão elementos da conta patrimonial."

Por isso:

> "A demonstração das variações patrimoniais evidenciará as alterações verificadas no patrimônio, resultantes ou independentes da execução orçamentária, e indicará o resultado patrimonial do exercício."

As Variações Patrimoniais são transações que promovem alterações nos elementos patrimoniais da entidade do setor público, mesmo em caráter compensatório, afetando ou não o seu resultado.

Assim, todas as alterações ocorridas no patrimônio são denominadas Variações Patrimoniais e podem ser classificadas:

- Quantitativas; e
- Qualitativas.

As variações patrimoniais quantitativas decorrem de transações que aumentam ou diminuem o patrimônio líquido, correspondendo a fenômenos modificativos patrimoniais e subdividindo-se em:

- Variações Patrimoniais Aumentativas – quando aumentam o patrimônio líquido.
- Variações Patrimoniais Diminutivas – quando diminuem o patrimônio líquido.

As variações patrimoniais qualitativas alteram a composição dos elementos patrimoniais sem afetar o patrimônio líquido, determinando modificações apenas na composição específica dos elementos patrimoniais. Correspondem à materialização dos fenômenos permutativos patrimoniais.

Portanto, nota-se que as variações patrimoniais quantitativas aumentativas ou diminutivas são as que decorrem de transações que aumentam ou diminuem o patrimônio líquido, correspondendo a fenômenos modificativos patrimoniais, ou seja, as que integrarão o quadro das demonstrações das variações patrimoniais.

No que se refere às variações patrimoniais qualitativas, como se observa, alteram a composição dos elementos patrimoniais, determinando modificações apenas na composição específica dos elementos patrimoniais, mas sem afetar o patrimônio líquido, e correspondem à materialização dos fenômenos permutativos patrimoniais, ou seja, não integrarão o quadro das demonstrações das variações patrimoniais.

Em princípio, todas as alterações que ocorrem nos elementos do patrimônio público são efetuadas por incorporações e desincorporações ou baixa.

Incorporação é a agregação de elementos ao patrimônio público e podem originar-se de forma ativa/aumentativa ou passiva/diminutiva, porém, essas modificações, podem ou não, afetar o patrimônio líquido.

E **desincorporação ou baixa** é a expressão para excluir, retirar ou desagregar elementos constantes do patrimônio público e também pode originar-se de forma ativa/aumentativa ou passiva/diminutiva.

Em seguida, convém apresentar alguns exemplos, para melhor entendimento do assunto:

1 – Quando se compra um veículo, fatalmente, haverá a incorporação de um bem na conta de bem móvel – veículo, que aumentará o ativo patrimonial, porém, ao mesmo tempo, em contrapartida, ocorrerá o pagamento correspondente ao valor da aquisição do veículo, que consistirá na saída do numerário da conta de Caixa e Equivalentes de Caixa, que diminuirá o ativo patrimonial. Nesta situação, ocorrerá modificações na composição específica dos elementos patrimoniais, *uma que acresce o ativo patrimonial* e *outra que diminui o ativo patrimonial*, configurando a materialização dos fenômenos permutativos patrimoniais, não afetando o patrimônio líquido.

Portanto, neste caso, estaremos diante das **variações patrimoniais** chamadas **qualitativas** e, como tal, integrarão o quadro das demonstrações das variações patrimoniais qualitativas, ou seja, aquelas *que não participam da formação do resultado patrimonial do exercício*.

2 – No caso do pagamento de uma dívida fundada, fatalmente, haverá a desincorporação ou baixa de uma dívida, na conta Parcela dos Empréstimos e Financiamentos, que diminuirá o passivo patrimonial, porém, ao mesmo tempo, em contrapartida, com a ocorrência do pagamento correspondente ao valor do resgate da dívida, haverá a saída do numerário da conta de Caixa ou Equivalentes de Caixa, que diminuirá o ativo patrimonial. Nessa hipótese, ocorrem modificações na composição específica dos elementos patrimoniais, *uma que diminui o passivo patrimonial* e *outra que diminui o ativo patrimonial*, configurando a materialização dos fenômenos permutativos patrimoniais, não afetando o patrimônio líquido.

Também, neste caso, estaremos diante de **variações patrimoniais** chamadas **qualitativas** e, como tal, também integrarão o quadro das demonstrações das variações patrimoniais qualitativas, ou seja, aquelas *que não participam da formação do resultado patrimonial do exercício*.

3 – Quando se recebe uma receita orçamentária com destinação ordinária, ou seja, com alocação de livre aplicação, para atender quaisquer finalidades, como é o caso de impostos, por exemplo, fatalmente, haverá a incorporação correspondente à entrada do numerário, na conta Caixa e Equivalentes de Caixa, que aumentará o ativo patrimonial e, ao mesmo tempo, em contrapartida, ocorrerá o registro correspondente na Variação Patrimonial Aumentativa. Nessa hipótese, são transações em que ocorrem modificações nos elementos patrimoniais, *configurando fenômenos modificativos patrimoniais, que aumentam o patrimônio líquido*.

Aqui, estaremos diante de **variações patrimoniais chamadas quantitativas** e, no caso, *variações patrimoniais aumentativas* e, como tal, integrarão o quadro das demonstrações das variações patrimoniais quantitativas, ou seja, aquelas *que participam da formação do resultado patrimonial do exercício*.

4 – Quando se realiza uma despesa orçamentária relativa à execução da prestação de serviço, com pessoa física ou jurídica, por exemplo, fatalmente, haverá a desincor-

poração correspondente à saída do numerário, na conta Caixa e Equivalentes de Caixa, que diminuirá o ativo patrimonial e, ao mesmo tempo, em contrapartida, ocorrerá o registro correspondente na Variação Patrimonial Diminutiva. Nessa hipótese, são transações em que ocorrem modificações nos elementos patrimoniais, *configurando fenômenos modificativos patrimoniais, que diminuem o patrimônio líquido.*

Aqui, estaremos diante de **variações patrimoniais chamadas quantitativas** e, *no caso, variações patrimoniais diminutivas* e, como tal, integrarão o quadro das demonstrações das variações patrimoniais quantitativas, ou seja, aquelas *que participam da formação do resultado patrimonial do exercício.*

5 – Quando ocorre aumento de um ativo, proveniente de fatos chamados "superveniências ativas", como é o caso de nascimento de animais, por exemplo, fatalmente, haverá a incorporação correspondente ao registro contábil na conta de bens móveis – semoventes, que **aumentará** o ativo patrimonial e, ao mesmo tempo, em contrapartida, ocorrerá o registro na conta de Variações Patrimoniais Aumentativas, correspondente ao ganho com ativos, proveniente do nascimento do animal. Nesta hipótese, ocorreram modificações nos elementos patrimoniais, configurando fenômenos modificativos patrimoniais, que **aumentam** o patrimônio líquido.

Também, neste caso, estaremos diante de **variações patrimoniais chamadas quantitativas** e, no caso, *variações patrimoniais aumentativas* e, como tal, integrarão o quadro das demonstrações das variações patrimoniais quantitativas, ou seja, aquelas *que participam da formação do resultado patrimonial do exercício.*

6 – E, finalizando, quando ocorre a diminuição de um ativo, proveniente de fatos chamados "insubsistências ativas", como é o caso da morte de um animal, por exemplo, fatalmente, haverá a desincorporação ou baixa correspondente ao registro contábil na conta de bens móveis – semoventes, que **diminuirá** o ativo patrimonial e, ao mesmo tempo, em contrapartida, ocorrerá o registro na conta de Variações Patrimoniais Diminutivas, correspondente à perda de ativos, proveniente da morte do animal. Nesta hipótese, ocorreram modificações nos elementos patrimoniais, configurando fenômenos modificativos patrimoniais, que **diminuem** o patrimônio líquido.

Também, neste caso, estaremos diante de **variações patrimoniais chamadas quantitativas** e, no caso, *variações patrimoniais diminutivas* e, como tal, integrarão o quadro das demonstrações das variações patrimoniais quantitativas, ou seja, aquelas *que participam da formação do resultado patrimonial do exercício.*

A seguir apresentaremos a composição da Demonstração das Variações Patrimoniais Quantitativas, ou seja, aquelas que participam da formação do resultado patrimonial e, logo em seguida, a Demonstração das Variações Patrimoniais Qualitativas, ou seja, aquelas que não participam da formação do resultado patrimonial:

DEMONSTRAÇÃO DAS VARIAÇÕES PATRIMONIAIS

Exercício: _____ Mês: _____ Emissão: _____ Página: _____

VARIAÇÕES PATRIMONIAIS QUANTITATIVAS	EXERCÍCIO ATUAL	EXERCÍCIO ANTERIOR
Variações Patrimoniais Aumentativas		
Impostos, Taxas e Contribuições de Melhoria		
Impostos		
Taxas		
Contribuições de Melhoria		
Contribuições		
Contribuições Sociais		
Contribuições de Intervenção no Domínio Econômico		
Contribuição de Iluminação Pública		
Exploração e Venda de Bens, Serviços e Direitos		
Venda de Mercadorias		
Venda de Produtos		
Exploração de Bens e Direitos e Prestação de Serviços		
Variações Patrimoniais Aumentativas Financeiras		
Juros e Encargos de Empréstimos e Financiamentos Concedidos		
Juros e Encargos de Mora		
Variações Monetárias e Cambiais		
Descontos Financeiros Obtidos		
Remuneração de Depósitos Bancários e Aplicações Financeiras		
Outras Variações Patrimoniais Aumentativas – Financeiras		
Transferências Recebidas		
Transferências Intragovernamentais		
Transferências Intergovernamentais		
Transferências das Instituições Privadas		
Transferências das Instituições Multigovernamentais		
Transferências de Consórcios Públicos		
Transferências do Exterior		
Transferências de Pessoas Físicas		
Valorização e Ganhos com Ativos		
Reavaliação de Ativos		
Ganhos com Alienação		
Ganhos com Incorporação de Ativos por Descobertas e Nascimentos		
Outras Variações Patrimoniais Aumentativas		
Resultado Positivo de Participações		
Diversas Variações Patrimoniais Aumentativas		
Variações Patrimoniais Diminutivas		
Pessoal e Encargo		
Remuneração a Pessoal		
Encargos Patronais		
Benefícios a Pessoal		
Custo de Pessoal e Encargos		
Outras Variações Patrimoniais Diminutivas – Pessoal e Encargos		

Benefícios Previdenciários		
Aposentadorias e Reforma		
Pensões		
Outros Benefícios Previdenciários		
Benefícios Assistenciais		
Benefícios de Prestação Continuada		
Benefícios Eventuais		
Políticas Públicas de Transferência de Renda		
Outros Benefícios Assistenciais		
Uso de Bens, Serviços e Consumo de Capital Fixo		
Uso de Material de Consumo		
Serviços		
Depreciação, Amortização e Exaustão		
Custo de Materiais, Serviços e Consumo de Capital Fixo		
Variações Patrimoniais Diminutivas – Financeiras		
Juros e Encargos de Empréstimos e Financiamentos Obtidos		
Juros e Encargos de Mora		
Variações Monetárias e Cambiais		
Descontos Financeiros Concedidos		
Outras Variações Patrimoniais Diminutivas – Financeiras		
Transferências Concedidas		
Transferências Intragovernamentais		
Transferências Intergovernamentais		
Transferências a Instituições Privadas		
Transferências a Instituições Multigovernamentais		
Transferências a Consórcios Públicos		
Transferências ao Exterior		
Desvalorização e Perda de Ativos		
Redução a Valor Recuperável e Provisão para Perdas		
Perdas com Alienação		
Perdas Involuntárias		
Tributárias		
Impostos, Taxas e Contribuição de Melhoria		
Contribuições		
Custo com Tributos		
Outras Variações Patrimoniais Diminutivas		
Premiações		
Resultado Negativo de Participações		
Variações Patrimoniais Diminutivas de Instituições Financeiras		
Equalizações de Preços e Taxas		
Participações e Contribuições		
Diversas Variações Patrimoniais Diminutivas		
Resultado Patrimonial do Período		

VARIAÇÕES PATRIMONIAIS QUALITATIVAS (decorrentes da execução orçamentária)	EXERCÍCIO ATUAL	EXERCÍCIO ANTERIOR
Incorporação de ativo Desincorporação de passivo Incorporação de passivo Desincorporação de ativo		

Consoante se observa, as Variações Patrimoniais são apresentadas em dois quadros demonstrativos:

– no primeiro quadro, é apresentada a demonstração das variações patrimoniais quantitativas, onde existe um detalhamento segmentado em dois grupos designados por:

a) Variações Patrimoniais Aumentativas;
b) Variações Patrimoniais Diminutivas;

– no segundo quadro, é apresentada a demonstração das variações patrimoniais qualitativas, onde existe um detalhamento, decorrente da execução orçamentária.

Portanto, pode-se verificar que, no primeiro quadro, são apresentadas as variações patrimoniais que podem ser consideradas ativas/aumentativas ou passivas/diminutivas, por se referirem às variações patrimoniais quantitativas, cujas transações correspondem a fenômenos modificativos patrimoniais que afetam o patrimônio líquido.

Por outro lado, observa-se, no segundo quadro, a apresentação das variações patrimoniais decorrentes da execução orçamentária, quer pela realização de despesas orçamentárias utilizadas para a incorporação de um ativo, ou para a desincorporação de um passivo, quer pelo recebimento de receitas orçamentárias utilizadas a incorporação de um passivo ou desincorporação de um ativo, de tal forma que promovam modificações apenas na composição específica dos elementos patrimoniais, correspondendo à materialização dos fenômenos permutativos patrimoniais que não afetam o patrimônio líquido.

A esta altura, deve-se observar que:

"A avaliação dos elementos patrimoniais obedecerá às normas seguintes:

I – os débitos, créditos bem como os títulos de renda, pelo seu valor nominal, feita a conversão, quando em moeda estrangeira, à taxa de câmbio vigente na data do balanço;

II – os bens móveis e imóveis, pelo valor de aquisição ou pelo custo de produção ou de construção;

III – os bens de almoxarifado, pelo preço médio ponderado das compras;

§ 1º Os valores em espécie, assim como os débitos e créditos, quando em moeda estrangeira, deverão figurar ao lado das correspondentes importâncias em moeda nacional.

§ 2º As variações resultantes de conversão dos débitos, créditos e valores em espécie serão levadas à conta patrimonial.

§ 3º Poderão ser feitas reavaliações dos bens móveis e imóveis."[97]

---
[97] Art. 106 da Lei nº 4.320/64.

Constantemente, surgem dúvidas relativas às questões sobre depreciações e reavaliações.

Ao que se nota, as questões relativas à depreciação, para as entidades da administração direta ou centralizada, não foram contempladas pela Lei nº 4.320/64, sendo, entretanto, mencionadas no caso das entidades autárquicas e paraestatais, no seguinte texto:

> "As previsões para depreciação serão computadas para efeito de apuração do saldo líquido das mencionadas entidades" (autarquias e paraestatais).[98]

O Manual de Contabilidade Aplicada ao Setor Público, na Parte II – Procedimentos Contábeis Patrimoniais, ao expor o assunto sobre os Princípios de Contabilidade, transcreve o seguinte:

> "O Princípio da Competência determina que os efeitos das transações e outros eventos sejam *reconhecidos nos períodos a que se referem* (grifo nosso), independentemente do recebimento ou pagamento."[99]

O Princípio da Competência, como se vê, é aquele que reconhece as transações e os eventos nos períodos a que se referem, independentemente do seu pagamento ou recebimento, aplicando-se integralmente ao Setor Público.

Diz mais: Os fatos que afetam o patrimônio público devem ser contabilizados por competência, e os seus efeitos devem ser evidenciados nas Demonstrações Contábeis do Exercício Financeiro com o qual se relacionam, complementarmente aos registros orçamentários das receitas e despesas públicas.[100]

O Manual de Contabilidade Aplicada ao Setor Público ainda menciona a questão sobre o Princípio da Competência, na Parte II dos Procedimentos Contábeis Patrimoniais, ao expor sobre o assunto na Realização da Variação Patrimonial, onde descreve:

> "Conforme enunciado pelo Princípio da Competência, considera-se incorrida a variação patrimonial diminutiva:
>
> I – quando deixar de existir o correspondente valor ativo, por transferência de sua propriedade para terceiro;
>
> II – *pela diminuição ou extinção do valor econômico de um ativo;*
>
> III – pelo surgimento de um passivo, sem o correspondente ativo."

---

[98] § 2º, do art. 108, da Lei nº 4.320/64.
[99] Este texto se refere ao art. 7º da Resolução CFC nº 1.282/2010.
[100] O Manual de Contabilidade Aplicada ao Setor Público transcreve o texto da Resolução CFC nº 1.111/2007.

Sobre esse assunto, verificamos na Parte Depreciação, Amortização e Exaustão, especificamente, sobre a depreciação, que integra a Parte II – Procedimentos Contábeis Patrimoniais, do Manual de Contabilidade Aplicada ao Setor Público, a seguinte referência:

> "Os institutos da depreciação, amortização e exaustão têm como característica fundamental a redução do valor do bem. A depreciação é feita para elementos patrimoniais tangíveis e tem múltiplas causas da redução do valor – o uso, a ação da natureza e obsolescência, de forma que se inicia a partir do momento em que o item do ativo se tornar disponível para uso".

De uma certa maneira, uma das formas de desvalorização utilizadas é a depreciação, que decorre nos bens do imobilizado, correspondente à deterioração que ocorre, pelo desgaste provocado pela utilização, ao longo da sua vida útil. Obviamente, podemos considerar como resultado de avaliação ou reavaliação de ativo, os resultados obtidos, de vários estudos e pesquisas que foram realizados ao longo do tempo, para determinar o tempo de vida útil dos bens do imobilizado, inclusive, aqueles que dizem respeito a escolha e conveniência da utilização de um valor residual, o que, aliás, tem sido objeto de menção e aceitação na legislação do Imposto de Renda.

A Secretaria do Tesouro Nacional (STN), na condição de órgão central do Sistema de Contabilidade Federal, e tendo em vista o disposto no art. 50, § 2º, da Lei Complementar nº 101/2000, aprovou o Manual de Contabilidade Aplicada ao Setor Público, através do qual, considerando a necessidade de padronizar os procedimentos contábeis nos três níveis de governo, com o objetivo de orientar e dar apoio à gestão patrimonial, observa os dispositivos legais que regulam o assunto, estabelecidos na Lei nº 4.320/64, na Lei Complementar nº 101/2000 (Lei de Responsabilidade Fiscal), e também as disposições do Conselho Federal de Contabilidade relativas aos Princípios de Contabilidade, bem como as Normas Brasileiras de Contabilidade Aplicadas ao Setor Público (NBCT 16).

E, nesse sentido, complementou o assunto, dizendo:

> "O Manual de Contabilidade Aplicada ao Setor Público, na Parte II – Procedimentos Contábeis Patrimoniais, aborda aspectos relacionados ao reconhecimento, mensuração, registro, apuração, avaliação e controle do patrimônio público, adequando-os aos dispositivos legais vigentes e aos padrões internacionais de contabilidade do setor público.
>
> As *variações patrimoniais* serão reconhecidas pelo regime de competência patrimonial, visando garantir o reconhecimento de todos os ativos e passivos das entidades que integram o setor público, conduzir a contabilidade do setor público brasileiro aos padrões internacionais e ampliar a transparência sobre as contas públicas."

Abordando de forma explícita a questão, esclarece devidamente o assunto, manifestando-se da seguinte maneira:

> *Quando os elementos do ativo imobilizado tiverem vida útil econômica limitada, ficam sujeitos a depreciação, amortização ou exaustão sistemática durante esse período.*

Feitas as considerações que tiveram o objetivo de aclarar a questão relativa à depreciação e à reavaliação de bens patrimoniais, vamos dar sequência à abordagem das variações patrimoniais, iniciando pelo quadro das variações patrimoniais quantitativas.

2.5.1 Das Variações Patrimoniais Aumentativas

As variações patrimoniais aumentativas, conforme já foi mencionado, decorrem de transações que correspondem a fenômenos modificativos que aumentam o patrimônio líquido.

A variação patrimonial aumentativa compreende o aumento no benefício econômico durante o período contábil sob a forma de entrada de recurso ou aumento do ativo ou diminuição do passivo, que resulte em aumento do patrimônio líquido e que não seja proveniente de aporte dos proprietários.

O quadro da Demonstração das Variações Patrimoniais, na primeira parte, apresenta as Variações Patrimoniais Aumentativas que é composta pelos seguintes subgrupos de contas:

- Impostos, Taxas e Contribuições de Melhoria;
- Contribuições;
- Exploração e Venda de Bens, Serviços e Direitos;
- Variações Patrimoniais Aumentativas Financeiras;
- Transferências Recebidas;
- Valorização e Ganhos com Ativos;
- Outras Variações Patrimoniais Aumentativas.

2.5.1.1 Impostos, Taxas e Contribuições de Melhoria

Neste grupo estarão compreendidas todas as prestações pecuniárias compulsórias, em moeda ou cujo valor nela se possa exprimir, que não constitua sanção de ato ilícito, instituída em lei e cobrada mediante atividade administrativa plenamente vinculada.

Fazem parte deste grupo os seguintes subgrupos de contas:

- Impostos – compreende-se como imposto o tributo cuja obrigação tem por fato gerador uma situação independente de qualquer atividade estatal específica, relativa ao contribuinte.

- Taxas – compreendem as taxas cobradas pela União, pelos estados, pelo distrito federal ou pelos municípios, no âmbito de suas respectivas atribuições, tem como fato gerador o exercício regular do poder de polícia, ou a utilização, efetiva ou potencial, de serviço público específico e divisível, prestado ao contribuinte ou posto a sua disposição.

- Contribuições de melhoria – compreende-se como contribuição de melhoria o tributo cobrado pela União, pelos Estados, pelo Distrito Federal ou pelos Municípios, no âmbito de suas respectivas atribuições, sendo instituída para fazer face ao custo de obras públicas de que decorra valorização imobiliária, tendo como limite total a despesa realizada e como limite individual o acréscimo de valor que cada obra resultar para cada imóvel beneficiado.

2.5.1.2 Contribuições

Compreende-se como contribuições toda a prestação pecuniária compulsória em moeda ou cujo valor nela possa se exprimir, que não constitua sanção de ato ilícito, instituída em lei e cobrada mediante atividade administrativa plenamente vinculada.

Fazem parte deste grupo os seguintes subgrupos de contas:

- Contribuições Sociais – Compreendem-se como contribuições sociais:

a) as das empresas, incidentes sobre a remuneração paga ou creditada aos segurados a seu serviço;

b) as dos empregadores domésticos;

c) as dos trabalhadores, incidentes sobre o seu salário de contribuição;

d) as sobre a receita e faturamento;

e) as sobre o lucro;

f) do importador de bens e serviços do exterior;

g) e outros.

- Contribuições de Intervenção no Domínio Econômico – compreendem-se neste subgrupo as contribuições de intervenção no domínio econômico, como, por exemplo, a Cide – combustível;

- Contribuição de Iluminação Pública – compreendem-se aqui, as contribuições de iluminação pública, nos termos do art. 149 da Constituição Federal, acrescentado pela Emenda Constitucional nº 39/02, sendo facultada a cobrança da contribuição na fatura de consumo da energia elétrica;

- Contribuições de Interesse das Categorias Profissionais – são compreendidas aqui as variações patrimoniais aumentativas provenientes de contribuições de interesse das categorias profissionais.

2.5.1.3 Exploração e Venda de Bens e Serviços

Neste grupo estão compreendidas as variações patrimoniais aumentativas auferidas com a exploração e venda de bens, serviços e direitos, que resultem em aumento do patrimônio líquido, independentemente de ingresso, segregando-se a venda bruta das deduções como devoluções, abatimentos e descontos comerciais concedidos.

Compõem esse grupo as seguintes contas:

- Venda de Mercadorias – compreende as variações patrimoniais aumentativas auferidas, com a venda de mercadorias, que resultem aumento do patrimônio líquido, segregando-se a venda bruta das deduções, como devoluções, abatimentos e descontos comerciais concedidos.

- Venda de Produtos – compreende as variações patrimoniais aumentativas auferidas, com a venda de produtos, que resultem aumento do patrimônio líquido, segregando-se a venda bruta das deduções, como devoluções, abatimentos e descontos comerciais concedidos.

- Exploração de Bens, Direitos e Prestação de Serviços – compreende as variações patrimoniais aumentativas auferidas, com a prestação de serviços, que resultem em aumento do patrimônio líquido, segregando-se a venda bruta das deduções, como devoluções, abatimentos e descontos comerciais concedidos.

2.5.1.4 Variações Patrimoniais Aumentativas Financeiras

Neste grupo estão compreendidas as variações patrimoniais aumentativas com operações financeiras. Compreende: descontos obtidos, juros auferidos, prêmio de resgate de títulos e debêntures, entre outros.

Compõem esse grupo as seguintes contas:

- Juros e Encargos de Empréstimos e Financiamentos Concedidos – compreende as variações patrimoniais aumentativas provenientes de juros e encargos de empréstimos e financiamentos concedidos.

- Juros e Encargos de Mora – compreende as variações patrimoniais aumentativas com penalidades pecuniárias decorrentes da inobservância de normas e com rendimentos destinados a indenização pelo atraso no cumprimento da obrigação representando o resultado das aplicações impostas ao contribuinte.

- Variações Monetárias e Cambiais – compreende a variação patrimonial aumentativa proveniente de variações da nossa própria moeda em relação aos índices ou coeficientes aplicáveis por dispositivo legal ou contratual e a variação do valor da nossa moeda em relação às moedas estrangeiras. Ressalte-se será tratada como variação monetária apenas a correção monetária pós-fixada.

- Descontos Financeiros Obtidos – compreende a variação patrimonial aumentativa decorrente de descontos financeiros obtidos em virtude de liquidação antecipada de obrigações.
- Remuneração de Depósitos Bancários e Aplicações Financeiras – compreende o valor total das variações patrimoniais aumentativas decorrentes da remuneração do saldo diário dos depósitos da União existentes no Banco Central, bem como aplicação de recursos da conta única de acordo com a rentabilidade média intrínseca dos títulos do tesouro.
- Outras Variações Patrimoniais Aumentativas Financeiras – compreende as variações patrimoniais provenientes de operações financeiras não compreendidas nos subgrupos anteriores.

2.5.1.5 Transferências Recebidas

Neste grupo está compreendido o somatório das variações patrimoniais aumentativas com transferências intergovernamentais, transferências intragovernamentais, transferências das instituições multigovernamentais, transferências das instituições privadas com ou sem fins lucrativos, transferências de consórcios públicos, transferências do exterior e transferências de pessoas físicas.

Fazem parte desse grupo as seguintes contas:

- Transferências Intergovernamentais – compreende as variações patrimoniais aumentativas decorrentes de transferências da União, Estados, Distrito Federal, Municípios, inclusive as entidades vinculadas, de bens e/ou serviços;
- Transferências das Instituições Privadas – compreende as variações patrimoniais aumentativas decorrentes das transferências financeiras das instituições privadas, inclusive de bens e valores.
- Transferências das Instituições Multigovernamentais – compreende as variações patrimoniais aumentativas decorrentes das transferências das instituições multigovernamentais, do qual o ente transferidor participe.
- Transferências de Consórcios Públicos – compreende as variações patrimoniais aumentativas decorrentes de transferências de consórcios públicos, do qual o ente transferidor participe.
- Transferências do Exterior – compreende as variações patrimoniais aumentativas decorrentes de transferências de organismos e fundos internacionais, de governos estrangeiros e instituições privadas com ou sem fins lucrativos no exterior.
- Transferências de Pessoas Físicas – compreende as variações patrimoniais aumentativas decorrentes de contribuições e doações a governos e entidades da administração descentralizada realizadas por pessoas físicas.

2.5.1.6 Valorização e Ganhos com Ativos

Nesse grupo estão compreendidas as variações patrimoniais aumentativas com reavaliação e ganhos de ativos.

Compõem esse grupo as seguintes contas:

- Reavaliação de Ativos – compreende a variação patrimonial aumentativa relativa à adoção do valor de mercado ou de consenso entre as partes para bens do ativo, quando este for superior ao valor líquido contábil.

- Ganhos com Alienação – compreende o ganho com alienação de ativos, ou seja, quando o valor alienado do ativo é maior do que o valor contábil, de maneira que a diferença compreende o ganho.

- Ganhos com Incorporação de Ativos por Descobertas e Nascimentos – compreende a contrapartida da incorporação de novos ativos descobertos ou a contrapartida da incorporação de ativos semoventes nascidos.

2.5.1.7 Outras Variações Patrimoniais Aumentativas

Nesse grupo está compreendido o somatório das demais variações patrimoniais aumentativas não incluídas nos grupos anteriores, tais como: resultado positivo da equivalência patrimonial, dividendos.

Compõem esse grupo as seguintes contas:

- Variação Aumentativa a Classificar – compreende os recursos referentes à variação patrimonial aumentativa recebidas e não classificadas.

- Resultado Positivo de Participações – compreende o resultado positivo das participações de caráter permanente no capital social de entidades investidas.

- Diversas Variações Patrimoniais Aumentativas – compreende outras variações patrimoniais aumentativas não classificadas em itens específicos.

2.5.2 Das Variações Patrimoniais Diminutivas

Vamos abordar a discriminação das variações patrimoniais diminutivas.

As variações patrimoniais diminutivas, conforme já foi mencionado, decorrem de transações que correspondem a fenômenos modificativos que diminuem o patrimônio líquido.

A variação patrimonial diminutiva compreende o decréscimo no benefício econômico durante o período contábil sob a forma de saída de recurso ou redução de ativo ou incremento em passivo, que resulte em decréscimo do patrimônio líquido e que não seja proveniente de distribuição aos proprietários da entidade.

O quadro da Demonstração das Variações Patrimoniais, na segunda parte, apresenta as Variações Patrimoniais Diminutivas que são compostas pelos seguintes subgrupos de contas:

- Pessoal e Encargos;
- Benefícios Previdenciários e Assistenciais;
- Uso de Bens, Serviços e Consumo de Capital Fixo;
- Variações Patrimoniais Diminutivas Financeiras;
- Transferências Concedidas;
- Desvalorização e Perda de Ativos;
- Tributárias;
- Outras Variações Patrimoniais Diminutivas.

2.5.2.1 Pessoal e Encargos

Nesse grupo são registradas as despesas com remuneração do pessoal ativo civil ou militar, dos encargos trabalhistas, dos benefícios devidos a pessoal civil ou militar, o custo de pessoal e encargos e outras variações patrimoniais diminutivas de pessoal e encargos.

Compõem esse grupo as seguintes contas:

- Remuneração do Pessoal – compreende a remuneração do pessoal civil ou militar, correspondente ao somatório das variações patrimoniais diminutivas com subsídios, vencimentos, soldos e vantagens pecuniárias fixas e variáveis estabelecidas em lei decorrentes do pagamento pelo efetivo exercício de cargo, emprego ou função de confiança no setor público, bem como as com contratos de terceirização de mão de obra que se refiram à substituição de servidores e empregados públicos.
- Encargos Patronais – dizem respeito aos encargos trabalhistas de responsabilidade do empregador, incidentes sobre a folha de pagamento dos servidores e empregados ativos, pertencentes aos órgãos e demais entidades do setor público, bem como as contribuições a entidades fechadas de previdência e ainda contribuições patronais.
- Benefícios a Pessoal – compreendem o valor total das variações patrimoniais diminutivas com benefícios devidos a pessoal civil ou militar, tais como:

I – para o pessoal civil, ajuda de custo, indenização de transporte, auxílio-moradia, auxílio-alimentação, auxílio-transporte, bem como outros decorrentes de acordo ou convenção coletiva no que se refere a empregados públicos.

II – para os militares, adicional de compensação orgânica não incorporada, gratificação de localidade especial, gratificação de representação, transporte, ajuda de custo, auxílio-fardamento, auxílio-alimentação e outros benefícios eventuais relativos ao local ou à natureza do trabalho.

- Custo de Pessoal e Encargos – diz respeito à variação patrimonial diminutiva relativa a pessoal e encargos utilizados na produção de bens ou serviços, sendo registrado apenas no momento da venda destes.
- Outras Variações Patrimoniais Diminutivas de Pessoal e Encargos – compreendem as variações patrimoniais diminutivas, relacionadas com pessoal e encargos, não abrangidas nos outros grupos, que se referem às despesas de indenizações e restituições trabalhistas.

2.5.2.2 Benefícios Previdenciários e Assistenciais

Esse grupo apresenta as contas que registram as despesas relativas a aposentadorias e reformas, pensões, benefícios de ação continuada, políticas públicas de transferência de renda e outros benefícios previdenciários e assistenciais.

Compõem esse grupo as seguintes contas:

- Aposentadorias e Reformas – referem-se a benefícios de prestação continuada assegurados pela previdência social com o objetivo de garantir meios indispensáveis de manutenção, por motivo de incapacidade, idade avançada e tempo de serviço.
- Pensões – por sua vez, consistem nos benefícios da previdência social que garantem uma renda aos dependentes do segurado falecido.
- Benefícios de Prestação Continuada – referem-se a variações patrimoniais diminutivas provenientes de outros benefícios previdenciários e assistências de prestação continuada.
- Benefícios Eventuais – correspondem às provisões suplementares provisórias, prestadas aos cidadãos e suas famílias em virtude de nascimento, morte, situações de vulnerabilidade temporária e de calamidade pública.
- Políticas Públicas de Transferência de Renda – dizem respeito às políticas públicas que visem contribuir para a redução da fome, da pobreza, da desigualdade e de outras formas de privação vividas pelas famílias mais excluídas.
- Outros Benefícios Previdenciários e Assistenciais – compreendem outras variações patrimoniais diminutivas, relacionadas com benefícios previdenciários ou assistenciais, não abrangidas nos outros grupos.

2.5.2.3 Uso de Bens, Serviços e Consumo de Capital Fixo

Nesse grupo são registrados os somatórios das variações patrimoniais diminutivas, originados pelo uso de material de consumo, serviços, depreciação, amortização e exaustão, e custos de materiais, serviços e consumo de capital fixo.

Compõem esse grupo as seguintes contas:

- Uso de Material de Consumo – são as variações patrimoniais diminutivas provenientes da distribuição do material de consumo, ou seja, quando ocorre a saída do material de consumo do almoxarifado, que é distribuído para as dependências utilizarem e consumirem.
- Serviços – dizem respeito às variações patrimoniais diminutivas provenientes da prestação de serviços fornecidas por terceiros para a entidade governamental.
- Depreciação, Amortização e Exaustão – compreende o decréscimo do benefício de um bem, pela utilização, durante o período contábil, decorrente da depreciação, amortização e exaustão.
- Custo dos Materiais, Serviços e Consumo de Capital Fixo – relaciona-se com a variação patrimonial diminutiva relativa a materiais, serviços e consumo de capital fixo utilizados na produção de bens ou serviços, sendo registrado apenas no momento da venda destes.

2.5.2.4 Variações Patrimoniais Diminutivas Financeiras

Nesse grupo estão compreendidas as variações patrimoniais diminutivas relacionadas com operações financeiras, tais como: juros e encargos de empréstimos e financiamentos obtidos, juros e encargos de mora, variações monetárias e cambiais, descontos financeiros concedidos e outras variações patrimoniais diminutivas financeiras.

Compõem esse grupo as seguintes contas:

- Juros e Encargos de Empréstimos e Financiamentos Obtidos – referem-se às variações patrimoniais diminutivas relativas aos juros e encargos de empréstimos e financiamentos contraídos com pessoas de direito público ou privado.
- Juros e Encargos de Mora – dizem respeito ao montante de variação patrimonial diminutiva com juros e encargos a título de penalidade em virtude de atrasos e não cumprimento dos prazos contratuais.
- Variações Monetárias e Cambiais – compreende a variação patrimonial diminutiva que tem origem nas variações da nossa própria moeda em relação aos índices ou coeficientes aplicáveis por dispositivo legal ou contratual e a variação do valor da nossa moeda em relação às moedas estrangeiras. Ressalte-se que será tratada como variação monetária apenas a correção monetária pós-fixada.
- Descontos Financeiros Concedidos – correspondem à variação patrimonial diminutiva em que hajam descontos financeiros concedidos a clientes por pagamentos antecipados de duplicatas e outros títulos. Não se deve confun-

dir com descontos nos preços de venda concedidos incondicionalmente, ou abatimentos de preços, que são deduções de receita.

- Outras Variações Patrimoniais Diminutivas Financeiras – correspondem a outras variações patrimoniais diminutivas financeiras, que não estão abrangidas nos grupos anteriores.

2.5.2.5 Transferências Concedidas

Nesse grupo está compreendido o somatório das variações patrimoniais diminutivas com Transferências Intergovernamentais, Transferências Intragovernamentais, Transferências a Instituições Privadas, Transferências a Instituições Multigovernamentais, Transferências a Consórcios Públicos e Transferências ao Exterior.

Fazem parte desse grupo as seguintes contas:

- Transferências Intergovernamentais – compreende as variações patrimoniais diminutivas decorrentes de transferências à União, Estados, Distrito Federal, Municípios, inclusive às entidades vinculadas, de bens e/ou serviços.
- Transferências das Instituições Privadas – compreende as variações patrimoniais diminutivas decorrentes das transferências financeiras às instituições privadas, inclusive de bens e valores.
- Transferências das Instituições Multigovernamentais – compreende as variações patrimoniais diminutivas decorrentes das transferências às instituições multigovernamentais, do qual o ente transferidor não participe.
- Transferências de Consórcios Públicos – compreende as variações patrimoniais diminutivas decorrentes de transferências a consórcios públicos, do qual o ente transferidor participe.
- Transferências do Exterior – compreende as variações patrimoniais aumentativas decorrentes de transferências a organismos e fundos internacionais, a governos estrangeiros e instituições privadas com ou sem fins lucrativos no exterior.

2.5.2.6 Desvalorização e Perda de Ativos

Nesse grupo estão compreendidas as variações patrimoniais diminutivas relativas à redução a valor recuperável e provisão para perdas, perdas com alienação e perdas involuntárias.

Fazem parte desse grupo as seguintes contas:

- Redução a Valor Recuperável e Provisão para Perdas – compreende o ajuste ao valor do mercado ou de consenso entre as partes para itens do ativo, quando este for inferior ao valor líquido contábil, visando assegurar que os ativos não estejam registrados contabilmente por um valor superior àquele passível de ser recuperado por uso ou por venda e também registra as variações patrimoniais diminutivas com provisões para perdas.

- Perdas com Alienação – compreende a perda com alienação de ativos, ou seja, quando o valor alienado do ativo seja menor do que o seu valor contábil, de maneira que a diferença compreende a perda.

- Perdas Involuntárias – são aquelas que ocorrem quando há o desfazimento físico involuntário de um bem, como o que resulta de sinistros como incêndio e inundações.

2.5.2.7 Tributárias

Nesse grupo estão compreendidas as variações patrimoniais diminutivas relativas, como tributos, contribuições, e os custos com tributos incidentes na produção de bens ou serviços.

Fazem parte desse grupo as seguintes contas:

- Impostos, Taxas e Contribuições de Melhoria – dizem respeito às variações patrimoniais diminutivas, referentes às obrigações relativas a prestações pecuniárias compulsórias, em moeda ou cujo valor nela possa se exprimir, que não constitua sanção de ato ilícito, instituídas em lei e cobradas mediante atividade vinculada.

- Contribuições – compreende as variações patrimoniais diminutivas com contribuições sociais, econômicas e outras, decorrentes da intervenção do Estado (União, Estados, Distrito Federal e Municípios) no domínio econômico e de interesse da categoria de profissionais do setor econômico.

- Custo com Tributos – compreende a variação patrimonial diminutiva relativa a tributos utilizados na produção de bens ou serviços, sendo registrado apenas no momento da venda destes.

2.5.2.8 Outras Variações Patrimoniais Diminutivas

Nesse grupo deverão ser registradas as variações patrimoniais diminutivas não incluídas nos grupos anteriores, como: premiações, resultado negativo de participações, variações patrimoniais diminutivas de instituições financeiras, incentivos, subvenções econômicas, participações e contribuições, custo de outras variações patrimoniais diminutivas e diversas variações patrimoniais diminutivas.

Fazem parte desse grupo as seguintes contas:

- Premiações – referem-se aos registros das aquisições de prêmios, condecorações, medalhas, troféus etc., bem como o pagamento de prêmios em pecúnia, inclusive decorrentes de sorteios lotéricos.

- Resultado Negativo de Participações – dizem respeito à apropriação do resultado negativo de participações, oriundo de prejuízos apurados nas empresas controladas e coligadas, dentre outros.
- Variações Patrimoniais Diminutivas de Instituições Financeiras – são aquelas provenientes das variações patrimoniais diminutivas apuradas pelas instituições financeiras, vinculadas ou não ao seu objeto principal.
- Incentivos – correspondem aos incentivos financeiros concedidos, relativos à educação, à ciência e à cultura.
- Subvenções Econômicas – dizem respeito à variação patrimonial diminutiva com o pagamento de subvenções econômicas, a qualquer título, autorizadas em leis específicas, como sejam: ajuda financeira a entidades privadas com fins lucrativos; concessão de bonificações a produtores, distribuidores e vendedores; cobertura, direta ou indireta, de parcela de encargos de empréstimos e financiamentos e de custos de aquisição, de produção, de escoamento, de distribuição, de venda e de manutenção de bens, produtos e serviços em geral; e, ainda, outras operações com características semelhantes.
- Participações e Contribuições – referem-se à participação de terceiros nos lucros, não relativa ao investimento dos acionistas, tais como: participações de debêntures, empregados, administradores e partes beneficiárias, mesmo na forma de instrumentos financeiros, além da contribuição a instituições ou fundos de assistência ou previdência de empregados.
- Custos de Outras Variações Patrimoniais Diminutivas – são os relativos a outras variações patrimoniais diminutivas apropriadas na produção de bens ou serviços, sendo registrado apenas no momento da venda desses.
- Diversas VPD – representam as outras variações patrimoniais diminutivas não classificadas em itens específicos.

2.5.3 Das Variações Patrimoniais Qualitativas

As variações patrimoniais qualitativas alteram a composição dos elementos patrimoniais sem afetar o patrimônio líquido, determinando modificações apenas na composição específica dos elementos patrimoniais. Correspondem à materialização dos fenômenos permutativos patrimoniais.

Para fins de elaboração da Demonstração das Variações Patrimoniais Qualitativas, serão consideradas apenas as variações qualitativas decorrentes das receitas e despesas de capital, considerando a relevância da informação, ou seja, quando as informações podem influenciar as decisões econômicas dos usuários, ajudando-os a avaliar o impacto de eventos passados, presentes ou futuros, ou confirmando ou corrigindo as suas avaliações anteriores.

Consoante se observa do segundo quadro Variações Patrimoniais Qualitativas, que considera apenas as variações qualitativas decorrentes da execução orçamentária, são apresentados os seguintes tipos de ocorrências:

- Incorporação de Ativo;
- Desincorporação de Passivo;
- Incorporação de Passivo; e
- Desincorporação de Ativo.

2.5.3.1 Da incorporação de ativo

O que é incorporação de ativo?

Incorporação é a agregação de novos elementos ao patrimônio público e podem originar-se de forma ativa ou passiva.

Será ativa a incorporação de novos elementos que causem aumento do patrimônio público, como, por exemplo, na aquisição de um bem (veículo), haverá a entrada que é feita por meio da incorporação desse bem adquirido, aumentando o valor da conta de Bens Móveis, correspondendo ao aumento patrimonial ocorrido.

E por que é considerada variação patrimonial qualitativa?

Deve se atentar que, para se poder adquirir o veículo, precisamos, inicialmente, passar pela fase do processamento da despesa orçamentária – "de capital", emitindo o devido empenho e liquidando a despesa. Ao mesmo tempo em que se procede à liquidação da despesa no Subsistema de Informações Orçamentárias, também, em razão do recebimento do veículo, é feita a incorporação na conta de Bens Móveis – Veículos, em contrapartida da conta Fornecedores e Contas a Pagar a Curto Prazo, transitoriamente, e depois quando do efetivo pagamento, diminuirá o ativo circulante (Caixa e Equivalentes de Caixa), no Subsistema de Informações Patrimoniais.

Essas operações, que têm origem na execução orçamentária – de capital, alteram a composição dos elementos patrimoniais, uma aumenta o ativo imobilizado e outra, quando do pagamento, diminuirá o ativo circulante (Caixa e Equivalente de Caixa), mas não afetam o patrimônio líquido, pois determinam modificações apenas na composição específica dos elementos patrimoniais, por isso, correspondem à materialização dos fenômenos permutativos patrimoniais, ou seja, consubstanciam-se nas chamadas "mutações patrimoniais".

Portanto, no caso da aquisição de veículo, acima exposto, constituindo-se em materialização de fenômenos permutativos patrimoniais, e não afetar o patrimônio líquido, deverá ser apresentada na parte de incorporação de ativo, da Demonstração das Variações Patrimoniais Qualitativas.

2.5.3.2 Da desincorporação de passivo

O que é desincorporação de passivo?

Desincorporação ou baixa é a expressão utilizada para excluir, retirar ou desagregar elementos do patrimônio público e também pode originar-se de forma ativa ou passiva.

Será ativa a desincorporação ou baixa de elementos que cause aumento do patrimônio público, como, por exemplo, o resgate de uma dívida fundada, quando haverá a saída que é feita por meio da desincorporação ou baixa da dívida, diminuindo o valor da conta de Empréstimos e Financiamentos, correspondendo ao aumento patrimonial ocorrido, proveniente da diminuição de um passivo patrimonial.

E, por que é considerada variação patrimonial qualitativa?

Para se poder resgatar a dívida fundada, precisamos, inicialmente, passar pela fase do processamento da despesa orçamentária – "de capital", emitindo o devido empenho, procedendo à liquidação e ao pagamento da despesa. Ao mesmo tempo em que se procede ao pagamento da despesa no Subsistema de Informações Orçamentárias, também, em razão do resgate da dívida, é feita a desincorporação ou baixa na conta de Empréstimos e Financiamentos e, em contrapartida, pela saída do dinheiro do resgate é feito o registro na conta Caixa e Equivalentes de Caixa, no Subsistema de Informações Patrimoniais.

Essas operações, que têm origem na execução orçamentária – de capital, alteram a composição dos elementos patrimoniais, uma diminui o ativo circulante (Caixa e Equivalentes de Caixa), e outra diminui o passivo circulante (Empréstimos e Financiamentos), mas não afetam o patrimônio líquido, pois constituem modificações apenas na composição específica dos elementos patrimoniais, ou seja, correspondem à materialização dos fenômenos permutativos patrimoniais e consubstanciam-se nas chamadas "mutações patrimoniais".

Portanto, no caso do resgate de uma dívida fundada, acima exposto, constituindo-se em materialização de fenômenos permutativos patrimoniais, que não afetam o patrimônio líquido, deverá ser apresentada na parte de desincorporação de passivo, da Demonstração das Variações Patrimoniais Qualitativas.

2.5.3.3 Da Incorporação de Passivo

Será passiva a incorporação de novos elementos que causem diminuição do patrimônio público, como, por exemplo, quando se assume um empréstimo ou financiamento de longo prazo (dívida fundada), haverá a entrada que é feita por meio da incorporação passiva dessa dívida fundada, aumentando o valor da conta de Empréstimos e Financiamentos, correspondendo à diminuição patrimonial ocorrida.

E por que é considerada variação patrimonial qualitativa?

Também, aqui, devemos ter ciente que, para se poder processar o empréstimo ou financiamento de longo prazo (dívida fundada), precisamos, inicialmente, passar pela fase do processamento da receita orçamentária – "de capital", procedendo ao recebimento da receita de capital (operações de crédito). Ao mesmo tempo em que se procede ao recebimento da receita orçamentária no Subsistema de Informações Orçamentárias, também, em razão do compromisso assumido do empréstimo ou financiamento, é feita a incorporação na conta de Empréstimos ou Financiamentos e, em contrapartida, da conta Caixa e Equivalentes de Caixa, pelo registro da entrada do numerário, no Subsistema de Informações Patrimoniais.

Essas operações, que têm origem na execução orçamentária – de capital, alteram a composição dos elementos patrimoniais, uma aumenta o passivo não circulante e outra aumenta o ativo circulante, mas não afetam o patrimônio líquido, pois determinam modificações apenas na composição específica dos elementos patrimoniais, por isso, correspondem à materialização dos fenômenos permutativos patrimoniais, ou seja, consubstanciam-se nas chamadas "mutações patrimoniais".

Portanto, no caso acima exposto, quando se assume um empréstimo ou financiamento de longo prazo (dívida fundada), que se constitui em materialização de fenômenos permutativos patrimoniais, que não afetam o patrimônio líquido, deverá ser apresentada na parte de incorporação de passivo, da Demonstração das Variações Patrimoniais Qualitativas.

2.5.3.4 Da Desincorporação de Ativo

Será passiva a desincorporação ou baixa de elementos que causem diminuição do patrimônio público, como, por exemplo, a venda de bens móveis, quando haverá a saída que é feita por meio da desincorporação ou baixa dos bens móveis vendidos, diminuindo o valor da conta de Bens Móveis, correspondendo à diminuição patrimonial ocorrida.

E por que é considerada variação patrimonial qualitativa?

Atente-se que, para se poder vender um bem móvel, precisamos, inicialmente, passar pela fase do processamento da receita orçamentária – "de capital", e do devido recebimento da receita correspondente. Ao mesmo tempo em que se procede ao recebimento da receita no Subsistema de Informações Orçamentárias, também, em razão da entrega do bem móvel, é feita a desincorporação ou baixa na conta de Bens Móveis, em contrapartida da conta Caixa e Equivalentes de Caixa, no Subsistema de Informações Patrimoniais.

Observamos que essas operações, que têm origem na execução orçamentária – de capital, alteram a composição dos elementos patrimoniais, uma aumenta o "disponível" pela entrada do dinheiro, que é conta integrante do ativo circulante e outra diminui o passivo imobilizado, que compõe o ativo não circulante, mas não afetam o patrimônio líquido, pois determinam modificações apenas na composição específica dos elementos patrimoniais, por isso, correspondem à materialização dos fenômenos permutativos patrimoniais, ou seja, consubstanciam-se nas chamadas "mutações patrimoniais".

Portanto, no caso da venda de um bem móvel, acima exposto, constituindo-se em materialização de fenômenos permutativos patrimoniais, que não afetam o patrimônio líquido, deverá ser apresentada na parte de desincorporação do passivo, da Demonstração das Variações Patrimoniais Qualitativas.

03

ANÁLISE E INTERPRETAÇÃO DE BALANÇOS PÚBLICOS

1 Preâmbulo

Para se falar em análise e interpretação de balanços públicos, necessário se faz o entendimento do que seja essa análise e interpretação, pois isso é fundamental para a realização de um bom trabalho.

Analisar é proceder a uma investigação dos fatos com base nos dados que são apresentados nas quatro peças que fazem parte do conjunto dos denominados Balanços Públicos: Balanço Orçamentário, Balanço Financeiro, Balanço Patrimonial e Demonstração das Variações Patrimoniais.

Conforme procuramos alertar nas descrições anteriores, além dessas quatro peças, deve-se procurar investigar os detalhes que possam ajudar no entendimento dos resultados que são apresentados, buscando sempre que necessário maiores esclarecimentos nos anexos que fazem parte do conjunto de quadros demonstrativos dos resultados e naqueles que evidenciem os fatos ligados à administração orçamentária, financeira, patrimonial e de suas alterações.

Portanto, parece-nos uma tarefa bastante desejável a investigação e busca de detalhes e informações necessários que contribuam para o conhecimento das ações escrituradas contabilmente, e possam transformar-se em instrumentos úteis no desenvolvimento do trabalho de análise. Nesse sentido:

> "Os serviços de contabilidade serão organizados de forma a permitir o acompanhamento da execução orçamentária, o conhecimento da composição patrimonial, a determinação dos custos dos serviços industriais, o levantamento dos balanços gerais, a análise e a interpretação dos resultados econômicos e financeiros."[1]

Deve-se, entretanto, alertar que nem sempre as condições ideais de análise estarão presentes, quer por falta de informações adequadas disponíveis, quer por dificuldades técnicas em se obtê-las; enfim, obstáculos os mais variados podem surgir

---

[1] Art. 85 da Lei nº 4.320/64.

quando se estiver desenvolvendo um trabalho de investigação e análise. Há que se agir com extrema cautela, buscando fontes de detalhamento e informações alternativas que consigam servir como elementos de análise.

A interpretação dos resultados dos balanços públicos, portanto, passa, inicialmente, pela análise dos dados apresentados. A interpretação dos resultados tenderá a ser mais fiel à medida que os fatos analisados tenham um nível de detalhamento e informações que reflitam corretamente os atos escriturados e possibilitem por meio desse conhecimento, o entendimento dos resultados apontados.

Consoante se verifica, a interpretação deverá corresponder à tradução dos resultados apresentados, explicando e comentando os dados que foram objeto de análise.

Duas questões que sempre acabam surgindo, quando do trabalho de análise e de interpretação, referem-se à crítica e à emoção e, há que se trabalhar muito bem essas duas questões, de forma que elas não sejam elementos perniciosos que comprometam o trabalho.

A crítica, no caso dos balanços públicos, não deve ser utilizada no sentido de censurar, maldizer ou julgar os resultados apurados, mas tão somente como crítica construtiva, quando isto for considerado necessário para alertar, orientar e até mesmo mostrar algum erro de procedimento encontrado no trabalho de análise.

Quando utilizada dessa forma, a crítica passa a ter um caráter salutar de crítica construtiva e, ao mesmo tempo, informa e propicia melhor conhecimento dos fatos que são objeto de análise, para ser um instrumento bastante eficiente a ser considerado e aproveitado para interpretação dos resultados dos balanços.

No que se relaciona às questões emocionais, tanto nos trabalhos de análise quanto nos de interpretação dos resultados, há que se fazer um esforço bastante consciente e agir com o máximo de profissionalismo e seriedade, no sentido de tentar afastá-las e mesmo eliminá-las do contexto desses trabalhos.

A questão emocional possui duas vertentes, que são a simpatia e a antipatia, ambas de características negativas e perniciosas, que devem ser evitadas no trabalho de análise e interpretação dos resultados dos balanços públicos. Como é óbvio, por terem características emocionais, o trabalho de análise e o de interpretação dos resultados não devem sofrer nenhum tipo de pressão, quer simpática, quer antipática, em relação às pessoas que são responsáveis por sua apresentação. Deve-se proceder aos levantamentos, estudos, informações, enfim, aos conteúdos apresentados e constantes das peças utilizadas, evitando-se ao máximo qualquer interferência que possa prejudicar a execução dessas tarefas.

É necessário que se faça também, uma reflexão sobre a questão da eventual falta de informações, ou mesmo da imprecisão das informações disponíveis.

Quando ocorrer a imprecisão de informações ou mesmo a falta delas, o trabalho de análise ficará comprometido e, fatalmente, a interpretação dos resultados será prejudicada. Nesse caso, há que se fazer o máximo de esforço no sentido de providenciar e até mesmo preparar a elaboração de quadros demonstrativos com dados informativos, tomando-se por base os dados da escrituração contábil nos registros contábeis disponíveis, ainda que para tanto seja necessário um razoável período para sua preparação.

Por outro lado, conforme já tentamos alertar anteriormente, o trabalho de análise e interpretação de balanços públicos deve ser efetuado de maneira diferente daquela praticada para o balanço das entidades privadas empresariais (comerciais e industriais, principalmente). Enquanto, nas entidades privadas, há uma preocupação com as questões de rentabilidade, resultado de lucros e perdas, índices de liquidez, imobilização de capitais, por exemplo, nas entidades públicas, as preocupações são de outra ordem, em razão de os resultados serem apresentados por meio de três balanços, sendo: um orçamentário, que apresenta o resultado da movimentação orçamentária; outro financeiro, que apresenta o resultado do movimento financeiro; e o terceiro, patrimonial, que apresenta o resultado da movimentação e variação patrimonial ocorrida no exercício.

Outros fatores existem que demonstram bem a necessidade de tratamento diferenciado que deve ser observado na análise e interpretação dos balanços públicos, em relação aos balanços das entidades privadas. Apenas para entendimento, vamos mencionar o tratamento relativo às depreciações dos bens patrimoniais. Nesse sentido, as empresas privadas utilizam-se das depreciações, como um fator de ajustamento do valor dos bens, em razão do desgaste por seu uso, existindo até a depreciação acelerada em casos de exposição do bem a períodos de uso maiores do que os normais.

As empresas utilizam-se desse fato por uma concessão tributária prevista na legislação do imposto de renda; em consequência, o valor da depreciação será lançado contabilmente como despesa e provocará a diminuição correspondente do lucro do exercício, portanto, há um benefício fiscal bastante importante para ser aproveitado pelas entidades privadas comerciais.

Nas entidades públicas, a preocupação é com a apresentação do resultado patrimonial, pois o benefício fiscal que é muito significativo para as empresas privadas não possui nenhum atrativo para as entidades públicas, uma vez que não estão sujeitas à tributação de nenhuma espécie, inclusive no caso do imposto de renda. Conforme mencionaremos a seguir, o foco das entidades públicas está direcionado com maior ênfase em verificar se a gestão patrimonial está sendo conduzida de acordo com os dispositivos preconizados pela Lei de Responsabilidade Fiscal, e com a legislação que estatui normas gerais para:

> "A avaliação dos elementos patrimoniais obedecerá às normas seguintes:
>
> I – os débitos, créditos bem como os títulos de renda, pelo seu valor nominal, feita a conversão, quando em moeda estrangeira, à taxa de câmbio vigente da data do balanço;
>
> II – os bens móveis e imóveis, pelo valor de aquisição ou pelo custo de produção ou de construção;
>
> III – os bens de almoxarifado, pelo preço médio ponderado das compras.

§ 1º Os valores em espécie, assim como os débitos e créditos, quando em moeda estrangeira, deverão figurar ao lado das correspondentes importâncias em moeda nacional.

§ 2º As variações resultantes de conversão dos débitos, créditos e valores em espécie serão levadas à conta patrimonial.

§ 3º Poderão ser feitas reavaliações dos bens móveis e imóveis."[2]

Entretanto, observamos que, a respeito da depreciação, existe o seguinte:

"previsões para depreciação, que serão computadas para efeito de apuração do saldo líquido das entidades autárquicas ou paraestatais".[3]

E, mais recentemente, o Manual de Contabilidade Aplicada ao Setor Público, na Parte II – Procedimentos Contábeis Patrimoniais, ao expor o assunto sobre os Princípios de Contabilidade, transcreve o seguinte:

"O Princípio da Competência determina que os efeitos das transações e outros eventos sejam *reconhecidos nos períodos a que se referem* (grifo nosso), independentemente do recebimento ou pagamento."[4]

O Princípio da Competência, como se vê, é aquele que reconhece as transações e os eventos nos períodos a que se referem, independentemente do seu pagamento ou recebimento, aplicando-se integralmente ao Setor Público.

Diz mais: Os fatos que afetam o patrimônio público devem ser contabilizados por competência, e os seus efeitos devem ser evidenciados nas Demonstrações Contábeis do Exercício Financeiro com o qual se relacionam, complementarmente aos registros orçamentários das receitas e despesas públicas.[5]

O Manual de Contabilidade Aplicada ao Setor Público ainda menciona a questão sobre o Princípio da Competência, na Parte II – dos Procedimentos Contábeis Patrimoniais, ao expor sobre o assunto na Realização da Variação Patrimonial, onde descreve:

"Conforme enunciado pelo Princípio da Competência, considera-se incorrida a variação patrimonial diminutiva:

I – quando deixar de existir o correspondente valor ativo, por transferência de sua propriedade para terceiro;

II – *pela diminuição ou extinção do valor econômico de um ativo*;

III – pelo surgimento de um passivo, sem o correspondente ativo."

---

[2] Art. 106 da Lei nº 4.320/64.
[3] § 2º do art. 108 da Lei nº 4.320/64.
[4] Este texto se refere ao art. 7º da Resolução CFC nº 1.282/2010.
[5] O Manual de Contabilidade Aplicada ao Setor Público transcreve o texto da Resolução CFC nº 1.111/2007.

Sobre esse assunto, verificamos na parte Depreciação, Amortização e Exaustão, especificamente, sobre a depreciação, que integra a Parte II – Procedimentos Contábeis Patrimoniais, do Manual de Contabilidade Aplicada ao Setor Público, a seguinte referência:

Os institutos da depreciação, amortização e exaustão têm como característica fundamental a redução do valor do bem. A depreciação é feita para elementos patrimoniais tangíveis e tem múltiplas causas da redução do valor – o uso, a ação da natureza e obsolescência – de forma que se inicia a partir do momento em que o item do ativo se tornar disponível para uso.

De certa forma, uma das maneiras de desvalorização utilizadas é a depreciação, que decorre nos bens do imobilizado, correspondente à deterioração que ocorre pelo desgaste provocado em razão da utilização, ao longo da sua vida útil. Obviamente, podemos considerar como resultado de avaliação ou reavaliação de ativo os resultados obtidos, de vários estudos e pesquisas que foram realizados ao longo do tempo, para determinar o tempo de vida útil dos bens do imobilizado, inclusive, aqueles que dizem respeito a escolha e conveniência da utilização de um valor residual, o que, aliás, tem sido objeto de menção e aceitação na legislação do Imposto de Renda.

A Secretaria do Tesouro Nacional (STN), na condição de órgão central do Sistema de Contabilidade Federal, e tendo em vista o disposto no art. 50, § 2º, da Lei Complementar nº 101/2000, aprovou o Manual de Contabilidade Aplicada ao Setor Público, através do qual, considerando a necessidade de padronizar os procedimentos contábeis nos três níveis de governo, com o objetivo de orientar e dar apoio à gestão patrimonial, observa os dispositivos legais que regulam o assunto, estabelecidos na Lei nº 4.320/64, na Lei Complementar nº 101/2000 (Lei de Responsabilidade Fiscal), e também as disposições do Conselho Federal de Contabilidade relativas aos Princípios de Contabilidade, bem como as Normas Brasileiras de Contabilidade Aplicadas ao Setor Público (NBCT 16).

Essas considerações têm o caráter de servir como elemento de reflexão e orientação a ser observado no trabalho de análise e interpretação de balanços públicos, em razão das peculiaridades em que o serviço público está inserido.

2 Da Análise e Interpretação Restrita

No trabalho de análise e interpretação, é de suma importância a coleta de dados e informações, para a obtenção de detalhes que ajudem a investigação dos fatos.

O fato de os resultados do exercício serem apresentados por meio de três peças distintas demonstra a forma especial utilizada nos balanços públicos, muito embora devamos ressaltar que o balanço patrimonial público é tecnicamente semelhante ao das entidades privadas, apenas com o emprego de nomenclatura de grupo de contas do ativo e do passivo diferente, pois enquanto estas obedecem à Lei nº 6.404/76 (a chamada Lei das Sociedades Anônimas, que é praticada por todas as empresas privadas), aquelas devem obedecer às determinações da Lei nº 4.320/64 (que estatui normas para elaboração e controle dos orçamentos e balanços da União, dos Estados, dos Municípios e do Distrito Federal), da Lei Complementar nº 101/2000 (Lei de Responsabilidade Fiscal) e, também as normas editadas pela Secretaria do Tesouro Nacional – STN (onde são apresentadas as disposições do CFC) e as Normas Brasileiras de Contabilidade Aplicadas ao Setor Público (NTCT 16).

O que se pretende realizar neste livro levará em conta a necessidade de explicar e fazer compreender os dados e informações constantes dos balanços e da Demonstração das Variações Patrimoniais, bem como traduzir de forma simples e objetiva os resultados apresentados.

O importante a ser observado é o fato de que os balanços públicos, em que se inclui a demonstração das variações patrimoniais, podem ser analisados e interpretados individualmente, porém, o trabalho de análise e interpretação dessas peças deve ser apresentado de forma consolidada em seu conjunto, pois somente nessa abrangência é que se terá as melhores condições de análise e interpretação dos resultados apresentados pelos balanços públicos e na demonstração das variações patrimoniais.

Se, por ventura, encontrarmos situações em que o resultado orçamentário seja de déficit, o resultado financeiro equilibrado, e o resultado patrimonial, com uma consequente demonstração das variações patrimoniais, superavitário, fatalmente, há que se proceder a uma verificação mais detalhada e aprofundada, pois o caso requer que essas providências sejam tomadas por serem, no mínimo, inusitadas.

Na apresentação das análises e interpretações específicas de cada peça, forçosamente, as situações deverão ser claras e objetivas sobre cada resultado. Da mesma forma, na análise e interpretação consolidada e global, também deverão ser claras e objetivas as situações, porém, nessa perspectiva abrangente, que será muito mais consistente, deverá apoiar-se nas análises e interpretações individuais, principalmente, nas informações e detalhamento utilizados.

Como forma metodológica, apresentaremos esse trabalho de análise e interpretação, utilizando alguns quocientes que julgamos necessários para facilitar a compreensão e esclarecimento dos resultados. É fora de dúvidas que outros quocientes poderão ser utilizados para explicar questões específicas, porém, neste livro, procuraremos abordar apenas as situações que possuem incidências mais significativas.

2.1 Do balanço orçamentário

Este trabalho levará em conta a necessidade de explicar e fazer compreender os dados e informações que constam do Balanço Orçamentário e também traduzir da maneira mais simples e objetiva os resultados apresentados.

Nesse sentido, faz-se necessária a apresentação de alguns comentários sobre a composição do Balanço Orçamentário, já descritos anteriormente, para auxiliar no entendimento de seu conteúdo.

A legislação sobre o assunto diz: "O Balanço Orçamentário demonstrará as receitas e despesas orçamentárias previstas em confronto com as realizadas."[6] E, ainda, ressalva: "O registro contábil da receita e da despesa far-se-á de acordo com as especificações constantes da Lei de Orçamento e dos créditos adicionais."[7]

Por uma simples leitura desses aspectos legais, pode-se deduzir que o Balanço Orçamentário deverá ser o instrumento por que se demonstra a execução orçamentária em atendimento e de acordo com as especificações da Lei de Orçamento.

Em outras palavras, é o instrumento que demonstra o controle do cumprimento das determinações e especificações constantes da Lei de Orçamento, tanto é assim que o Balanço Orçamentário é apresentado, anualmente, de acordo com a Lei de Orçamento do exercício correspondente e seus saldos não são transferidos para o exercício seguinte.

Neste ponto, cabe um alerta.

O Balanço Orçamentário é elaborado utilizando-se as contas relativas ao controle do Orçamento Aprovado, como: Previsão da Receita e Fixação da Despesa, inseridas na classe 5 – Controles da Aprovação do Planejamento e Orçamento e as contas relativas ao controle da execução do orçamento, como: a Execução da Receita e a Execução da Despesa, inseridas na classe 6 – Controles da Execução do Planejamento e Orçamento, e são escrituradas no Subsistema de Informações Orçamentárias. Essas contas, efetivamente, se encerram no final do exercício e não transferem saldos para o exercício seguinte.

Em outras palavras, é o instrumento que demonstra o controle do cumprimento das determinações e especificações constantes da Lei de Orçamento, tanto é assim que o Balanço Orçamentário é apresentado anualmente, de acordo com a Lei de Orçamento do exercício correspondente e seus saldos se encerram no fim do exercício financeiro, portanto, não são transferidos para o exercício seguinte.

No entanto, consoante se observa o Manual de Contabilidade Aplicada ao Setor Público, na Parte V – Demonstrações Contábeis Aplicadas ao Setor Público, apresenta o Anexo 1 – Demonstrativo de Execução dos Restos a Pagar Não Processados e o Anexo 2 – Demonstrativo da Execução dos Restos a Pagar Processados, que devem ser incluídos adicionalmente ao Balanço Orçamentário, com a intenção de propiciar uma análise da execução orçamentária do exercício, em conjunto com a execução dos restos a pagar.

O fato é que a inscrição dos restos a pagar, conquanto, teoricamente, se refira a ações ligadas a questões financeiras, o seu controle está inserido nas contas relativas ao controle da inscrição de restos a pagar, como: Inscrição de Restos a Pagar Não Processados e Inscrição de Restos a Pagar Processados, incluídas na classe 5 – Controles

---

[6] Art. 102 da Lei nº 4.320/64.
[7] Art. 91 da Lei nº 4.320/64.

da Aprovação do Planejamento e Orçamento e as contas relativas ao controle da execução de restos a pagar, como: Execução de Restos a Pagar Não Processados e Restos a Pagar Processados, inseridas na classe 6 – Controles da Execução do Planejamento e Orçamento e, portanto, são escrituradas no Subsistema de Informações Orçamentárias. Essas contas, efetivamente, não se encerram no final do exercício, mas também não integram o Balanço Orçamentário, portanto, serão apresentadas nos anexos mencionados apenas como controle.

Ainda, não devemos nos esquecer que no Balanço Financeiro, na parte dos recebimentos e pagamentos Extraorçamentários, existe a apresentação dos valores inscritos em restos a pagar e também os pagamentos relativos aos restos a pagar, efetuados no exercício, em atendimento ao disposto no parágrafo único, do art. 103 da Lei nº 4.320/64, que diz textualmente:

> "Art. 103. O Balanço Financeiro demonstrará a receita e despesa orçamentárias bem como os recebimentos e pagamentos de natureza extraorçamentária, conjugados com os saldos em espécie provenientes do exercício anterior, e os que se transferem para o exercício seguinte.
>
> Parágrafo único. Os Restos a Pagar do exercício serão computados na receita extraorçamentária para compensar a sua inclusão na despesa orçamentária."

Obviamente, os anexos 1 – Demonstrativo de Execução dos Restos a Pagar Processados e 2 – Demonstrativo de Execução dos Restos a Pagar Processados deverão ser atualizados e, ao final de cada exercício, deverão apresentar os valores constantes no final de cada exercício. Isso porque os restos a pagar podem ter vigência quinquenal, equivalente a no máximo 5 anos, porém, a sua liquidação, se possível, deverá ser efetuada até o final do exercício seguinte ao da inscrição, para se evitar que haja aumento desses valores. Aliás, um dos pontos importantes da lei de responsabilidade fiscal, a respeito dos restos a pagar, diz que "é vedado ao titular de Poder ou órgão referido no art. 20, nos últimos dois quadrimestres do seu mandato, contrair obrigação de despesa que não possa ser cumprida integralmente dentro dele, ou que tenha parcelas a serem pagas no exercício seguinte sem que haja suficiente disponibilidade de caixa para esse efeito. Na determinação da disponibilidade de caixa serão considerados os encargos e despesas compromissadas a pagar até o final do exercício".[8]

Caso os compromissos de restos a pagar não sejam liquidados até o final do exercício seguinte, é preciso verificar os motivos da demora para essa situação, pois é evidente que algo está acontecendo, e é recomendável que medidas mais rígidas sejam tomadas para o saneamento de eventuais falhas ou que justifiquem o atraso ocorrido.

---

[8] Art. 42 e parágrafo único da Lei Complementar nº 101/2000.

2.1.1 Dos quocientes sobre o balanço orçamentário

A seguir, serão apresentados os quocientes que foram julgados adequados e importantes, para análise e interpretação dos resultados que são apresentados pelos Balanços Orçamentários.

1. QUOCIENTE DE EXECUÇÃO DA RECEITA

$$\frac{\text{Receita Realizada}}{\text{Previsão Inicial}} =$$

Significado do quociente:

1 =	Receita Realizada é igual a Receita Prevista Inicial. Essa hipótese, embora possível, dificilmente ocorrerá.
maior que 1 =	Receita Realizada é maior que a Receita Prevista Inicial, portanto, a diferença representa o excesso de arrecadação. Essa hipótese é a que possui maior chance de ocorrer.
menor que 1 =	Receita Realizada é menor que a Receita Prevista Inicial, portanto, a diferença representa que a receita realizada não atingiu o valor da receita prevista, portanto, demonstra que a arrecadação foi menor do que a prevista.

Esse quociente exprime a seguinte relação:

Receita Realizada = %
Receita Prevista Inicial = %
Diferença = %

Esse quociente deve representar o quanto foi executado de Receita Realizada em relação com a Receita Prevista Inicial, e o resultado normal deverá ser 1 ou maior que 1, porém, próximo de 1. Caso seja muito acima ou abaixo de 1, deve-se procurar as causas e possíveis justificativas convincentes.

2. QUOCIENTE DO EQUILÍBRIO ORÇAMENTÁRIO

$$\frac{\text{Dotação Atualizada}}{\text{Previsão Inicial}} =$$

Significado do quociente:

1 =	Dotação Atualizada é igual a Receita Prevista Inicial. Essa hipótese demonstra que não houve acréscimo relativo a créditos adicionais abertos.
maior que 1 =	Dotação Atualizada é maior que a Receita Prevista Inicial, portanto a diferença representa o montante de Créditos Adicionais Abertos.
menor que 1 =	Dotação Atualizada é menor que a Receita Prevista Inicial, portanto a diferença representa o montante da Receita Prevista Inicial superior à Dotação Atualizada. Essa situação, embora dificilmente ocorra, deve refletir o fato de que a Lei de Orçamento pode ter sido aprovada com "superávit" e não com equilíbrio orçamentário.

Esse quociente exprime a seguinte relação:

$$\text{Dotação Atualizada} = \%$$
$$\text{Receita Prevista Inicial} = \%$$
$$\text{Diferença} = \%$$

Esse quociente deve representar o quanto a Despesa Atualizada é maior do que a Receita Prevista Inicial, pois revelará também o quanto foi aberto de Crédito Adicional, e o resultado normal deverá ser maior que 1. Caso seja 1 ou menor do que 1, a tendência é considerá-lo anormal, desde que os registros estejam corretos, por ser a hipótese, na atualidade, atípica, que precisa ser verificada.

3. QUOCIENTE DE COBERTURA DOS CRÉDITOS ADICIONAIS

$$\frac{\text{Excesso de Arrecadação}}{\text{Créditos Adicionais Abertos}} =$$

Observação: Para efeito deste quociente deve-se entender como créditos adicionais abertos aqueles que se acrescem às dotações da Lei Orçamentária. Portanto, não devem ser considerados os créditos adicionais abertos que se utilizam de anulação total ou parcial de dotações da Lei de Orçamento ou de outros créditos adicionais, como cobertura, ou seja, os valores que não se acrescem aos totais da despesa orçamentária.

Significado do quociente:

1 =	Excesso de Arrecadação é igual aos Créditos Adicionais abertos. Esta hipótese, embora possível, demonstra que todo o recurso proveniente do Excesso de Arrecadação foi utilizado para a cobertura de Créditos Adicionais Abertos.
maior que 1 =	Excesso de Arrecadação é maior do que o valor dos Créditos Adicionais abertos. Nessa hipótese, o montante de Créditos Adicionais abertos possui cobertura total do Excesso de Arrecadação e ainda houve sobra de recursos.

| menor que 1 = | Excesso de Arrecadação é menor que o valor dos Créditos Adicionais Abertos. Nessa hipótese, a diferença demonstra o quanto os Créditos Adicionais Abertos não utilizaram a cobertura do Excesso de Arrecadação. Essa situação é muito difícil de ocorrer, porém, se acontecer, precisa-se verificar as causas que deram origem. |

Esse quociente exprime a seguinte relação:

$$\begin{aligned} \text{Excesso de Arrecadação} &= \% \\ \text{Créditos Adicionais Abertos} &= \% \\ \text{Diferença} &= \% \end{aligned}$$

Algumas considerações para melhor entendimento:

1. O valor do Excesso de Arrecadação corresponde à diferença obtida entre a Receita Realizada e a Receita Prevista Inicial.
2. O valor dos Créditos Adicionais Abertos corresponde à diferença obtida entre a Dotação Atualizada e a Dotação Inicial.

Esse quociente deve demonstrar quanto o Excesso de Arrecadação representa de cobertura para os Créditos Adicionais Abertos, e o resultado considerado normal será 1 ou maior que 1. Caso seja menor do que 1, fatalmente, estará demonstrado que houve abertura de créditos adicionais, sem a cobertura do excesso de arrecadação e, nessa hipótese, precisa-se verificar qual o recurso que foi indicado para que a abertura dos créditos ocorresse, e que deu causa para que o quociente ficasse negativo.

4. QUOCIENTE DA EXECUÇÃO DA DESPESA

$$\frac{\text{Despesas Empenhadas}}{\text{Dotação Atualizada}} =$$

Significado do quociente:

1 =	A Despesa Empenhada é igual à Dotação Atualizada. Essa hipótese, embora possível, dificilmente ocorrerá, pois demonstrará que o total das dotações orçamentárias autorizadas foi utilizado por meio de empenhos.
maior que 1 =	Despesa Empenhada maior do que a Dotação Atualizada. Essa hipótese jamais poderá ocorrer, porquanto demonstrará a utilização de dotação orçamentária, sem a devida autorização legal.
menor que 1 =	Despesa Empenhada menor do que a Dotação Atualizada. Essa hipótese representará o quanto a Despesa Atualizada (fixada legalmente) foi utilizada como Despesa Empenhada. E a diferença representará a economia orçamentária, ou seja, quanto deixou de ser utilizado como Despesa Empenhada, em relação à Dotação Atualizada. Essa deverá ser a hipótese usual, ou seja, aquela que geralmente ocorrerá.

Esse quociente exprime a seguinte relação:

$$\begin{aligned} \text{Despesa Empenhada} &= \% \\ \text{Dotação Atualizada} &= \% \\ \text{Diferença} &= \% \end{aligned}$$

Esse quociente deve demonstrar quanto da Dotação Atualizada foi utilizado em Despesa Empenhada, e o resultado menor do que 1 será considerado normal. Dificilmente ocorrerá um resultado 1 e jamais poderá ser maior do que 1, porque, nesse caso, empenhar-se-à despesa sem autorização legal.

5. QUOCIENTE DA EXECUÇÃO ORÇAMENTÁRIA CORRENTE

$$\frac{\text{Receita Corrente}}{\text{Despesa Corrente}} =$$

Significado do quociente:

1 =	A Receita Corrente realizada no exercício é igual à Despesa Corrente empenhada no exercício. Esse quociente demonstrará haver equilíbrio, pois para cada 1,00 de receita corrente, foi empenhado 1,00 em despesa corrente. Essa hipótese, embora possível, dificilmente ocorrerá, pois demonstrará que o total das receitas correntes realizada foi utilizado para cobrir empenhos de despesas correntes.
maior que 1 =	Receita Corrente realizada maior do que a Despesa Corrente empenhada no exercício. Essa hipótese é a desejável, porquanto demonstrará que parte da receita corrente realizada poderá ser utilizada para cobertura de despesas de capital.
menor que 1 =	Receita Corrente realizada menor do que a Despesa Corrente empenhada. Essa hipótese não deverá ocorrer, pois demonstrará que a Receita Corrente realizada não será suficiente para cobrir a Despesa Corrente empenhada.

Observação: Caso o quociente demonstre um resultado menor do que 1, seguramente, deverá ser considerado negativo, pois estará exprimindo que a receita corrente não foi suficiente para cobrir as despesas correntes e, portanto, haverá necessidade de se utilizar de receita de capital para supri-la dos recursos necessários. Em se tratando de receita de capital, obviamente, será proveniente de operações de crédito (empréstimo ou financiamento) legalmente autorizadas.

Esse quociente exprime a seguinte relação:

$$\begin{aligned} \text{Receita Corrente} &= \% \\ \text{Despesa Corrente} &= \% \\ \text{Diferença} &= \% \end{aligned}$$

Esse quociente deve demonstrar quanto da Receita Corrente foi utilizado em empenho de Despesa Corrente, e o resultado maior do que 1 será considerado normal. Dificilmente ocorrerá um resultado 1 ou menor do que 1, mas, se acontecer, estaremos dentro de uma situação atípica, que precisa ser verificada e encontrar as causas que a originaram.

6. QUOCIENTE DA EXECUÇÃO ORÇAMENTÁRIA DE CAPITAL

$$\frac{\text{Receita de Capital}}{\text{Despesa de Capital}} =$$

Significado do quociente:

1 =	A Receita de Capital realizada no exercício é igual à Despesa de Capital empenhada no exercício. Esse quociente demonstrará haver equilíbrio, pois para cada 1,00 de receita de capital foi empenhado 1,00 em despesa de capital. Essa hipótese, embora possível sua ocorrência, não é normal, pois demonstrará que o total das receitas de capital realizado foi utilizado para cobrir empenhos de despesas de capital.
maior que 1 =	Receita de Capital realizada maior do que a Despesa de Capital empenhada no exercício. Essa hipótese é indesejável, porquanto demonstrará que parte da receita de capital realizada não será utilizada para cobertura de despesas de capital. Também nessa hipótese, embora possível, sua ocorrência não é normal.
menor que 1 =	Receita de Capital realizada menor do que a Despesa de Capital empenhada. Essa hipótese é de ocorrência normal, pois demonstrará que a Receita de Capital realizada não será suficiente para cobrir a Despesa de Capital empenhada e a diferença deverá utilizar a cobertura de receita corrente.

Observação: Na hipótese do resultado apresentado ser menor do que 1, em parte, tenderá a ser considerado normal, uma vez que se pressupõe e se admite que eventual superávit do orçamento corrente sirva como recurso de cobertura para as despesas de capital. O que se deve sempre evitar é que essa relação provoque ou agrave um déficit orçamentário.

Esse quociente exprime a seguinte relação:

Receita de Capital Realizada = %
Despesa de Capital Empenhada = %
Diferença = %

Esse quociente deve demonstrar quanto da Receita de Capital realizada foi utilizada para cobertura de Despesa de Capital empenhada. Nesse quociente, o que se espera é que o resultado seja menor do que 1, porém, o mais próximo possível de 1. Dificilmente ocorrerá um resultado 1 e jamais poderá ser maior do que 1, porque, nesse caso, as receitas de capital não estarão sendo utilizadas para cobrir despesa de capital.

Nessa hipótese, há que se considerar o seguinte:

> "São vedados: a realização de operações de crédito que excedam o montante das despesas de capital, ressalvadas as autorizadas mediante créditos suplementares ou especiais com finalidade precisa, aprovados pelo Poder Legislativo por maioria absoluta."[9]

E, também o dispositivo legal, que diz:

> "É vedada a aplicação de receita de capital derivada de alienação de bens e direitos que integram o patrimônio público para o financiamento de despesa corrente, salvo se destinado por lei aos regimes de previdência social, geral e próprio dos servidores públicos."[10]

7. QUOCIENTE DO RESULTADO ORÇAMENTÁRIO

$$\frac{\text{Receitas Realizadas}}{\text{Despesas Empenhadas}} =$$

Significado do quociente:

1 =	O valor das Receitas Realizadas é igual ao das Despesas Empenhadas. Essa hipótese é possível, e demonstrará que houve um equilíbrio orçamentário, porém, de difícil ocorrência.
maior que 1 =	As Receitas Realizadas são maiores do que as Despesas Empenhadas. Essa hipótese demonstrará a existência de um "superávit" orçamentário de execução, entretanto, se acontecer, a sua ocorrência pode ser considerada normal.
menor que 1 =	As Receitas Realizadas são menores do que as Despesas Empenhadas. Essa hipótese demonstrará a existência de um "déficit" orçamentário de execução. Aqui, também, será necessária uma verificação para se examinar se não houve emissão de empenho de capital, que, eventualmente, dependa de recebimento de empréstimo ou financiamento para cobrir o seu pagamento, embora já tenha sido empenhada. Essa situação não pode ser considerada normal, mas, se considerada transitória, não deverá ocorrer com frequência.

Esse quociente deve demonstrar quanto da Receita Realizada foi utilizado para cobertura da Despesa Empenhada.

---

[9] Inciso III do art. 167 da Constituição Federal.
[10] Art. 44 da Lei Complementar nº 101/2000 (Lei de Responsabilidade Fiscal).

Aqui, cabem algumas considerações para reflexão.

O resultado do Balanço Orçamentário, geralmente, tenderá a apresentar-se por meio de "superávit" orçamentário, em que as despesas empenhadas deverão ser menores do que as receitas realizadas.

Caso o Balanço Orçamentário se apresente com um "déficit" orçamentário de execução, é óbvio que se traduz numa situação negativa, do ponto de vista da execução da Lei de Orçamento do exercício.

Entretanto, há que se agir com muita cautela em sua análise e interpretação.

A legislação sobre o assunto é clara, porém, em razão da ambiguidade que apresenta, pode ser indutora do resultado, quando diz:

"Pertencem ao exercício financeiro:

I – as receitas nele arrecadadas;

II – as despesas nele legalmente empenhadas."[11]

A ambiguidade está no fato de que se deve considerar somente a receita arrecadada no exercício, isto, aliás, está devidamente tratado no Manual de Contabilidade Aplicada ao Setor Público, quando diz: "o reconhecimento da receita orçamentária ocorre no momento da arrecadação, conforme art. 35 da Lei nº 4.320/64 e decorre do *enfoque orçamentário* dessa lei, tendo por objetivo evitar que a execução das despesas orçamentárias ultrapasse a arrecadação efetiva".

Pode-se inferir que o Balanço Orçamentário refletirá, consequentemente, essa dicotomia de tratamento legal, embora as normas contábeis possuam mecanismos, como os controles das disponibilidades de recursos/disponibilidade por destinação de recursos, para evitar que se efetuem pagamentos sem a existência dos recursos financeiros devidos.

Apenas para provocar uma reflexão, menciono o fato da construção de uma obra de engenharia, que seja coberta com recursos de empréstimo ou financiamento, por exemplo. Geralmente, assina-se a documentação relativa ao empréstimo e financiamento, mas o recurso financeiro é liberado, após a execução efetiva de parte da obra, segundo o cronograma estabelecido e, para tanto, haverá de ser realizada uma vistoria e o engenheiro ou comissão responsável emitirá um documento chamado de "medição" que irá apresentar o estágio em que se encontra o andamento da obra, e o valor que deve ser pago.

Essa documentação deverá ser enviada ao órgão financiador para a liberação do recurso, que, às vezes, também procederá a uma vistoria por meio de um profissional habilitado, para comprovar as informações prestadas. Não raro, essas ações podem perdurar, e a liberação do recurso pode ser feita, na melhor das hipóteses, em um período de 30 a 60 dias.

---

[11] Art. 35 da Lei nº 4.320/64.

Parece óbvio que a despesa foi empenhada, liquidada, mas dependerá da liberação do valor do empréstimo para ser paga, e, se essa situação ocorrer no final do exercício, fatalmente, a receita orçamentária proveniente da operação de crédito não será realizada no exercício, o que poderá provocar o "déficit" orçamentário de execução.

Por isso, mais uma vez, alertamos para se ter cautela na interpretação do resultado apresentado no Balanço Orçamentário.

2.1.2 Apresentação de um caso com a aplicação prática dos quocientes

1. O Balanço Orçamentário, nesse caso, apresenta a seguinte situação:

ANEXO Nº 12 – BALANÇO ORÇAMENTÁRIO

Encerrado em 31 de Dezembro de 20xx.

RECEITAS ORÇAMENTÁRIAS	PREVISÃO INICIAL	PREVISÃO ATUALIZADA	RECEITAS REALIZADAS	SALDOS
RECEITAS	**60.000,00**	**60.000,00**	**56.000,00**	**(4.000,00)**
RECEITAS CORRENTES	55.000,00	55.000,00	52.000,00	(3.000,00)
RECEITA TRIBUTÁRIA	45.000,00	45.000,00	42.000,00	(3.000,00)
Impostos	41.000,00	41.000,00	39.000,00	(2.000,00)
Taxas	4.000,00	4.000,00	3.000,00	(1.000,00)
RECEITA PATRIMONIAL	3.000,00	3.000,00	3.000,00	0,00
Receitas Imobiliárias	1.000,00	500,00	500,00	0,00
Receitas de Valores Mobiliários	1.500,00	2.200,00	2.200,00	0,00
Outras Receitas Patrimoniais	500,00	300,00	300,00	0,00
OUTRAS RECEITAS CORRENTES	7.000,00	7.000,00	7.000,00	0,00
Multas e Juros de Mora	4.000,00	4.000,00	4.000,00	0,00
Receitas Diversas	3.000,00	3.000,00	3.000,00	0,00
RECEITAS DE CAPITAL	5.000,00	5.000,00	4.000,00	0,00
OPERAÇÕES DE CRÉDITO	4.000,00	4.000,00	4.000,00	(1.000,00)
Operações de Crédito Internas	4.000,00	4.000,00	4.000,00	0,00
ALIENAÇÃO DE BENS	1.000,00	1.000,00	0,00	(1.000,00)
Alienação de Bens Móveis	1.000,00	1.000,00	0,00	(1.000,00)
SUBTOTAL DAS RECEITAS (I)	60.000,00	60.000,00	56.000,00	(4.000,00)
OPERAÇÕES DE CRÉDITO REFINANCIAMENTO (II) Operações de Crédito Internas Operações de Crédito Externas				
SUBTOTAL C/ REFINANCIAMENTO (III) = (I + II)	60.000,00	60.000,00	56.000,00	(4.000,00)
DÉFICIT (IV)				
TOTAL (V) = (III + IV)	60.000,00	60.000,00	56.000,00	(4.000,00)

DESPESAS ORÇAMENTÁRIAS	DOTAÇÃO INICIAL (d)	DOTAÇÃO ATUALIZ. (e)	DESPESAS EMPENH. (f)	DESPESAS LIQUID. (g)	DESPESAS PAGAS (h)	SALDO DOTAÇÃO (i) = (e - f)
DESPESAS	60.000,00	60.000,00	55.000,00	54.200,00	46.000,00	5.000,00
DESPESAS CORRENTES	40.000,00	40.000,00	39.000,00	38.200,00	34.000,00	1.000,00
Pessoal e Encargos Sociais	20.000,00	20.000,00	20.000,00	20.000,00	18.000,00	0,00
Outras Despesas Correntes	20.000,00	20.000,00	19.000,00	18.200,00	16.000,00	1.000,00
DESPESAS DE CAPITAL	20.000,00	20.000,00	16.000,00	16.000,00	12.000,00	4.000,00
Investimentos	20.000,00	20.000,00	16.000,00	16.000,00	12.000,00	4.000,00
SUBTOTAL DAS DESPESAS (VI)	60.000,00	60.000,00	55.000,00	54.200,00	46.000,00	5.000,00
AMORTIZAÇÃO DA DÍVIDA REFINANCIAMENTO (VII)						
AMORTIZAÇÃO DA DÍVIDA INTERNA						
AMORTIZAÇÃO DA DÍVIDA EXTERNA						
SUBTOTAL COM REFINANCIAMENTO (VIII) = (VI + VII)	60.000,00	60.000,00	55.000,00	54.200,00	46.000,00	5.000,00
SUPERÁVIT (IX)	–	–	1.000,00	–	–	(1.000,00)
TOTAL (X) = (VIII + IX)	60.000,00	60.000,00	56.000,00	54.200,00	46.000,00	4.000,00

2. Informações e esclarecimentos úteis

No sentido de complementar o trabalho de análise e interpretação sobre o Balanço Orçamentário que está sendo objeto de estudo, vamos apresentar algumas informações que devem ser consideradas como resultado de coleta de dados e que serão bastante úteis para o desenvolvimento da parte relativa à interpretação:

a) no exercício financeiro, a que se refere o balanço orçamentário, a Lei de Orçamento aprovada teve a Receita Prevista e a Dotação Inicial, em equilíbrio, no valor de R$ 60.000,00;

b) não houve abertura de créditos especiais ou extraordinários no exercício e os créditos suplementares que foram abertos tiveram como cobertura o oferecimento de dotações da Lei Orçamentária, portanto, não provocou aumento no total das dotações;

c) no início do exercício foi feito um regulamento para controlar a execução orçamentária, tendo sido feito um contingenciamento de 10%, no valor das dotações orçamentárias, que chegou a ser liberado para 5%, no último trimestre do exercício;

d) a partir do mês de janeiro iniciou-se a elaboração de demonstrações mensais da receita arrecadada, segundo os itens, para servirem de base aos estudos e eventuais excessos de arrecadação, ou seja, a existência de saldos positivos das diferenças, acumuladas mês a mês, entre a arrecadação prevista e a realizada, considerando-se a tendência do exercício, em consonância com o disposto no § 3º do art. 43 da Lei nº 4.320/64.

Logicamente, as informações e dados apresentados, inclusive o relatório resumido da execução orçamentária, que deverá ser feito bimestralmente, em atendimento ao disposto no § 3º do art. 165 da Constituição Federal, complementares, deverão ser utilizados, pois serão de grande utilidade para a análise e interpretação dos resultados contidos no Balanço Orçamentário.

A análise e interpretação dos dados apresentados nesse Balanço Orçamentário deverá ser feita comparando-se os elementos apresentados que possam auxiliar no trabalho de tradução e compreensão dos resultados configurados.

3. Aplicação prática dos quocientes

1. QUOCIENTE DE EXECUÇÃO DA RECEITA

$$\frac{\text{Receita Realizada}}{\text{Previsão Inicial}} \quad \frac{56.000}{60.000} = 0,93$$

Esse quociente exprime a seguinte relação:

Receita Realizada	56.000	= 93,00%
Previsão Inicial	60.000	= 100,00%
Diferença	– 4.000	= 7,00%

A interpretação desse quociente pode ser feita considerando-se que houve a importância de 0,93 de Receita Orçamentária Realizada no exercício, para cada 1,00 de Receita Orçamentária Prevista.

No que se relaciona com a soma da Receita Realizada no exercício de 56.000, em confronto com a receita prevista inicial de 60.000, demonstra que houve uma diferença de –4.000, que representa uma arrecadação inferior à que foi prevista para o exercício. Em princípio, pode dizer-se que houve uma previsão que não foi alcançada, ou porque foi superestimada, ou por ter havido algum problema na arrecadação, inclusive, provocada por algum fato acontecido na economia.

Por outro lado, a Receita Realizada a menor, em relação à previsão inicial de –4.000 corresponde a um decréscimo de aproximadamente 7%. Conforme foi descrito nas informações complementares, houve um contingenciamento de 10% do valor das dotações orçamentárias fixadas e, no quarto trimestre, esse limite passou para 5%.

Aqui, há necessidade de se verificar se houve uma receita superestimada e, se foi este o caso, seria conveniente que se adotasse uma metodologia para a previsão da receita mais adequada e que permitisse uma base de cálculo mais confiável. Entretanto, se não foi esse o caso, necessário se faz um exame sobre a influência dos efeitos da economia ou na sistemática organizacional utilizada no processo de arrecadação.

2. QUOCIENTE DO EQUILÍBRIO ORÇAMENTÁRIO

$$\frac{\text{Dotação Atualizada}}{\text{Previsão Inicial}} \quad \frac{60.000}{60.000} = 1,0$$

Este quociente exprime a seguinte relação:

Dotação Atualizada   60.000 = 100,00%
Previsão Inicial da Receita 60.000 = 100,00%
Diferença   0 =   0,00%

A interpretação desse quociente demonstra que para cada 1,00 de Receita Orçamentária Prevista, existia 1,00 para Despesa Orçamentária Fixada.

Conforme poderá ser verificado na apresentação dos elementos de previsão da receita em comparação com os de fixação da despesa, identifica-se que a receita prevista possui uma soma de 60.000, enquanto que a despesa fixada possui uma soma de 60.000, portanto, não existe diferença entre elas, o que equivale dizer que continuou a existir um equilíbrio orçamentário.

Por esses dados, mesmo que tenha existido a abertura de créditos suplementares, eles não afetaram a relação entre a dotação atualizada e a previsão inicial da receita, o que nos faz concluir que os créditos abertos foram compensados com a redução de dotações constantes do orçamento, que foram oferecidas para sua cobertura, portanto, não alteraram o valor total da dotação atualizada.

3. QUOCIENTE DE COBERTURA DOS CRÉDITOS ADICIONAIS

$$\frac{\text{Excesso de Arrecadação}}{\text{Créditos Adicionais Abertos}} \quad \frac{0,0}{0,0} = 0,0$$

Esse quociente exprime a seguinte relação:

Excesso de Arrecadação   0,00 = 0,00%
Créditos Adicionais Abertos 0,00 = 0,00%
Diferença   0,00 = 0,00%

A interpretação objetiva desse quociente leva-nos a dizer que, no caso, não houve Excesso de Arrecadação e que os Créditos Adicionais Abertos, como já foi dito na explicação do quociente anterior, podem ter sido cobertos com a redução de dotações constantes do orçamento e, portanto, tinham a cobertura das receitas previstas inicialmente.

4. QUOCIENTE DA EXECUÇÃO DA DESPESA

$$\frac{\text{Despesa Empenhada} \quad 55.000}{\text{Despesa Atualizada} \quad 60.000} = 0,916$$

Esse quociente exprime a seguinte relação:

Despesa Empenhada   55.000 = 91,67%
Despesa Atualizada   60.000 = 100,00%
Diferença   5.000 =   8,33%

A interpretação desse quociente nos leva a constatar que houve 0,916 de Despesa Empenhada, para cada 1,00 de Despesa Atualizada (Fixada).

Nota-se, que a despesa orçamentária atualizada (fixada), ou seja, o total das dotações consignadas na Lei de Orçamento 60.000, não sofreu nenhuma alteração no seu valor e que a despesa empenhada no exercício foi de 55.000, portanto, apresentando uma diferença de 5.000.

Pode-se inferir que, embora houvesse despesa orçamentária fixada e, consequentemente, legalmente autorizada, no montante de 60.000 = 100,00% foi utilizada, através de empenho de despesas, somente a soma de 55.000 = 91,67%, gerando uma diferença de 5.000 = 8,33%, que pode ser identificada como *economia orçamentária*.

Aliás, essa economia orçamentária deve-se à restrição de gastos imposta, conforme se verifica nas informações complementares, em que se fez a pressuposição de norma regulamentar em que 10% das dotações da Lei de Orçamento deveriam sofrer contingenciamento, ou seja, ficar indisponíveis, como medida de controle da execução orçamentária.

Assim, a diferença de 5.000, relativa à economia orçamentária, que corresponde a 8,33%, foi possível porque no último trimestre do exercício houve a redução do contingenciamento para apenas 5%, demonstrando a eficiência do controle realizado.

5. QUOCIENTE DA EXECUÇÃO ORÇAMENTÁRIA CORRENTE

$$\frac{\text{Receita Corrente} \quad 52.000}{\text{Despesa Corrente} \quad 39.000} = 1,33$$

Esse quociente exprime a seguinte relação:

Receita Corrente	52.000	= 133,33%
Despesa Corrente	39.000	= 100,00%
Diferença	13.000	= 33,33%

A interpretação desse quociente nos leva a constatar que houve 1,33 de Receita Corrente realizada, para cada 1,00 de Despesa Corrente empenhada, caracterizando-se como uma situação boa e normal, pois a Diferença de 0,33 serve para cobertura de despesas de capital.

De outro modo, a receita corrente realizada de 52.000 representa 133,33% em relação à despesa corrente empenhada no exercício de 39.000 = 100,00%.

Confrontando-se a Receita Corrente de 52.000 com a Despesa Corrente de 39.000, identificar-se-á um "superávit" corrente no exercício de 13.000, correspondendo a 33,33% da despesa corrente.

6. QUOCIENTE DA EXECUÇÃO ORÇAMENTÁRIA DE CAPITAL

$$\frac{\text{Receita de Capital} \quad 4.000}{\text{Despesa de Capital} \quad 16.000} = 0,25$$

Esse quociente exprime a seguinte relação:

Receita de Capital	4.000	= 25,00%
Despesa de Capital	16.000	= 100,00%
Diferença	– 12.000	= – 75,00%

Esse quociente representa que existe apenas 0,25 de Receita de Capital realizada para cada 1,00 de Despesa de Capital empenhada e é lícito se supor que 0,75 da Despesa de Capital necessitará de cobertura dos recursos provenientes da receita corrente.

Nota-se que a Receita de Capital realizada no exercício de 4.000 representa 25,00% da Despesa de Capital empenhada no exercício de 16.000.

E, também, que a Receita de Capital 4.000, em confronto com a Despesa de Capital 16.000, demonstra um "déficit" de capital de 12.000, equivalente a 75,00% da Despesa de Capital.

7. QUOCIENTE DO RESULTADO ORÇAMENTÁRIO

$$\frac{\text{Receita Realizada}}{\text{Despesa Empenhada}} \quad \frac{56.000}{55.000} = 1,018$$

Esse quociente exprime a seguinte relação:

Receita Realizada	56.000	= 101,80%
Despesa Empenhada	55.000	= 100,00%
Diferença	1.000	= 1,80%

A interpretação objetiva desse quociente leva-nos a considerar que há 1,018 de Receita Realizada para cada 1,00 de Despesa Empenhada, demonstrando um superávit de execução.

Nota-se que a Receita Realizada, ou seja, a receita orçamentária que foi arrecadada no exercício, soma 56.000; em comparação com a despesa empenhada (executada) de 55.000, apresenta um saldo de + 1.000.

Especificamente sobre a situação do Balanço Orçamentário apresentado, observa-se que o resultado, considerando-se a soma da Receita Realizada de 56.000, em comparação com a soma da Despesa Empenhada de 55.000, apresenta um "superávit de execução" de 1.000, que corresponde ao resultado orçamentário do exercício.

É óbvio que o resultado de superávit orçamentário de 1.000 se traduz em uma situação positiva, do ponto de vista da execução da Lei de Orçamento do exercício, conseguida através da adoção de um eficiente controle da execução orçamentária, levando-se em consideração as informações e os esclarecimentos apresentados no início.

Concluindo, considerando-se especificamente o Balanço Orçamentário, podemos dizer que o resultado apresentado, superávit orçamentário de 1.000, representa uma situação positiva, pois as receitas orçamentárias realizadas no exercício foram maiores do que as despesas orçamentárias empenhadas no exercício.

2.2 Do balanço financeiro

Algumas questões importantes a respeito do Balanço Financeiro devem ser aqui mencionadas, no sentido de instruir e orientar o trabalho de análise e interpretação de seus resultados.

Nesse sentido, sobre o Balanço Financeiro, a legislação diz:

"O Balanço Financeiro demonstrará a receita e despesa orçamentárias, bem como os recebimentos e os pagamentos de natureza extraorçamentária, conjugados com os saldos em espécie provenientes do exercício anterior, e os que se transferem para o exercício seguinte."[12]

Por outro lado, a respeito do tratamento dado aos restos a pagar, menciona a lei:

"Os Restos a Pagar do exercício serão computados na receita extraorçamentária para compensar sua inclusão na despesa orçamentária."[13]

Essa determinação legal, em realidade, pelo menos do ponto de vista financeiro, procura igualar o regime de escrituração, pois, ao proceder à inclusão dos restos a pagar do exercício na receita extraorçamentária, faz com que a despesa orçamentária seja considerada como se fosse registrada pelo regime de caixa, compensando o tratamento dicotômico que a própria Lei nº 4.320/64 impõe pelo art. 35.

No que respeita à questão de operações financeiras, não provenientes da execução orçamentária, indica a lei:

"Todas as operações de que resultem débitos e créditos de natureza financeira, não compreendidas na execução orçamentária, serão também objeto de registro, individuação e controle contábil."[14]

Muito embora já tenha sido abordado o assunto anteriormente, será aqui, novamente, mencionado, para se obter maior objetividade em seu aproveitamento. Ao se observar a composição e o conteúdo da parte extraorçamentária do Balanço Financeiro, pode-se concluir que as contas aí mencionadas constituem a chamada dívida flutuante.

Para comprovar essa afirmativa, a legislação diz:

"A dívida flutuante compreende:

I – os restos a pagar, excluídos os serviços da dívida;

II – os serviços da dívida a pagar;

III – os depósitos;

IV – os débitos de tesouraria."[15]

Ainda sobre os restos a pagar, diz a lei: "O registro dos restos a pagar far-se-á por exercício e por credor, distinguindo-se as despesas processadas das não processadas."[16]

---

[12] Art. 103 da Lei nº 4.320/64.
[13] Parágrafo único do art. 103 da Lei nº 4.320/64.
[14] Art. 93 da Lei nº 4.320/64.
[15] Art. 92 da Lei nº 4.320/64.
[16] Parágrafo único do art. 92 da Lei nº 4.320/64.

Essa informação tem como objetivo esclarecer muitas dúvidas que acabam sendo criadas a respeito da vigência dos restos a pagar, pois, não havendo nenhuma restrição legal no âmbito do poder público em que se estiver procedendo a análise e interpretação dos balanços e demonstração das variações patrimoniais, deve-se aplicar a regra da prescrição quinquenal, ou seja, a manutenção dos restos a pagar por até cinco anos, daí por que a legislação determina que o registro seja feito por exercício e por credor.

Por último, deve-se observar que no Balanço Financeiro são demonstrados os "movimentos financeiros do exercício", isto é, a somatória das operações realizadas durante o exercício, e não o saldo das contas.

2.2.1 Dos quocientes sobre o balanço financeiro

A seguir, serão apresentados os quocientes que foram julgados adequados e importantes, para análise e interpretação dos resultados que são apresentados pelos Balanços Financeiros.

8. QUOCIENTE DA EXECUÇÃO ORÇAMENTÁRIA

$$\frac{\text{Receita Orçamentária}}{\text{Despesa Orçamentária}} =$$

Significado do quociente:

1 =	Receita Orçamentária realizada igual à Despesa Orçamentária realizada. Essa hipótese, embora possível, é de difícil ocorrência.
maior que 1 =	Receita Orçamentária realizada maior do que a Despesa Orçamentária realizada. Essa hipótese apresentará a existência de um superávit orçamentário na execução e movimentação financeira.
menor que 1 =	Receita Orçamentária realizada menor do que a Despesa Orçamentária realizada. Essa hipótese apresentará a existência de um déficit orçamentário na execução da movimentação financeira.

Esse quociente demonstra a seguinte relação:

Receita Orçamentária = %
Despesa Orçamentária = %
Diferença = %

Esse quociente deve demonstrar quanto a Receita Orçamentária representa para o pagamento da Despesa Orçamentária. (Vide esclarecimento feito nas observações do quociente 7 – Do Resultado Orçamentário.)

9. QUOCIENTE FINANCEIRO REAL DA EXECUÇÃO ORÇAMENTÁRIA

$$\frac{\text{Receita Orçamentária}}{\text{Despesa Orçamentária Paga}} =$$

Observação: Despesa Orçamentária Paga = Despesa Orçamentária − Restos a Pagar Inscritos no exercício.

Significado desse quociente:

1 =	Receita Orçamentária realizada igual Despesa Orçamentária, menos os Restos a Pagar Inscritos no exercício. Essa hipótese demonstrará haver igualdade na execução orçamentária e financeira, se fosse utilizado o regime de caixa também para a Despesa Orçamentária.
maior que 1 =	Receita Orçamentária realizada maior do que a Despesa Orçamentária menos os Restos a Pagar inscritos no exercício. Essa hipótese refletirá que existe superávit na execução orçamentária e financeira, se for utilizado o regime de caixa também para a Despesa Orçamentária.
menor que 1 =	Receita Orçamentária realizada menor do que a Despesa Orçamentária menos os Restos a Pagar inscritos no exercício. Essa hipótese significará que, mesmo sendo utilizado o regime de caixa também para a Despesa Orçamentária, haverá déficit na execução orçamentária e financeira.

Esse quociente exprime a seguinte relação:

Receita Orçamentária =%
Despesa Orçamentária Paga =%
Diferença =%

Observação: Esse quociente deve demonstrar quanto a receita orçamentária realizada representa em relação à despesa orçamentária paga. Através dele se procura demonstrar a relação da Receita Orçamentária e Despesa Orçamentária, consideradas pelo regime de caixa, mesmo porque, quando se abordar o quociente da soma da receita e despesa (orçamentária + extraorçamentária), haverá equiparação efetiva em virtude da aplicação de outro dispositivo legal, que será apontado, aliás, repetido, porém, buscando maior objetividade na compreensão do assunto.

Dever-se-á considerar normal o resultado 1 e bom o maior do que 1. Caso o resultado seja menor do que 1, deve ser considerado preocupante, pois a Receita Orçamentária arrecadada será menor do que a Despesa Orçamentária Paga, pressupondo-se a utilização de recursos financeiros provenientes da receita extraorçamentária para sua cobertura.

10. QUOCIENTE DE EXECUÇÃO EXTRAORÇAMENTÁRIA

$$\frac{\text{Receita Extraorçamentária}}{\text{Despesa Extraorçamentária}} =$$

Observação: O novo modelo do Anexo nº 13 – Balanço Financeiro demonstra a execução extraorçamentária, através dos Recebimentos e Pagamentos Extraorçamentários, porém, a Lei nº 4.320/64 considera os recebimentos e pagamentos extraorçamentários, como Receita e Despesa Extraorçamentárias. Nota-se que se trata, simplesmente, de uma questão de denominação, pois os dados são idênticos e, no caso, estamos optando pela utilização da designação legal.

Significado desse quociente:

1 =	Receita Extraorçamentária igual a Despesa Extraorçamentária. Essa hipótese demonstra haver equilíbrio entre a Receita Extraorçamentária e a Despesa Extraorçamentária.
maior que 1 =	Receita Extraorçamentária maior do que a Despesa Extraorçamentária. Essa hipótese reflete que a Receita Extraorçamentária é superior à Despesa Extraorçamentária.
menor que 1 =	Receita Extraorçamentária menor do que a Despesa Extraorçamentária. Essa hipótese demonstra que a Receita Extraorçamentária é inferior à Despesa Extraorçamentária.

Observação: Em qualquer das hipóteses, o resultado tenderá a ser considerado normal, se as disponibilidades (saldo de caixa/bancos) refletirem a movimentação financeira de origem extraorçamentária ocorrida no exercício, ou seja, aumento ou diminuição dos saldos das disponibilidades compatível com essa movimentação.

Esse quociente exprime a seguinte relação:

Receita Extraorçamentária = %
Despesa Extraorçamentária = %
Diferença = %

Esse quociente deve demonstrar quanto da Receita Extraorçamentária foi realizada, em confronto com o quanto da Despesa Extraorçamentária foi executada.

Observação: Quanto mais próximo de 1 esse quociente estiver, mais será desejável. Se for maior do que 1, representará aumento da dívida flutuante, o que provocará, em consequência, aumento do Passivo Circulante, do Balanço Patrimonial. Entretanto, se houver o correspondente aumento dos recursos financeiros nas disponibilidades (caixa/bancos), a situação será considerada normal. Porém, se ocorrer a diminuição dos recursos financeiros nas disponibilidades em caixa/ bancos, isto indicará que a diferença financiou o pagamento de despesas orçamentárias e a situação deverá ser considerada preocupante. Quando for menor do que 1, por um lado, refletirá uma diminuição da dívida flutuante e, por consequência, diminuição do Passivo Circulante, no Balanço Patrimonial, mas, por outro, refletirá a utilização de recursos financeiros, reduzindo as disponibilidades (caixa/ bancos) existentes.

11. QUOCIENTE DO RESULTADO DA EXECUÇÃO FINANCEIRA

$$\frac{\text{Receita (Orçamentária + Extraorçamentária)}}{\text{Despesa (Orçamentária + Extraorçamentária)}} =$$

Observação: Aqui vale o que já foi informado, na observação do quociente anterior.

Significado do quociente:

1 =	A soma da Receita (Orçamentária + Extraorçamentária) é igual à soma da Despesa (Orçamentária + Extraorçamentária), o que demonstrará equilíbrio.
maior que 1 =	A soma da Receita (Orçamentária + Extraorçamentária) é maior do que a soma da Despesa (Orçamentária + Extraorçamentária). Essa hipótese demonstrará que a soma total dos recebimentos do exercício é maior do que a soma total dos pagamentos do exercício, portanto, houve um superávit financeiro.
menor que 1 =	A soma da Receita (Orçamentária + Extraorçamentária) é menor do que a soma da Despesa (Orçamentária + Extraorçamentária). Essa hipótese demonstrará que a soma total dos recebimentos do exercício é menor do que a soma total dos pagamentos do exercício, portanto, houve um déficit financeiro.

Observação: Por esse quociente se verificará o resultado do exercício financeiro que está sendo demonstrado pelo balanço financeiro. Essa é uma das formas de analisar e interpretar o resultado apresentado no balanço financeiro. Existe outra que será a seguir exposta.

Neste ponto, são necessárias algumas considerações.

Esse quociente, em que são relacionadas, de um lado a somatória da Receita Orçamentária mais a extraorçamentária e, de outro, a somatória da Despesa Orçamentária mais a Extraorçamentária, representa, em realidade, respectivamente, a soma dos recebimentos e a soma dos pagamentos ocorridos no exercício.

Deve-se alertar para o fato de que, ao analisar a execução orçamentária, isoladamente, estar-se-á, simplesmente, trazendo o resultado já exibido pelo Balanço Orçamentário, pois se trata da mesma operação, mas, nesse caso, sob a ótica da movimentação financeira causada pela execução financeira. Isso, em tese, quer demonstrar que essa movimentação, sob o enfoque orçamentário, vem acompanhada da ambiguidade legal já apontada anteriormente (receita escriturada pelo regime de caixa e despesa escriturada pelo regime de competência).

Entretanto, quando trazemos para a análise a incorporação da movimentação financeira proveniente da Receita e Despesa Extraorçamentárias, adicionando-as à Receita e Despesa Orçamentárias, observa-se que o resultado deixa de apresentar o tratamento dicotômico aludido, em razão da aplicação do dispositivo legal que dispõe:

> "Os Restos a Pagar do exercício serão computados na Receita Extraorçamentária, para compensar sua inclusão na despesa orçamentária".[17]

Portanto, ao incluir os restos a pagar do exercício como Receita Extraorçamentária, para compensar a sua inclusão na Despesa Orçamentária, o dispositivo legal faz a equiparação da receita com a despesa, do ponto de vista da movimentação financeira constante do balanço financeiro. Com esse procedimento, deixa de existir a necessidade de se realizar qualquer outra providência, relativa à questão financeira, pois a própria legislação se incumbiu de fazê-la.

Esse quociente exprime a seguinte relação:

Receita (Orçamentária + Extraorçamentária)   =%
Despesa (Orçamentária + Extraorçamentária)   =%
Diferença   =%

Esse quociente deve demonstrar a somatória da Receita (Orçamentária + Extraorçamentária) em confronto com a somatória da Despesa (Orçamentária + Extraorçamentária). Esse quociente, por meio dessa relação, consoante já foi alertado, indicará o Resultado do Balanço Financeiro do exercício.

Nesse quociente, o que se considera normal é o resultado de 1, ou pouco maior do que 1. Caso seja menor do que 1, deve-se verificar se as disponibilidades (saldo de caixa/bancos) refletem a movimentação financeira de origem extraorçamentária, para se ter melhor base de análise e interpretação.

12. QUOCIENTE DO RESULTADO DOS SALDOS FINANCEIROS

$$\frac{\text{Saldo que passa para o Exercício Seguinte}}{\text{Saldo do Exercício Anterior}} =$$

Significado do quociente:

---

[17] Parágrafo único do art. 103 da Lei nº 4.320/64.

	1 =	Saldo que passa para o Exercício Seguinte igual ao Saldo do Exercício Anterior, demonstrando equilíbrio entre os recebimentos e os pagamentos ocorridos no exercício.
maior que 1 =		Saldo que passa para o Exercício Seguinte maior do que o Saldo do Exercício Anterior. Esta hipótese demonstrará que o Saldo que passa para o Exercício Seguinte, sendo maior do que o Saldo do Exercício Anterior, constitui-se num "superávit" financeiro, ou seja, os recebimentos do exercício foram maiores do que os pagamentos do exercício.
menor que 1 =		Saldo que passa para o Exercício Seguinte menor do que o Saldo do Exercício Anterior. Essa hipótese demonstrará que o Saldo que passa para o Exercício Seguinte, sendo menor do que o Saldo do Exercício Anterior, identificará que houve um déficit financeiro, isto é, os recebimentos do exercício foram menores do que os pagamentos do exercício.

Observação: Esta é outra forma de se obter o resultado do exercício financeiro. (Vide comentário nas observações do quociente 11, pois apresentam conclusões idênticas.)

Esse quociente exprime a seguinte relação:

Saldo que passa para o Exercício Seguinte =%
Saldo do Exercício Anterior =%
Diferença =%

Esse quociente deve demonstrar o Saldo que passa para o Exercício Seguinte em confronto com o Saldo do Exercício Anterior. Esse quociente, por meio dessa relação, apresentará o Resultado do Balanço Financeiro, de outra forma, porém, com o mesmo significado.

Tenderá a ser considerado normal o resultado de 1, ou pouco maior do que 1. Caso seja menor do que 1, deve-se verificar se as disponibilidades (saldo de caixa/bancos) refletem a movimentação financeira de origem extraorçamentária, para se ter melhor base de análise e interpretação.

2.2.2 Apresentação de um caso, com aplicação prática dos quocientes

1. O Balanço Financeiro

ANEXO Nº 13 – BALANÇO FINANCEIRO

Encerrado em 31 de Dezembro de 20xx

INGRESSOS			DISPÊNDIOS		
ESPECIFICAÇÃO	Exercício Atual	Exercício Anterior	ESPECIFICAÇÃO	Exercício Atual	Exercício Anterior
RECEITA ORÇAMENTÁRIA (I)	56.000,00	–	DESPESA ORÇAMENTÁRIA (VI)	55.000,00	–
Ordinária	52.000,00	–	Ordinária	55.000,00	–
Vinculada	4.000,00	–			
Operações de Crédito	4.000,00	–	TRANSFERÊNCIAS FINANCEIRAS CONCEDIDAS (VII)	–	–
TRANSFERÊNCIAS FINANCEIRAS RECEBIDAS (II)	–	–			
			PAGAMENTOS EXTRAORÇAMENTÁRIOS (VIII)	5.000,00	–
RECEBIMENTOS EXTRAORÇAMENTÁRIOS (III)	14.500,00	–	Pagamento de RP Processados	–	–
Inscrição de RP Processados	8.200,00	–	Pagamento de RP Não Processados	–	–
Inscrição de RP Não Processados	800,00	–	Valores Restituíveis	5.000,00	–
Valores Restituíveis	5.500,00	–			
Saldo em Espécie do Exercício Anterior (IV)	–	–	Saldo em espécie para o exercício seguinte (IX)	10.500,00	–
TOTAL (V) = (I+II+III+IV)	70.500,00	–	TOTAL (X) = (VI+VII+VIII+IX)	70.500,00	–

2. Informações e esclarecimentos úteis

A fim de complementar o trabalho de análise e interpretação sobre o Balanço Financeiro que está sendo objeto de estudo, vamos apresentar algumas informações que devem ser consideradas como resultado de coleta de dados, que serão bastante úteis para o desenvolvimento da parte relativa à interpretação:

1. As informações prestadas na parte do Balanço Orçamentário, no sentido de complementar o trabalho de análise e interpretação, devem ser consideradas neste estudo sobre o Balanço Financeiro, assim como deverá ser observada junto com as que serão aqui expostas, e com as do estudo do Balanço Patrimonial e da Demonstração das Variações Patrimoniais.
2. Conforme se pode observar, não existe movimentação no exercício anterior, tanto na parte dos ingressos, como na parte dos dispêndios.
3. Para o encerramento do exercício financeiro houve a inscrição de Restos a Pagar Processados no valor de 8.200 e Restos a Pagar não Processados no

valor de 800,00, porém, não consta pagamento de restos a pagar. Há, também, movimento de recebimento de 5.500 e pagamento de 5.000, relativos a valores restituíveis (cauções, consignações e retenções).

3. Aplicação prática dos quocientes

8. QUOCIENTE DA EXECUÇÃO ORÇAMENTÁRIA

$$\frac{\text{Receita Orçamentária}}{\text{Despesa Orçamentária}} \quad \frac{56.000}{55.000} = 1,018$$

Esse quociente exprime a seguinte relação:

Receita Orçamentária	56.000	= 101,80%
Despesa Orçamentária	55.000	= 100,00%
Diferença	1.000	= 1,80%

A interpretação desse quociente demonstra que há 1,018 de Receita Orçamentária para cada 1,00 de Despesa Orçamentária, significando que na movimentação financeira houve um "superávit" financeiro, na execução orçamentária.

Por esse quociente, verifica-se que apresenta o mesmo resultado do quociente 7 – Quociente do Resultado Orçamentário, já analisado e interpretado na parte do Balanço Orçamentário, aliás, diga-se, trata-se do mesmo fato aqui exposto, porém, nesta oportunidade, traduzindo seu significado do ponto de vista financeiro. Nota-se que a receita realizada, ou seja, a Receita Orçamentária que foi arrecadada no exercício, soma 56.000; em comparação com a Despesa Orçamentária (executada) de 55.000, apresenta um saldo de +1.000.

É óbvio que, neste momento, o significado do resultado desse quociente deve ser analisado e interpretado do ponto de vista da movimentação financeira, portanto, levando-se em consideração o conjunto de quocientes relativos ao estudo sobre o resultado do balanço financeiro.

O que se observa é que a Receita Orçamentária 56.000 corresponde a 101,80%, em relação à Despesa Orçamentária e que o superávit da execução orçamentária, apresentado no balanço financeiro, equivale a 1.000, ou seja, a 1,80% da soma das despesas orçamentárias.

Aliás, atente-se para o fato de que esse resultado é similar ao apresentado no Balanço Orçamentário e tratado no quociente 7 – Quociente do Resultado Orçamentário, todavia, insistimos para que a análise e interpretação seja feita no conjunto do estudo dos quocientes relativos ao balanço financeiro.

9. QUOCIENTE FINANCEIRO REAL DA EXECUÇÃO ORÇAMENTÁRIA

$$\frac{\text{Receita Orçamentária}}{\text{Despesa Orçamentária Paga} \ (55.000 - 9.000)} \ \frac{56.000}{46.000} = 1,217$$

Esse quociente exprime a seguinte relação:

Receita Orçamentária	56.000	= 121,70%
Despesa Orçamentária Paga	46.000	= 100,00%
Diferença	10.000	= 21,70%

Esse quociente demonstra que existe 1,21 de Receita Orçamentária recebida para cada 1,00 de Despesa Orçamentária Paga. Entendendo-se a Despesa Orçamentária Paga, como a equiparação da escrituração pelo regime de caixa, verifica-se que o "superávit" apontado no quociente 8, que era de 1.000, passou a ser de 10.000.

Observa-se que a Receita Orçamentária 56.000 representa 1,21 da Despesa Orçamentária paga, ou seja, quando se equipara a despesa tratando-a como se fosse escriturada pelo regime de caixa, pois dela *diminui os restos a pagar inscritos no exercício*.

Por meio dessa relação, entre a Receita Orçamentária de 56.000, em confronto com a Despesa Orçamentária Paga (Despesa Orçamentária 55.000, menos 9.000 dos restos a pagar inscritos no exercício) = 49, obtém-se um "superávit" de 10.000, que equivale a 21,70% da Despesa Orçamentária Paga.

10. QUOCIENTE DE EXECUÇÃO EXTRAORÇAMENTÁRIA

$$\frac{\text{Receita Extraorçamentária}}{\text{Despesa Extraorçamentária}} \ \frac{14.000}{5.000} = 2,9$$

Esse quociente exprime a seguinte relação:

Receita Extraorçamentária	14.500	= 290,00%
Despesa Extraorçamentária Paga	5.000	= 100,00%
Diferença	9.500	= 190,00%

Esse quociente demonstra que foram recebidos 2,90 de Receita Extraorçamentária para cada 1,00 de Despesa Extraorçamentária.

Consoante se verifica, a Receita Extraorçamentária de 14.500 representa 290,00% da Despesa Extraorçamentária (5.000) do exercício.

De outro modo, a Receita Extraorçamentária de 14.500, em relação à Despesa Extraorçamentária de 5.000, comprova a existência de um "superávit" de recursos extraorçamentários no exercício de 9.500, equivalente a 190,00% da Despesa Extraorçamentária.

11. QUOCIENTE DO RESULTADO DA EXECUÇÃO FINANCEIRA

$$\frac{\text{Receita (Orçamentária + Extraorçamentária)}}{\text{Despesa (Orçamentária + Extraorçamentária)}} \quad \frac{70.500}{60.000} = 1,175$$

Esse quociente exprime a seguinte relação:

Receita Orçamentária	70.500	= 117,50%
Despesa Orçamentária Paga	60.000	= 100,00%
Diferença	10.500	= 17,50%

Esse quociente demonstra a existência de recebimento de 1,175 na soma das receitas, para cada 1,00 da soma das despesas pagas. É óbvio que não se deve esquecer que, na parte da soma das receitas, consta o valor dos restos a pagar inscritos no exercício de 9.000, que na realidade foi aqui incluído em atendimento ao dispositivo legal e que, na parte da soma das despesas, consta o mesmo valor 9.000, relativo às despesas que ainda não foram pagas, mas que foi incluído com base no mesmo dispositivo legal.

Pode-se observar que a soma da receita (orçamentária + extraorçamentária) de 70.500 representa 117,50% da soma da despesa (orçamentária + extraorçamentária) do exercício.

Há ainda que se considerar que a soma da receita (orçamentária + extraorçamentária) de 70.500, em confronto com a despesa (orçamentária + extraorçamentária) de 60.000, demonstra que no exercício houve um "superávit" financeiro de 10.500 equivalente a 17,50%, ou seja, a soma das receitas recebidas superou a soma das despesas pagas. Aqui, também, deve-se observar que desses 10.500 a importância de 9.000 deve ser utilizada para cobertura dos restos a pagar, que deverá ocorrer no exercício seguinte, portanto, atende ao requisito legal, pois demonstra a existência de disponibilidade de caixa para cumprir a obrigação de pagamento dos restos a pagar e, ainda, existe o valor de 500 de valores que fazem parte desse superávit financeiro, que também estão disponíveis para cumprir a obrigação de pagamento ou devolução a quem de direito. Note-se que existe ainda 1.000 que está disponível de aplicação livre para aplicação em qualquer finalidade.

Por meio desse quociente, que é um dos meios de se identificar o resultado apresentado no balanço financeiro, foi apontada a existência de um "superávit" financeiro de 10.500.

12. QUOCIENTE DO RESULTADO DOS SALDOS FINANCEIROS

$$\frac{\text{Saldo que passa para o Exercício Seguinte}}{\text{Saldo do Exercício Anterior}} \quad \frac{10.500}{0,00} = 10.500$$

Esse quociente exprime a seguinte relação:

Saldo que passa para o Exercício Seguinte	10.500	= 10.500%
Saldo do Exercício Anterior	0,00	= 0%
Diferença	10.500	= 10.500%

Observação: Conforme se observa, não existe Saldo do Exercício Anterior.

Esse quociente demonstra que existe 10.500 de Saldo que passa para o Exercício Seguinte, para cada 0,00 do Saldo do Exercício Anterior.

Como se verifica, o Saldo que passa para o Exercício Seguinte, que é de 10.500, equivale a 14.500% em relação ao Saldo do Exercício Anterior de 0,00.

Nota-se que essa demonstração representa que no exercício houve um "superávit" financeiro, ou seja, a existência de saldo disponível de 14.500, em relação ao Saldo do Exercício Anterior no valor de 0,00.

Esta é outra forma de se identificar o resultado apresentado no balanço financeiro que coincide com o resultado apurado por meio do quociente anterior, de 14.500.

2.3 Do balanço patrimonial

Aqui também serão apresentadas algumas informações importantes a respeito do Balanço Patrimonial, com o objetivo de instruir e orientar o trabalho de análise e interpretação dos resultados nele apresentados.

A legislação sobre o assunto será aqui mencionada, embora já tenha sido anteriormente descrita, por ser de utilidade e, ao mesmo tempo, objetividade ao entendimento e compreensão do assunto.

Nessa linha de pensamento,

"o Balanço Patrimonial demonstrará:

I – o Ativo Financeiro;

II – o Ativo Permanente;

III – o Passivo Financeiro;

IV – o Passivo Permanente;

V – o Saldo Patrimonial;

VI – as Contas de Compensação.

O Ativo Financeiro compreenderá os créditos e valores realizáveis independentemente da autorização orçamentária e dos valores numerários.

O Ativo Permanente compreenderá os bens, créditos e valores cuja mobilização ou alienação dependa da autorização legislativa.

O Passivo Financeiro compreenderá os compromissos exigíveis cujo pagamento independa de autorização orçamentária.

O Passivo Permanente compreenderá as dívidas fundadas e outras que dependam de autorização legislativa para amortização ou resgate.

Nas Contas de Compensação, serão registrados os bens, valores, obrigações e situações não compreendidas nos parágrafos anteriores e que, mediata ou imediatamente, possam vir a afetar o patrimônio."[18]

Por meio de uma simples leitura desse texto, pode-se verificar que as Contas de Compensação, por representarem bens, valores, obrigações e situações não compreendidas nas outras partes, mas que mediata ou imediatamente possam vir a afetar o patrimônio, não são consideradas para determinação de seus resultados, embora façam parte do balanço patrimonial, por meio da inclusão de quadro anexo.

Como se pode observar, a estrutura do balanço patrimonial, acima descrita, guarda estreita conformidade com a apresentada pelas empresas e entidades da iniciativa privada, que deve obedecer aos dispositivos da Lei nº 6.404 de 15-12-1976, havendo tão somente algumas nomenclaturas de grupos diferentes, mas que na essência se referem a fatos semelhantes. Por exemplo, na Lei nº 6.404/76 consta o grupo com a denominação de Ativo Circulante e na Lei nº 4.320/64, o grupo Ativo Financeiro, composto de contas que representam as demonstrações de fatos idênticos ou análogos.

E a respeito do assunto conforme já foi anteriormente mencionado, vamos aqui reapresentar, nem poderia ser diferente, uma vez que,

"o patrimônio é o objeto da Contabilidade, pois sobre ele se exercem as funções dessa ciência, que o estuda, o controla e o demonstra de forma expositiva, através de demonstrações contábeis, alcançando-se assim a finalidade informativa da Contabilidade".[19]

O patrimônio em seu conceito clássico é considerado como "o conjunto de bens, direitos e obrigações" pertencente a uma pessoa física ou jurídica. E o patrimônio público, por analogia, compreende o conjunto de bens, direitos e obrigações, avaliáveis em moeda corrente, das entidades que compõem a administração pública.

Como se pode observar, o balanço patrimonial é uma das peças mais importantes no trabalho de análise e interpretação dos balanços públicos, daí porque haverá necessidade de maiores considerações e esclarecimentos sobre alguns assuntos nele apresentados.

---

[18] Art. 105 e §§ 1º ao 5º da Lei nº 4.320/64.
[19] FRANCO, Hilário. *Estrutura, análise e interpretação de balanços*. 15. ed. São Paulo: Atlas, 1992.

2.3.1 Dos quocientes sobre o balanço patrimonial

A seguir serão apresentados os quocientes que foram julgados adequados e importantes para a análise e interpretação dos resultados apresentados nos balanços patrimoniais.

13. QUOCIENTE DE LIQUIDEZ IMEDIATA[20]

$$\frac{\text{Disponibilidade}}{\text{Passivo Circulante}} =$$

Significado do quociente:

1 =	A soma das Disponibilidades é igual à soma do Passivo Circulante.
maior que 1 =	A soma das Disponibilidades é maior do que a soma do Passivo Circulante. Essa hipótese demonstrará a existência de recursos financeiros disponíveis superiores à soma dos compromissos a pagar de curto prazo, ou seja, aqueles que deverão ser cumpridos, geralmente, até o final do exercício seguinte à data da elaboração do balanço patrimonial.
menor que 1 =	A soma das Disponibilidades é menor do que a soma do Passivo Circulante. Essa hipótese demonstrará que os recursos financeiros disponíveis são inferiores à soma dos compromissos a pagar de curto prazo, ou seja, aqueles que deverão ser cumpridos, geralmente, até o final do exercício seguinte à data da elaboração do balanço patrimonial.

Esse quociente demonstra a seguinte relação:

Disponibilidades =%
Passivo Circulante =%
Diferença =%

Esse quociente deve demonstrar o quanto os recursos disponíveis representam para o pagamento dos compromissos a pagar de curto prazo.

14. QUOCIENTE DE LIQUIDEZ CORRENTE

$$\frac{\text{Ativo Circulante}}{\text{Passivo Circulante}} =$$

---

[20] Os quocientes 13 a 18 foram introduzidos na Parte V – Demonstrações Contábeis Aplicadas ao Setor Público, do Manual de Contabilidade Aplicada ao Setor Público.

Significado do quociente:

1 =	A soma do Ativo Circulante é igual à soma do Passivo Circulante.
maior que 1 =	A soma do Ativo Circulante é maior do que soma do Passivo Circulante. Essa hipótese demonstrará a existência de recursos financeiros disponíveis ou realizáveis no período dos doze meses seguintes à data da publicação das demonstrações contábeis, superiores à soma dos compromissos a pagar de curto prazo, ou seja, aqueles que deverão ser cumpridos, geralmente, até o final do exercício seguinte à data da elaboração do balanço patrimonial.
menor que 1 =	A soma do Ativo Circulante é menor do que a soma do Passivo Circulante. Essa hipótese demonstrará que os recursos financeiros disponíveis ou realizáveis no período dos doze meses seguintes à data da publicação das demonstrações contábeis são inferiores à soma dos compromissos a pagar de curto prazo, ou seja, aqueles que deverão ser cumpridos, geralmente, até o final do exercício seguinte à data da elaboração do balanço patrimonial.

Esse quociente demonstra a seguinte relação:

Ativo Circulante = %
Passivo Circulante = %
Diferença = %

Esse quociente deve demonstrar o quanto os recursos disponíveis ou realizáveis disponíveis ou realizáveis, no período dos doze meses seguintes à data da publicação das demonstrações contábeis, representam para o pagamento dos compromissos a pagar de curto prazo, ou seja, exigíveis no período dos doze meses seguintes à data da publicação das demonstrações contábeis.

15. QUOCIENTE DE LIQUIDEZ GERAL

$$\frac{\text{Ativo (Circulante + Realizável a Longo Prazo)}}{\text{Passivo (Circulante + Não Circulante)}} =$$

Significado do quociente:

1 =	A soma do Ativo (Circulante + Realizável a Longo Prazo) é igual à soma do Passivo (Circulante + Não Circulante).
maior que 1 =	A soma do Ativo (Circulante + Realizável a Longo Prazo) é maior do que a soma do Passivo (Circulante + Não Circulante). Essa hipótese demonstrará a existência de recursos financeiros disponíveis, mais os bens e direitos realizáveis após os doze meses seguintes à data de publicação das demonstrações contábeis, superiores à soma dos compromissos a pagar de curto prazo e longo prazo, ou seja, aqueles que deverão ser cumpridos, geralmente, até o final do exercício seguinte à data da elaboração do balanço patrimonial, mais os que deverão ser cumpridos após o final daquele exercício.

menor que 1 =	A soma do Ativo (Circulante + Realizável a Longo Prazo) é menor do que a soma do Passivo (Circulante + Não Circulante). Essa hipótese demonstrará que os recursos financeiros disponíveis, mais os bens e direitos realizáveis após os doze meses seguintes à data de publicação das demonstrações contábeis são inferiores à soma dos compromissos a pagar de curto e longo prazos, ou seja, aqueles que deverão ser cumpridos, geralmente, durante o exercício seguinte à data da elaboração do balanço patrimonial, mais os que deverão ser cumpridos após o final daquele exercício.

Esse quociente demonstra a seguinte relação:

Ativo (Circulante + Realizável a Longo Prazo) =%
Passivo (Circulante + Não Circulante) =%
Diferença =%

Esse quociente deve demonstrar o quanto os recursos financeiros disponíveis, mais os bens e direitos realizáveis após os doze meses seguintes à data da publicação das demonstrações contábeis, representam para o cumprimento dos compromissos a pagar de curto e longo prazos, ou seja, aqueles que deverão ser cumpridos até o final do exercício seguinte à data da elaboração do balanço patrimonial, mais aqueles que deverão ser cumpridos após o final daquele exercício.

16. QUOCIENTE DA COMPOSIÇÃO DO ENDIVIDAMENTO

$$\frac{\text{Passivo Circulante}}{\text{Passivo (Circulante + Não Circulante)}} =$$

Significado do quociente:

1 =	A soma Passivo Circulante é igual à soma do Passivo (Circulante + Não Circulante).
maior que 1 =	A soma do Passivo Circulante é maior do que a soma do Passivo (Circulante + Não Circulante). Essa hipótese demonstrará a existência de obrigações de curto prazo, maiores do que a soma do Passivo (Circulante + Não Circulante), que é completamente impossível de acontecer.
menor que 1 =	A soma do Passivo Circulante é menor do que a soma do Passivo (Circulante + Não Circulante). Essa hipótese demonstrará que as obrigações de curto prazo são menores do que a somatória das obrigações de curto mais longo prazos, e indicará a composição percentual do endividamento, ou seja, qual o percentual relativo à dívida de curto prazo em relação ao total da dívida.

Esse quociente demonstra a seguinte relação:

Passivo Circulante =%
Passivo (Circulante + Não Circulante) =%
Diferença =%

Esse quociente deve demonstrar qual é o volume da dívida de curto prazo, em relação ao total da dívida existente no exercício.

17. QUOCIENTE DO RESULTADO PATRIMONIAL

$$\frac{\text{Ativo Total}}{\text{Passivo Total}} =$$

Significado do quociente:

1 =	A soma do Ativo Total é igual à soma do Passivo Total.
maior que 1 =	A soma do Ativo Total é maior do que a soma do Passivo Total. Essa hipótese demonstrará que a soma dos bens e direitos disponíveis, ou realizáveis a curto e longo prazos, é superior à soma das obrigações exigíveis de curto e longo prazos.
menor que 1 =	A soma do Ativo Total é menor do que a soma do Passivo Total. Essa hipótese demonstrará que a soma dos bens e direitos, disponíveis ou realizáveis a curto e longo prazos, é inferior à soma das obrigações exigíveis de curto e longo prazos.

Observações: No caso do quociente apresentar o resultado menor do que 1, há que se verificar na Demonstração das Variações Patrimoniais as causas que originaram esse efeito patrimonial negativo.

As causas mais prováveis tenderão a ser:

- As baixas patrimoniais que deverão estar sendo apresentadas nas Variações Patrimoniais Diminutivas, tipo Desvalorização e Perda de Ativos, como:
- a redução a valor recuperável de investimentos, imobilizado, intangíveis;
- perdas com alienação de investimentos, imobilizado, intangíveis;
- perdas involuntárias, com imobilizado, intangíveis, estoques e outras;
- variações diminutivas financeiras;
- variações diminutivas monetárias e cambiais.

- Há também que se considerar os casos de despesas de capital – investimento, relativas à Construção de obras, que não se classificam como variações patrimoniais qualitativas, mas, em razão da sua característica, serão registradas como variações patrimoniais quantitativas diminutivas. É o caso da construção de uma obra como uma estrada de rodagem, por exemplo, que embora seja utilizada a despesa de capital-investimento para sua realização, por se tratar de um bem de uso comum do povo, não será incorporada aos bens imóveis e, portanto, não causará o efeito permutativo, e, por se constituir em uma variação patrimonial diminutiva, fatalmente, provocará a diminuição do patrimônio líquido.

Esse quociente demonstra a seguinte relação:

Ativo Total   = %
Passivo Total = %
Diferença   = %

Esse quociente deve demonstrar a somatória do Ativo Total, em comparação com a somatória do Passivo Total, ou seja, a soma dos bens e direitos em relação à soma das obrigações. Essa é a essência do conceito clássico de patrimônio "o conjunto de bens, direitos e obrigações" pertencente a uma pessoa física ou jurídica. E o patrimônio público, por analogia, compreende "o conjunto de bens, direitos e obrigações, avaliáveis em moeda corrente, das entidades que compõem a administração pública".

Nota-se que o quociente demonstrará o resultado do balanço patrimonial. Caso a soma do Ativo Total seja maior do que a soma do Passivo Total, estaremos diante de um "superávit" patrimonial.

Se, entretanto, a soma do Ativo Total for menor do que a soma do Passivo Total, estaremos diante de um "déficit" patrimonial.

O resultado que se considera normal, para esse quociente, será o maior do que 1. O resultado 1 demonstrará equilíbrio patrimonial, e o menor do que 1, preocupante conforme já foi descrito.

Como consequência, o saldo que for resultante dessa comparação, "superávit" ou "déficit" patrimonial, fatalmente, estará sendo apresentado, na parte do Patrimônio Líquido.

– Considerações

Ao procedermos a apresentação dos comentários a respeito do balanço patrimonial, mencionamos como a questão é abordada pela Lei nº 4.320/64, onde na parte do Ativo se demonstra o Ativo Financeiro e o Ativo Permanente e, na parte do Passivo, se demonstra o Passivo Financeiro e o Passivo Permanente. Também procuramos informar que existe uma semelhança entre essas denominações com as apresentadas na Lei nº 6.404/76 (Lei aplicada às empresas e entidades privadas), ou seja, na parte do Ativo, se demonstra o Ativo Circulante e Ativo Não Circulante e, na parte do Passivo, se demonstra o Passivo Circulante e o Passivo Não Circulante.

Tendo em vista que o Manual de Contabilidade Aplicada ao Setor Público, na Parte V – Demonstrações Contábeis Aplicadas ao Setor Público, apresenta os novos modelos dos balanços e, no que concerne ao balanço patrimonial, que é identificado como Anexo nº 14, adotou a denominação da Lei nº 6.404/76, e exibe um quadro com as nomenclaturas da Lei nº 4.320/64, que deve ser demonstrado logo em seguida à apresentação do Anexo nº 14, complementando-o com as informações sob essa ótica.

Em razão da apresentação desse quadro, resolvemos utilizar as informações nele contidas, trazendo os quocientes que podem complementar os resultados do balanço patrimonial, agora, sob a ótica da Lei nº 4.320/64.

18. QUOCIENTE DA SITUAÇÃO FINANCEIRA

$$\frac{\text{Ativo Financeiro}}{\text{Passivo Financeiro}} =$$

Significado do quociente:

1 =	A soma do Ativo Financeiro é igual à soma do Passivo Financeiro.
maior que 1 =	A soma do Ativo Financeiro é maior do que a soma do Passivo Financeiro. Essa hipótese reflete que o Ativo Financeiro é superior ao Passivo Financeiro, isto é, há um excesso de recursos financeiros, representados pela soma das disponibilidades mais direitos realizáveis a curto prazo, do que as obrigações exigíveis a curto prazo.
menor que 1 =	A soma do Ativo Financeiro é menor do que a soma do Passivo Financeiro. Essa hipótese reflete que o Ativo Financeiro é menor do que o Passivo Financeiro, isto é, que a soma das disponibilidades mais os direitos realizáveis a curto prazo não são suficientes para cobrir as obrigações financeiras de curto prazo.

Esse quociente demonstra a seguinte relação:

Ativo Financeiro = %
Passivo Financeiro = %
Diferença = %

Nota-se que o quociente demonstrará o resultado da movimentação financeira de curto prazo, isto é, a soma dos recursos financeiros disponíveis ou realizáveis a curto prazo, em confronto com a soma das obrigações financeiras exigíveis a curto prazo.

Caso a soma do Ativo Financeiro seja maior do que a soma do Passivo Financeiro, estaremos diante de um resultado positivo, ou seja, "superávit" financeiro do ponto de vista de curto prazo. E esse resultado pode ser chamado de "superávit" financeiro apurado no balanço patrimonial.

Sobre esse assunto, apresentaremos alguns comentários quando da abordagem do assunto relativo ao "superávit" financeiro apurado no balanço patrimonial.

Se, entretanto, a soma do Ativo Financeiro for menor do que a soma do Passivo Financeiro, estaremos diante de um resultado negativo, ou seja, "déficit" financeiro do ponto de vista de curto prazo.

O resultado que se considera normal, para esse quociente, será o maior do que 1. O resultado 1 demonstrará equilíbrio financeiro a curto prazo, e o menor do que 1, preocupante conforme já foi descrito, negativo do ponto de vista de curto prazo.

Daí porque, esse quociente da Situação Financeira apresenta o resultado do ponto de vista de curto prazo e não o superávit financeiro apurado no balanço patrimonial.

19. QUOCIENTE DA SITUAÇÃO PERMANENTE

$$\frac{\text{Ativo Permanente}}{\text{Passivo Permanente}} =$$

Significado do quociente:

1 =	A soma do Ativo Permanente é igual à soma do Passivo Permanente.
maior que 1 =	A soma Ativo Permanente é maior do que a soma do Passivo Permanente. Essa hipótese reflete que o Ativo Permanente é superior ao Passivo Permanente e que a soma dos bens, créditos e valores, de caráter permanente, isto é, aqueles que sejam realizáveis após o exercício seguinte, é superior à soma das obrigações de caráter permanente, como a dívida fundada, ou seja, aquelas que sejam exigíveis após o exercício seguinte e, portanto, demonstra que há um "superávit" na parte permanente do balanço patrimonial.
menor que 1 =	A soma do Ativo Permanente é menor do que a soma do Passivo Permanente. Essa hipótese reflete que o Ativo Permanente é menor do que o Passivo Permanente e que a soma dos bens, créditos e valores, de caráter permanente realizáveis a curto prazo, isto é, aqueles que sejam realizáveis após o exercício seguinte, não são suficientes para cobrir as obrigações de caráter permanente, como a dívida fundada, ou seja, aquelas exigíveis após o exercício seguinte e, portanto, demonstra que há um "déficit" na parte permanente do balanço patrimonial.

Observação: A importância desse quociente reside no fato de que seu resultado demonstrará, por meio da relação entre a soma dos bens, créditos e valores, exigíveis após o exercício seguinte, portanto, de longo prazo e a soma das obrigações exigíveis após o exercício seguinte, portanto, de longo prazo, o nível de endividamento de longo prazo, apresentado no balanço patrimonial.

Esse quociente demonstra a seguinte relação:

Ativo Permanente   =%
Passivo Permanente =%
Diferença   =%

Esse quociente demonstrará o resultado da relação entre o Ativo Permanente e o Passivo Permanente. O resultado esperado é que seja maior do que 1, ou, pelo menos 1.

Portanto, se o quociente for maior do que 1, expressará que o endividamento de longo prazo é inferior à soma dos bens, créditos e valores, que compõem os bens e direitos de longo prazo, o que é positivo. Porém, se for menor do que 1, identificará que o endividamento de longo prazo é superior à soma dos bens, créditos e valores, que compõem os bens e direitos de longo prazo, o que é negativo.

2.3.2 Apresentação de um caso com aplicação prática dos quocientes

1. O balanço patrimonial

BALANÇO PATRIMONIAL – ANEXO Nº 14

Encerrado em 31 de Dezembro de 20xx

ATIVO			PASSIVO		
ESPECIFICAÇÃO	Exercício Atual	Exercício Anterior	**ESPECIFICAÇÃO**	Exercício Atual	Exercício Anterior
ATIVO CIRCULANTE	17.200,00	–	PASSIVO CIRCULANTE	10.500,00	–
Caixa e Equivalente de caixa	10.000,00	–	Obrigações Trabalhistas, Previdenciárias e Assistenciais	2.000,00	–
Depósitos restituíveis e Valores Vinculados	500,00	–	Parcela a Curto Prazo de Empréstimos e Financiamentos	1.800,00	–
Almoxarifado	6.700,00	–	Fornecedores e Contas a Pagar a Curto Prazo	6.200,00	–
ATIVO NÃO CIRCULANTE	29.800,00	–	Demais Obrigações de C.Prazo	500,00	–
Ativo Realizável a Longo Prazo	3.000,00	–	PASSIVO NÃO CIRCULANTE	2.200,00	–
Imobilizado	26.800,00	–	Empréstimos a Longo Prazo	2.200,00	–
Bens Móveis	9.300,00	–	TOTAL DO PASSIVO	12.700,00	–
Bens Imóveis	18.000,00	–			
(–) Depreciação Acumulada	(500,00)	–	PATRIMÔNIO LÍQUIDO		
			Patrimônio Social/Capital Social		
			Resultados acumulados	34.300,00	–
TOTAL DO ATIVO	47.000,00	–	**TOTAL DO PASSIVO E PATRIMÔNIO LÍQUIDO**	47.000,00	–

ANEXO Nº 14 – BALANÇO PATRIMONIAL – SEGUNDO O ART. 105 DA LEI Nº 4.320/64

ATIVO FINANCEIRO	10.500,00	–	PASSIVO FINANCEIRO	9.500,00	
ATIVO PERMANENTE	36.500,00	–	PASSIVO PERMANENTE	4.000,00	
			SALDO PATRIMONIAL	33.500,00	

Observação: Neste ANEXO Nº 14 – BALANÇO PATRIMONIAL – SEGUNDO O ART. 105 DA LEI Nº 4.320/64, foram feitas algumas adaptações, como sejam:

ATIVO			PASSIVO	
ATIVO FINANCEIRO		**10.500,00**	PASSIVO FINANCEIRO	**9.500,00**
Caixa e Equivalente de Caixa		10.000,00	Obrigações Trabalhistas, Previdenciárias e	
Depósitos Restituíveis		500,00	Assistenciais	2.000,00
			Fornecedores e Contas a Pagar a Curto Prazo	6.200,00
ATIVO PERMANENTE			Restos a Pagar Não Processados Inscritos	800,00
Almoxarifado		**36.500,00**	Demais Obrigações de Curto Prazo	500,00
Ativo Realizável a Longo Prazo		6.700,00	PASSIVO PERMANENTE	**4.000,00**
Imobilizado		3.000,00	Parcela a Curto Prazo de Empréstimos e	
Bens Móveis	9.300,00	26.800,00	Financiamentos	1.800,00
Bens Imóveis	18.000,00		Empréstimos a Longo Prazo	**2.200,00**
(-) Depreciação Acumulada	(500,00)		TOTAL DO PASSIVO	13.500,00
TOTAL DO ATIVO		47.000,00		
			SALDO PATRIMONIAL	**33.500,00**
			SALDO PASSIVO E PATRIMÔNIO LÍQUIDO	47.000,00

QUADRO DEMONSTRATIVO DAS CONTAS DE COMPENSAÇÃO EM 31/12/20XX

ESPECIFICAÇÃO Saldo dos Atos Potenciais do Ativo	Exercício Atual	Exercício Anterior	ESPECIFICAÇÃO Saldo dos Atos Potenciais do Passivo	Exercício Atual	Exercício Anterior
Obrigações Contratuais	8.200,00	–	Obrigações Contratuais a Executar	8.200,00	–
Controle da Disponibilidade de Recursos	10.500,00		Execução da Disponibilidade de Recursos	1.000,00	–
			DDR Comprometida p/ Empenho	800,00	
			DDR Comprometida p/ Liquidação e Entradas Compensatórias	8.700,00	–
Controle da Inscrição de Créditos em Dívida Ativa	3.000,00	–	Créditos Inscritos em Dívida Ativa a Receber	3.000,00	–
Total	21.700,00	–	Total	21.700,00	–

2. Informações e esclarecimentos úteis

Aqui, também, no sentido de complementar o trabalho de análise e interpretação sobre o Balanço Patrimonial que está sendo objeto de estudo, vamos apresentar algumas informações que devem ser observadas como resultado da coleta de dados e que serão bastante úteis para o desenvolvimento da parte relativa à interpretação.

Verifica-se que no Passivo Circulante vamos encontrar o valor de 1.800 relativo à Parcela a Curto Prazo de Empréstimos e Financiamentos, proveniente da apropriação ocorrida no final do exercício, atendendo ao princípio de competência, pois corresponde a resgates da dívida fundada que deverão ser efetuados no decorrer do exercício seguinte ao da elaboração do Balanço Patrimonial.

Por outro lado, conforme foi alertado através da nota de rodapé, foi inscrita em restos a pagar não processados, no exercício, a importância de 800,00 que não consta do Passivo Circulante, pois, também aqui, ainda não foi aplicado o Princípio da Competência, em razão da não ocorrência da liquidação da despesa, mas, como se refere a despesa orçamentária do exercício, tão logo seja processada a liquidação, fatalmente, ela será incorporada no Passivo Circulante.

Também neste caso, não consta valores relativos ao exercício anterior.

3. Aplicação prática dos quocientes

13. QUOCIENTE DE LIQUIDEZ IMEDIATA[21]

$$\frac{\text{Disponibilidades}}{\text{Passivo Circulante}} \quad \frac{10.500}{10.500} = 1,0$$

Esse quociente demonstra a seguinte relação:

Disponibilidades	10.500	= 100,00%
Passivo Circulante	10.500	= 100,00%
Diferença	0,00	= 0,00%

Esse quociente demonstra que existe disponibilidade de 1, para cada 1 de compromisso a pagar de curto prazo. Isto quer exprimir que, para cada 1 de compromisso a pagar de curto prazo, existe 1 disponível em caixa e bancos. Essa situação pode ser considerada normal.

---

[21] Os quocientes 13 a 18 foram introduzidos na Parte V – Demonstrações Contábeis Aplicadas ao Setor Público, do Manual de Contabilidade Aplicada ao Setor Público.

14. QUOCIENTE DE LIQUIDEZ CORRENTE

$$\frac{\text{Ativo Circulante}}{\text{Passivo Circulante}} \quad \frac{17.200}{10.500} = 1,638$$

Esse quociente demonstra a seguinte relação:

Ativo Circulante	17.200	= 163,80%
Passivo Circulante	10.500	= 100,00%
Diferença	6.700	= 63,80%

Esse quociente demonstra a existência de 1,638 de recursos em caixa, bancos, almoxarifado, disponíveis ou realizáveis a curto prazo, para pagar as dívidas circulantes, como fornecedores, contas a pagar e empréstimos e financiamentos a pagar, ou seja, essas obrigações de curto prazo. Esse resultado mostra uma situação extremamente confortável, pois, dos recursos disponíveis ou realizáveis a curto prazo, existe 1,638 para cada 1,0 de dívidas de curto prazo a pagar. Portanto, a situação apresentada por esse quociente pode ser considerada ótima.

15. QUOCIENTE DE LIQUIDEZ GERAL

$$\frac{\text{Ativo (Circulante + Realizável a Longo Prazo)}}{\text{Passivo (Circulante + Não Circulante)}} \quad \frac{20.200}{12.700} = 1,59$$

Esse quociente demonstra a seguinte relação:

Ativo (Circulante + Realizável a Longo Prazo)	20.200	= 159,05%
Passivo (Circulante + Não Circulante)	12.700	= 100,00%
Diferença	7.500	= 59,05%

Esse quociente demonstra a existência de 1,59 de recursos disponíveis mais os valores e direitos realizáveis a curto e longo prazos, para o cumprimento dos compromissos a pagar de curto e longo prazos, ou seja, aqueles que deverão ser cumpridos até o final do exercício seguinte à data da elaboração do balanço patrimonial, mais aqueles que deverão ser cumpridos após o final daquele exercício. Esse resultado também mostra uma situação extremamente confortável, pois, dos recursos disponíveis ou realizáveis a curto prazo, existe 1,638 para cada 1,0 de dívidas de curto prazo ou longo prazo a pagar. Portanto, a situação apresentada por esse quociente pode ser considerada ótima.

16. QUOCIENTE DA COMPOSIÇÃO DO ENDIVIDAMENTO

$$\frac{\text{Passivo Circulante}}{\text{Passivo (Circulante + Não Circulante)}} \quad \frac{10.500}{12.700} = 0,826$$

Esse quociente demonstra a seguinte relação:

Passivo Circulante	10.500	= 82,67%
Passivo (Circulante + Não Circulante)	12.700	= 100,00%
Diferença	– 2.200	= 17,33%

Esse quociente demonstra que o volume da dívida de curto prazo representa 0,826, em relação ao total da dívida existente no exercício. Portanto, esse quociente demonstra que a maior parte do endividamento existente no exercício é de curto prazo, ou seja, 82,67% da dívida existente se refere à dívida flutuante, que deverá ser paga até o final do exercício seguinte. No caso, vamos apresentar um dado, apenas para complementação, que, para cumprir esse compromisso, existe disponibilidade financeira perfeitamente capaz de cumprir com os pagamentos devidos e, que, portanto, a situação, no caso, é boa.

17. QUOCIENTE DO RESULTADO PATRIMONIAL

$$\frac{\text{Ativo Total}}{\text{Passivo Total}} \quad \frac{47.000}{12.700} = 3,7$$

Observação: No Ativo Financeiro foram considerados os valores de caixa 10.000 e de Depósitos Restituíveis 500. No Passivo Financeiro foram considerados os valores das Obrigações Trabalhistas a pagar 2.000, Fornecedores e Contas a pagar a Curto Prazo 6.200 e Demais Obrigações de Curto Prazo 500.

Esse quociente demonstra a seguinte relação:

Ativo Total	47.000	= 370,00%
Passivo Total	12.700	= 100,00%
Diferença	34.300	= 270,00%

Esse quociente demonstra a existência de 3,70 do Ativo Total para cada 1,00 do Passivo Total, ou seja, a soma dos bens e direitos representa 3,70 em relação à soma das obrigações. Essa é a essência do conceito clássico de patrimônio "o conjunto de bens, direitos e obrigações" pertencente a uma pessoa física ou jurídica. E o patrimônio público, por analogia, compreende "o conjunto de bens, direitos e obrigações, avaliáveis em moeda corrente, das entidades que compõem a administração pública".

Nota-se que o quociente demonstra o resultado do balanço patrimonial, que no caso foi de 34.300. E esse resultado, proveniente do Ativo Total no valor de 47.000, em relação com o Passivo Total no valor de 12.700, demonstra que houve uma diferença de 34.300, que representa o "superávit" patrimonial apurado no exercício.

Portanto, pode-se concluir que o resultado apresentado no quociente representa uma situação muito boa, pois demonstra a existência de um superávit patrimonial de 34.300 = 270% superior ao valor das dívidas de curto e longo prazos, que pode ser considerada muito boa.

18. QUOCIENTE DA SITUAÇÃO FINANCEIRA

$$\frac{\text{Ativo Financeiro}}{\text{Passivo Financeiro}} \quad \frac{10.500}{9.500} = 1,105$$

Esse quociente demonstra a seguinte relação:

Ativo Financeiro	10.500	= 110,52%
Passivo Financeiro	9.500	= 100,00%
Diferença	1.000	= 20,69%

Observação: Nota-se que o quociente demonstra que, para cada 1,00 do Passivo Financeiro, existe de 1,105, do Ativo Financeiro.

Portanto, nota-se que existe 10.500 em disponibilidade no Ativo Financeiro e compromissos relativos a obrigações de curto prazo no valor de 9.500, ou seja, 1,105 de disponibilidade para cada 1,00 de obrigações de curto prazo.

O resultado desse quociente pode ser considerado normal e demonstra que existe uma diferença de 1.000, que corresponde ao "superávit" financeiro apurado no balanço patrimonial.

Este quociente, conforme já foi mencionado, é a forma de demonstração do "superávit" financeiro, apurado em balanço patrimonial, de que trata o § 2º, do art. 43, da Lei nº 4.320/64, que diz:

"§ 2º Entende-se por **superávit** financeiro a *diferença positiva entre o ativo financeiro e o passivo financeiro*, conjugando-se, ainda, os saldos dos créditos adicionais transferidos e as operações de crédito a eles vinculadas."

Sobre o assunto do "superávit" financeiro, apurado no balanço patrimonial, será apresentado, em seguida, um comentário, com a intenção de demonstrar, também, a metodologia que está sendo objeto no Manual de Contabilidade Aplicada ao Setor Público, na Parte V – Demonstrações Contábeis Aplicadas ao Setor Público, especificamente, no Quadro – Demonstrativo do Superávit/Déficit Financeiro Apurado no Balanço Patrimonial.

19. QUOCIENTE DA SITUAÇÃO PERMANENTE

$$\frac{\text{Ativo Permanente}}{\text{Passivo Permanente}} \quad \frac{36.500}{4.000} = 9,125$$

Esse quociente demonstra a seguinte relação:

Ativo Permanente	36.500	= 912,50%
Passivo Permanente	4.000	= 100,00%
Diferença	32.500	= 812,50%

Esse quociente demonstra que existe 9,125 de Ativo Permanente para cada 1.00 do Passivo Permanente.

Portanto, o quociente expressa que o endividamento de longo prazo é inferior à soma dos bens, créditos e valores de longo prazo.

Esse quociente demonstra uma situação excelente, pois para cada 1,00 de compromissos relativos ao endividamento de longo prazo, isto é, obrigações com a dívida fundada, existe 9,125 de bens e direitos de longo prazo.

2.3.3 O "superávit ou déficit" financeiro apurado em balanço patrimonial

O superávit financeiro apurado no balanço patrimonial é importante, pois, ele poderá ser um recurso hábil, para abertura de créditos adicionais. Existem duas formas de metodologia para a obtenção do superávit financeiro apurado no balanço patrimonial, ambas baseadas em disposições legais; uma relativa aos preceitos descritos na Lei nº 4.320/64; e outra referente às prescrições legais descritas na Lei Complementar nº 101/2000 (Lei de Responsabilidade Fiscal).

2.3.3.1 Apuração conforme as normas da Lei Complementar nº 101/2000 e do CFC

2.3.3.1.1 Considerações

Nesse sentido, o Manual de Contabilidade Aplicada ao Setor Público, na Parte V – Demonstrações Contábeis Aplicadas ao Setor Público, apresenta um Anexo ao Balanço Patrimonial, que é o Demonstrativo do Superávit/Déficit Financeiro apurado no Balanço Patrimonial, com base no parágrafo único do art. 8º e no art. 50, da Lei Complementar nº 101/2000 (Lei de Responsabilidade Fiscal).

Esses dispositivos mencionados dizem o seguinte:

"Art. 8º Parágrafo único. Os recursos legalmente vinculados à finalidade específica serão utilizados exclusivamente para atender ao objeto de sua vinculação, ainda que em exercício diverso daquele em que ocorre o ingresso."

"Art. 50 Além de obedecer às demais normas de contabilidade pública, a escrituração das contas públicas observará as seguintes:

I – a disponibilidade de caixa constará de registro próprio, de modo que os recursos vinculados a órgão, fundo ou despesa obrigatória fiquem identificados e escriturados de forma individualizada."

Pela simples leitura desses textos legais pode-se inferir que a disponibilidade de caixa constará de registro próprio, de modo que os recursos vinculados a órgão, fundo ou despesa obrigatória fiquem identificados e escriturados de forma individualizada, ou seja, há uma preocupação na preservação legal dos recursos financeiros vinculados à finalidade específica, que deverão ser utilizados exclusivamente para atender ao objeto de sua vinculação, ainda que em exercício diverso daquele em que ocorre o ingresso.

O Manual, acima mencionado, diz, ainda, que para atendimento desses mandamentos legais, existe o mecanismo denominado **Destinação de Recursos (DR) ou Fonte de Recursos (FR)**. Ela identifica se os recursos são vinculados ou não e, no caso de vinculados, indica a sua finalidade, o que poderá ser verificado no demonstrativo.

A seguir, apresentamos o modelo do demonstrativo:

DESTINAÇÃO DE RECURSOS	SUPERÁVIT/DÉFICIT FINANCEIRO

Ordinária
Vinculada
   Previdência Social
   Transferências obrigatórias de outro ente
   Convênios
   (outras que se enquadrarem nessa situação)	

TOTAL	

Conforme pode-se observar, nesse anexo, podem ser apresentadas algumas fontes com déficit e outras com superávit financeiro, de maneira que o total seja igual ao superávit financeiro apurado no balanço patrimonial do exercício.

Quer nos parecer que, algumas informações precisam ser apresentadas, para melhor entendimento do conteúdo desse quadro, até porque os valores relativos à destinação dos recursos são encontrados no balanço financeiro:

1) Ordinária – Se refere às arrecadações relativas à Receita Orçamentária, que em tese, a sua alocação é livre para atender quaisquer finalidades. Os dados relativos a esse grupo de recursos podem ser obtidos do balanço financeiro, pois nele são apresentados os valores dos ingressos e dos dispêndios realizados no exercício.

2) Vinculada – Também se refere às importâncias relativas à Receita Orçamentária, que possuem vinculação na alocação, pois devem ser aplicadas em atendimento das finalidades específicas estabelecidas. Os dados relativos a esse grupo de recursos podem ser encontrados no balanço financeiro, uma vez que, como já foi mencionado, nele são apresentados os valores dos ingressos e dos dispêndios realizados no exercício.

Nesta parte, conforme se verifica no modelo do Anexo nº 13 – Balanço Financeiro, existe o valor do grupo Vinculada (da receita e da despesa) e, em seguida, apresenta o detalhamento através das contas, da seguinte forma:

Vinculada
Previdência Social
Transferências obrigatórias de Outro Ente
Convênios
(outras que se enquadrarem nessa situação, além das mencionadas)

2.3.3.1.2 Aplicação prática da metodologia

Em seguida, vamos apresentar a aplicação prática do preenchimento do Anexo Demonstrativo do Superávit/Déficit Financeiro Apurado no Balanço Patrimonial, com base nos dados do Balanço Financeiro que está servindo de base para a análise e interpretação, através dos quocientes.

ANEXO

DEMONSTRATIVO DO SUPERÁVIT/DÉFICIT FINANCEIRO APURADO NO BALANÇO PATRIMONIAL

DESTINAÇÃO DE RECURSOS	SUPERÁVIT/DÉFICIT FINANCEIRO
Destinação Ordinária	(3.000)
Operações de Crédito	4.000
TOTAL	1.000

Para o preenchimento desse demonstrativo foram utilizados os seguintes dados, compilados do balanço financeiro, que foi já apresentado na parte 2.2.2 Apresentação de um caso, com aplicação prática:

a) Destinação ordinária

Total dos Ingressos no exercício	52.000
Total dos Dispêndios no exercício	55.000
Déficit	(3.000)

b) Operações de Crédito

Total dos Ingressos no exercício	4.000
Total dos Dispêndios no exercício	0
Superávit	4.000

c) Total

Déficit da Destinação Ordinária	(3.000)
Superávit de Operações de Crédito	4.000
Superávit Financeiro Apurado no Balanço Patrimonial	1.000

==================================

2.3.3.2 Apuração conforme as normas da Lei nº 4.320/64

2.3.3.2.1 Considerações

A questão relativa ao "superávit" financeiro apurado no balanço patrimonial teve início nos dispositivos da Lei nº 4.320/64, que a seguir serão expostos:

> "Art. 40. São créditos adicionais as *autorizações* de despesas não comutadas ou insuficientemente dotadas na Lei de Orçamento.
>
> Art. 42. Os créditos suplementares e especiais serão *autorizados* por lei e abertos por decreto executivo.
>
> Art. 43. A abertura de créditos suplementares e especiais depende da *existência de recursos disponíveis* para ocorrer à despesa e será precedida de exposição justificativa.
>
> § 1º Consideram-se recursos, para o fim deste artigo, desde que não comprometidos:
>
> I – *o superávit financeiro apurado em balanço patrimonial*.
>
> § 2º Entende-se por *superávit financeiro* a diferença positiva entre o ativo financeiro e o passivo financeiro, conjugando-se, ainda, os saldos dos créditos adicionais transferidos e as operações de crédito a eles vinculadas."

Por outro lado, a composição do balanço patrimonial, nos termos da Lei nº 4.320/64, apresenta a seguinte demonstração:

"Art. 105. O Balanço Patrimonial demonstrará:

I – o **Ativo Financeiro**;
II – o Ativo Permanente;
III – o **Passivo Financeiro**;
IV – o Passivo Permanente;
V – o Saldo Patrimonial
VI – as Contas de Compensação.

§ 1º O *Ativo Financeiro* compreenderá os créditos e valores realizáveis independentemente da autorização orçamentária e dos valores numerários.

§ 2º O *Ativo Permanente* compreenderá os bens, créditos e valores cuja mobilização ou alienação dependa de autorização legislativa.

§ 3º O *Passivo Financeiro* compreenderá os compromissos exigíveis cujo pagamento independa de autorização orçamentária.

§ 4º O *Passivo Permanente* compreenderá as dívidas fundadas e outras que dependam de autorização legislativa para amortização ou resgate.

§ 5º Nas Contas de Compensação serão registrados os bens, valores, obrigações e situações não compreendidas nos parágrafos anteriores e que, mediata ou indiretamente, possam vir a afetar o patrimônio."

Consoante o disposto nos preceitos legais acima, consideram-se recursos haveis, para a abertura de créditos adicionais, o "superávit" financeiro apurado em balanço patrimonial do exercício anterior. Essa é motivação legal que serve de incentivo para que se apresente esses comentários, pois o "superávit" financeiro apurado em balanço patrimonial poderá servir de cobertura para viabilizar a abertura de créditos adicionais.

E, descreve também, o entendimento que se deve considerar, dizendo que *entende-se por superávit financeiro a diferença positiva* entre o ativo financeiro e o passivo financeiro, conjugando-se, ainda, os saldos dos créditos adicionais transferidos e as operações de crédito a eles vinculadas, ou seja, no caso dos créditos especiais e extraordinários, a que se conjugar os saldos transferidos, que serão incorporados ao orçamento do exercício financeiro subsequente, portanto, terão vigência até o final do exercício seguinte e também as operações de crédito a eles vinculadas.

O Manual de Contabilidade Aplicada ao Setor Público, na Parte V – Demonstrações Contábeis Aplicadas ao Setor Público, apresenta um quadro que deve ser anexado ao balanço patrimonial, que será a seguir exposto:

ANEXO Nº 14 – BALANÇO PATRIMONIAL – SEGUNDO O ART. 105 DA LEI Nº 4.320/64

ATIVO FINANCEIRO		–	PASSIVO FINANCEIRO		
ATIVO PERMANENTE		–	PASSIVO PERMANENTE		
			SALDO PATRIMONIAL		

Conforme se observa, esse quadro tem a finalidade de demonstrar os mesmos dados constantes do balanço patrimonial que está sendo utilizado em atendimento das Normas Técnicas de Contabilidade Aplicadas ao Setor Público, transportados para esse modelo para demonstrar nos termos da Lei nº 4.320/64, a sua composição. É óbvio que os somatórios totais do Ativo e do Passivo serão idênticos aos apresentados naquele modelo, e nem poderia ser diferente, pois trata-se dos mesmos atos e fatos, registrados em contas com nomenclaturas diferentes, porém, que demonstram os mesmos efeitos.

2.3.3.2.2 Aplicação prática da metodologia

A seguir, vamos demonstrar os dados, que já foram objeto de estudo, através do modelo **ANEXO Nº 14 – BALANÇO PATRIMONIAL – SEGUNDO AS NORMAS DO MANUAL DE CONTABILIDADE APLICADA AO SETOR PÚBLICO, PARTE V – DEMONSTRAÇÕES CONTÁBEIS APLICADAS AO SETOR PÚBLICO** e que agora serão adaptados no modelo **ANEXO Nº 14 – BALANÇO PATRIMONIAL – SEGUNDO O ART. 105 DA LEI Nº 4.320/64:**

ANEXO Nº 14 –BALANÇO PATRIMONIAL – SEGUNDO O ART. 105 DA LEI Nº 4.320/64

ATIVO FINANCEIRO	10.500,00	–	PASSIVO FINANCEIRO	9.500,00	
ATIVO PERMANENTE	36.500,00	–	PASSIVO PERMANENTE	4.000,00	
			SALDO PATRIMONIAL	33.500,00	

Este modelo **ANEXO Nº 14 – BALANÇO PATRIMONIAL – SEGUNDO O ART. 105 DA LEI Nº 4.320/64**, contém os mesmos valores do balanço patrimonial que já foi objeto de estudo, porém, aqui estão demonstrados pelos valores globais.

Apenas para melhor entendimento, a seguir vamos apresentá-los, com os detalhes relativos às contas que estão inseridas nos grupos: Ativo Financeiro, Ativo Permanente, Passivo Financeiro e Passivo Permanente.

Observação: Neste **ANEXO Nº 14 – BALANÇO PATRIMONIAL – SEGUNDO O ART. 105 DA LEI Nº 4.320/64**, foram feitas algumas adaptações, como sejam:

ATIVO		PASSIVO	
ATIVO FINANCEIRO	10.500,00	PASSIVO FINANCEIRO	9.500,00
Caixa e Equivalente de Caixa	10.000,00	Obrigações Trabalhistas, Previdenciárias e Assistenciais	2.000,00
Depósitos Restituíveis	500,00	Fornecedores e Contas a Pagar a Curto Prazo	6.200,00
		Restos a Pagar Não Processados Inscritos	800,00
ATIVO PERMANENTE	36.500,00	Demais Obrigações de Curto Prazo	500,00
Almoxarifado	6.700,00		
Ativo Realizável a Longo Prazo	3.000,00	PASSIVO PERMANENTE	4.000,00
Imobilizado	26.800,00	Parcela a Curto Prazo de Empréstimos e Financiamentos	1.800,00
Bens Móveis 9.300,00		Empréstimos a Longo Prazo	2.200,00
Bens Imóveis 18.000,00			
(–) Depreciação Acumulada (500,00)		TOTAL DO PASSIVO	13.500,00
TOTAL DO ATIVO	47.000,00		
		SALDO PATRIMONIAL	33.500,00
		SALDO PASSIVO E PATRIMÔNIO LÍQUIDO	47.000,00

Nesta altura, podemos aplicar o conceito teórico legal, apresentado através do § 2º do art. 43 da Lei nº 4.320/64, que já foi descrito acima, mas que será reapresentado, apenas para melhor compreensão: "Entende-se por superávit financeiro a diferença positiva apurada entre o ativo financeiro e o passivo financeiro".

Então, vamos à demonstração do superávit financeiro:

a) Ativo Financeiro   10.500
b) Passivo Financeiro   9.500
Diferença   1.000
===================

O resultado dessa relação entre o Ativo Financeiro e o Passivo Financeiro aponta uma diferença positiva, de 1.000, que pode ser chamada de "superávit" financeiro apurado em balanço patrimonial.

Por último, tanto por essa metodologia, como pela metodologia aplicada no caso do **ANEXO – DEMONSTRATIVO DO SUPERÁVIT/DÉFICIT FINANCEIRO APURADO NO BALANÇO PATRIMONIAL**, foi constatada a mesma diferença positiva de 1.000, ou seja, o "superávit" financeiro apurado no balanço patrimonial apresentou o resultado idêntico de 1.000.

Pode-se observar que a Soma do Ativo Real 32 representa 86,50% da soma do Passivo Real 37 = 100, existindo uma diferença de 5, que equivale a 13,50%.

Deve-se considerar também que a soma do Ativo Real 32, em confronto com a soma do Passivo Real 37, demonstra que no exercício houve um "déficit" patrimonial 5, ou seja, a soma dos bens e direitos é inferior à soma das obrigações.

Como se pode deduzir, por meio desse quociente verifica-se o resultado patrimonial do exercício, que no exemplo foi um "déficit" patrimonial de 5, que deve ser considerado negativo. Entretanto, há que se procurar outras informações para se verificar se existe alguma justificativa para a apresentação desse resultado, o que deve ser feito por meio da Demonstração das Variações Patrimoniais, conforme já foi observado na parte teórica do quociente 18.

2.4 Das variações patrimoniais

Iniciando a abordagem sobre as Variações Patrimoniais, vamos apresentar alguns aspectos importantes, com o objetivo de instruir e orientar o trabalho de análise e interpretação dos resultados apresentados.

Nesse sentido,

> "a Demonstração das Variações Patrimoniais evidenciará as alterações verificadas no patrimônio, resultantes ou independentes da execução orçamentária, e indicará o resultado patrimonial do exercício".[22]

De outro modo,

> "as alterações da situação líquida patrimonial, que abrangem os resultados da execução orçamentária, bem como as variações independentes dessa execução e as superveniências e insubsistências ativas e passivas, constituirão elementos da conta patrimonial".[23]

Por meio da leitura desses textos legais, observa-se que a Demonstração das Variações Patrimoniais, que registrará as alterações verificadas no patrimônio, resultantes ou independentes da execução orçamentária, é que indicará o resultado patrimonial do exercício.

Observe-se que variação patrimonial é a alteração de valor de qualquer elemento do patrimônio público, por alienação, aquisição, dívida contraída, dívida resgatada, depreciação ou valorização, amortização, superveniência, insubsistência, efeitos da execução orçamentária, mesmo em caráter compensatório, podendo, ou não, afetar o resultado do exercício.

Nesse sentido, as variações patrimoniais classificam-se em:

a) Quantitativas; e

b) Qualitativas.

a) <u>Variações Patrimoniais Quantitativas</u> são as que compreendem alterações, que provocam modificações nos elementos patrimoniais, advindas de atos e fatos que produzem aumento ou diminuição do patrimônio líquido.

---

[22] Art. 104 da Lei nº 4.320/64.
[23] Art. 100, idem.

As Variações Patrimoniais Quantitativas, em razão das suas características, conforme se observa, subdividem-se em:

– <u>Variações Patrimoniais Aumentativas</u> – são as que refletem de forma ativa as alterações dos elementos do patrimônio público, de vez que aumentam o patrimônio líquido, quer pela incorporação e agregação, advinda de receitas orçamentárias, aquisições, valorização de bens e superveniências ativas, quer por desincorporação ou baixa, motivadas por insubsistências passivas.

– <u>Variações Patrimoniais Diminutivas</u> – são as que refletem de forma passiva as alterações dos elementos do patrimônio público, pois diminuem o patrimônio líquido, quer pela desagregação ou baixa, consequente da alienação, depreciação, desvalorização de bens ou insubsistências ativas, quer por incorporação ou agregação, advinda de despesas orçamentárias ou de superveniências passivas.

b) <u>Variações Patrimoniais Qualitativas</u> são as que compreendem as alterações, que provocam modificações apenas na composição específica dos elementos patrimoniais, sem afetar o patrimônio líquido, pois correspondem à materialização dos fenômenos permutativos patrimoniais.

Explicando um pouco mais o assunto, quando se adquire um automóvel, por exemplo, há a incorporação do bem automóvel e, em contrapartida, a diminuição do bem dinheiro, o que demonstra ter acontecido o fato permutativo, pois foi aumentada a conta de bens móveis e, ao mesmo tempo, foi diminuída a conta do disponível (Caixa ou Equivalente de Caixa), portanto, não afetando o patrimônio líquido.

Nas instituições públicas, diversamente do que ocorre nas empresas privadas onde a importância é concentrada na conta de lucros e perdas, a preocupação converge para as contas patrimoniais, dando mostras claras de que a importância recai nas alterações do patrimônio, que deverão ser apresentadas pela Demonstração das Variações Patrimoniais.

2.4.1 Dos quocientes da demonstração das variações patrimoniais

20. QUOCIENTE DOS GANHOS E PERDAS DE ATIVOS

$$\frac{\text{Valorização e Ganhos com Ativos}}{\text{Desvalorização e Perdas de Ativos}} =$$

Significado desse quociente:

1 =	A somatória das Variações Patrimoniais Aumentativas com a Valorização e Ganhos com Ativos é igual à somatória das Variações Patrimoniais Diminutivas com a Desvalorização e Perdas de Ativos.
maior que 1 =	A somatória das Variações Patrimoniais Aumentativas com a Valorização e Ganhos com Ativos é maior do que a somatória das Variações Patrimoniais Diminutivas com a Desvalorização e Perdas de Ativos.
menor que 1 =	A somatória das Variações Patrimoniais Aumentativas com a Valorização e Ganhos com Ativos é menor do que a somatória das Variações Patrimoniais Diminutivas com a Desvalorização e Perdas de Ativos.

Esse quociente exprime a seguinte relação:

Valorização e Ganhos com Ativos = %
Desvalorização e Perdas com Ativos = %
Diferença = %

Esse quociente deve demonstrar quanto as Variações Patrimoniais Aumentativas obtidas com a Valorização e Ganhos com Ativos representam em relação às Variações Patrimoniais Diminutivas oriundas da Desvalorização e Perdas de Ativo. Pelo resultado desse quociente ficará demonstrado se houve aumento ou diminuição do patrimônio líquido.

Considera-se resultado positivo, o que for maior do que 1, pois demonstrará que a somatória das variações patrimoniais aumentativas obtida com a Valorização e Ganhos com Ativos é maior do que a somatória das variações patrimoniais diminutivas, proveniente da Desvalorização e Perdas de Ativo e, com isso, haverá aumento do patrimônio líquido.

Caso o resultado seja 1, demonstrará que houve um equilíbrio entre a somatória das variações patrimoniais aumentativas obtidas com a Valorização e Ganhos com Ativos e a somatória das variações patrimoniais diminutivas, oriunda da Desvalorização e Perdas de Ativo, o que tenderá a ser considerado normal.

Porém, se o resultado for menor do que 1, demonstrará que somatória das variações patrimoniais aumentativas obtidas com a Valorização e Ganhos com Ativos é menor do que a somatória das variações patrimoniais diminutivas, oriunda da Desvalorização e Perdas de Ativo, o que tenderá a ser considerado negativo, porquanto, esse resultado evidenciará que houve diminuição do patrimônio líquido.

21. QUOCIENTE DO RESULTADO DAS VARIAÇÕES PATRIMONIAIS

$$\frac{\text{Variações Patrimoniais Aumentativas}}{\text{Variações Patrimoniais Diminutivas}} =$$

Significado desse quociente:

1 =	O total das Variações Patrimoniais Aumentativas é igual ao total das Variações Patrimoniais Diminutivas.
maior que 1 =	O total das Variações Patrimoniais Aumentativas é maior do que o total das Variações Patrimoniais Diminutivas. Essa hipótese reflete que o total das Variações Patrimoniais Aumentativas é superior ao total das Variações Patrimoniais Diminutivas, ou seja, que o resultado representa um "superávit" na relação entre as variações patrimoniais onde as aumentativas são superiores às diminutivas.
menor que 1 =	O total das Variações Patrimoniais Aumentativas é menor do que o total das Variações Patrimoniais Diminutivas. Essa hipótese reflete que o total das Variações Patrimoniais Aumentativas é inferior ao total das Variações Patrimoniais Diminutivas, ou seja, que o resultado representa um "déficit" na relação entre as variações patrimoniais onde as aumentativas são menores do que as diminutivas.

Esse quociente exprime a seguinte relação:

Variações Patrimoniais Aumentativas = %
Variações Patrimoniais Diminutivas = %
Diferença = %

Observação: Em razão do quociente demonstrar o resultado patrimonial do exercício, considera-se positivo quando for maior do que 1, pois demonstrará que houve um "superávit" patrimonial no exercício.

Caso o resultado seja 1, deve-se considerá-lo normal, de vez que traduzirá que a situação patrimonial se manteve estável, não tendo aumentado nem diminuído, simplesmente permaneceu inalterado em termos de resultado.

Porém, se o resultado for menor do que 1, será considerado negativo, uma vez que refletirá que a situação apresentou um "déficit" patrimonial no exercício, onde as Variações Patrimoniais Aumentativas foram menores do que as Variações Patrimoniais Diminutivas.

2.4.2 Apresentação de um caso com aplicação prática dos quocientes

1. Da demonstração das variações patrimoniais

ANEXO Nº 15 – DEMONSTRAÇÃO DAS VARIAÇÕES PATRIMONIAIS

Em 31 de Dezembro de 20xx

VARIAÇÕES PATRIMONIAIS QUANTITATIVAS	Exercício Atual	Exercício Anterior
VARIAÇÕES PATRIMONIAIS AUMENTATIVAS	66.300,00	-
Impostos, Taxas e Contribuições de Melhoria	45.000,00	-
Impostos	41.000,00	-
Taxas	4.000,00	-
Contribuições	0,00	-
Exploração e Venda de Bens, Serviços e Direitos	6.000,00	-
Exploração de Bens e Direitos e Prestação de Serviços	6.000,00	-
Variações Patrimoniais Aumentativas Financeiras	4.000,00	-
Juros e Encargos de Mora	4.000,00	-
Transferências Recebidas	8.300,00	-
Transferências de Pessoas Físicas	8.300,00	-
Valorização e Ganhos com Ativos	3.000,00	-
Ganhos com Incorporação de Ativos por Descoberta e Nascimento	3.000,00	-
Outras Variações Patrimoniais Aumentativas	0,00	-
VARIAÇÕES PATRIMONIAIS DIMINUTIVAS	32.000,00	-
Pessoal e Encargos	20.000,00	-
Remuneração a Pessoal	20.000,00	-
Benefícios Previdenciários	0,00	-
Benefícios Assistenciais	0,00	-
Uso de Bens, Serviços e Consumo de Capital Fixo	11.500,00	-
Uso de Material de Consumo	4.000,00	-
Serviços	7.500,00	-
Variações Patrimoniais Diminutivas Financeiras	0,00	-
Transferências Concedidas	0,00	-
Desvalorização e Perda de Ativos	500,00	-
Redução a Valor Recuperável e Provisão Para Perdas	500,00	-
Tributárias	0,00	-
Outras Variações Patrimoniais Diminutivas	0,00	-
Resultado Patrimonial do Exercício	34.300,00	-

2. Informações e esclarecimentos úteis

No sentido de complementar o trabalho de análise e interpretação sobre a Demonstração das Variações Patrimoniais, que será objeto de estudo, apresenta-se, a seguir, algumas informações que devem ser observadas como resultado de coleta de dados e que serão úteis para o desenvolvimento da parte relativa à interpretação.

– Em razão da utilização do **enfoque patrimonial** adotado, os registros contábeis das receitas e despesas orçamentárias atendem ao "princípio da competência que determina que os efeitos das transações e outros eventos sejam reconhecidos nos períodos a que se referem, independentemente do recebimento ou pagamento. O princípio da competência pressupõe a simultaneidade da confrontação de receitas e despesas correlatas" (Resolução CFC nº 1.282/2010).

– Isto quer dizer que o reconhecimento da receita orçamentária sob o enfoque patrimonial obedece aos princípios fundamentais da contabilidade e deve ser efetuado **no momento da ocorrência do fato gerador,** antes da efetivação do correspondente recebimento. Portanto, os valores da receita orçamentária, que constam na demonstração das variações patrimoniais aumentativas, geralmente, são os que correspondem à aplicação da ocorrência do fato gerador e podem não terem sido arrecadados efetivamente, o que nos levaria a verificar se existem registros de créditos a receber compatíveis.

– Por outro lado, o reconhecimento da despesa orçamentária sob o enfoque patrimonial, além dos aspectos legais, também obedece aos princípios fundamentais da contabilidade, e deve ser efetuado, no caso, pela ocorrência da liquidação da despesa, ou seja, antes do correspondente pagamento. Neste caso, os valores que constam da demonstração das variações patrimoniais diminutivas, geralmente, serão os correspondentes à liquidação da despesa e podem não ter sido pagos, o que nos levaria a verificar se existem registros relativos a restos a pagar processados.

– Por último, ainda no caso do reconhecimento da despesa orçamentária sob o enfoque patrimonial, os valores das despesas empenhadas não estarão contidas na demonstração das variações patrimoniais diminutivas, por não terem sido liquidadas. Aqui, também, recomenda-se a necessidade de se proceder a uma verificação, se existem registros de restos a pagar não processados, lembrando que esses são escriturados no Subsistema de Informações Orçamentárias.

3. Aplicação prática dos quocientes

20. QUOCIENTE DOS GANHOS E PERDAS DE ATIVOS

$$\frac{\text{Valorização e Ganhos com Ativos}}{\text{Desvalorização e Perdas de Ativos}} \quad \frac{3.000}{500} = 6,0$$

Esse quociente exprime a seguinte relação:

Valorização e Ganhos com Ativos	3.000	= 600,00%
Desvalorização e Perdas de Ativos	500	= 100,00%
Diferença	2.500	= 500,00%

Pelos dados, verifica-se ter havido Valorização e Ganhos com Ativos de 3.000 = 600,00% e Desvalorização e Perdas de Ativos de 500 = 100,00%, que propiciou um aumento da situação patrimonial de 2.500 = 500,00%.

A interpretação desse quociente demonstra que foram realizados 6 de Variação Patrimonial Aumentativa com a Valorização e Ganhos com Ativos, para cada 1 de Variação Patrimonial Diminutiva com a Desvalorização e Perdas de Ativos, sendo considerado um resultado positivo, pois contribuiu para aumentar o patrimônio líquido.

21. QUOCIENTE DO RESULTADO DAS VARIAÇÕES PATRIMONIAIS

$$\frac{\text{Variações Patrimoniais Aumentativas}}{\text{Variações Patrimoniais Diminutivas}} \quad \frac{66.300}{32.000} = 2,07$$

Esse quociente exprime a seguinte relação:

Variações Patrimoniais Aumentativas	66.300	= 207,18%
Variações Patrimoniais Diminutivas	32.000	= 100,00%
Diferença	34.300	= 107,18%

Pelos dados, verifica-se ter havido a soma das Variações Patrimoniais Aumentativas no valor de 66.300 = 207,18% e a soma de Variações Patrimoniais Diminutivas no valor de 32.000 = 100,00%, cujo resultado apresentou uma diferença no valor de 34.300%, que representa o aumento da situação patrimonial no exercício.

A interpretação desse quociente demonstra que foram registrados 2,07 de Variações Patrimoniais Aumentativas, para cada 1,00 de Variação Patrimonial Diminutiva, sendo um resultado positivo, pois contribuiu com a diferença de 34.300 para aumentar o patrimônio líquido.

Isto quer, em outras palavras, dizer que houve um resultado patrimonial positivo no exercício, ou seja, um **"superávit" patrimonial**, que produziu um aumento do patrimônio líquido no valor de 34.300.

2.4.3 As Variações Patrimoniais Qualitativas

O Manual de Contabilidade Aplicada ao Setor Público, na Parte V – Demonstrações Contábeis Aplicadas ao Setor Público, menciona que, para cumprir o objetivo de padronização dos procedimentos contábeis, observa os dispositivos legais que regulam o assunto, como a Lei nº 4.320/64, a Lei Complementar nº 101/2000 e também as disposições do CFC relativas aos Princípios de Contabilidade, bem como as Normas Brasileiras de Contabilidade Aplicadas ao Setor Público (NTBC 16).

Nesse sentido, cita o seguinte:

> "Os resultados gerais do exercício serão demonstrados no Balanço Orçamentário, no Balanço Financeiro, no Balanço Patrimonial, na *Demonstração das Variações Patrimoniais, além de outros quadros demonstrativos.*"[24]

Como já foi visto, quando das considerações e observações anteriormente apresentadas, tivemos a oportunidade de comentar a existência de quadros demonstrativos que deveriam ser consultados, no sentido de se obter maiores detalhes que poderiam ajudar no trabalho de análise e interpretação dos resultados.

Agora, no caso das variações patrimoniais qualitativas, é apresentado o quadro VARIAÇÕES PATRIMONIAIS QUALITATIVAS (decorrentes da execução orçamentária) que deve ser incluído logo a seguir do Quadro nº 15 – DEMONSTRAÇÃO DAS VARIAÇÕES PATRIMONIAIS.

Esta é uma providência que se origina da adoção do *enfoque patrimonial,* e instituiu as chamadas variações patrimoniais qualitativas.

Variações Patrimoniais Qualitativas são as que compreendem as alterações, que provocam modificações apenas na composição específica dos elementos patrimoniais, que decorrem da execução orçamentária, sem afetar o patrimônio líquido, pois correspondem à materialização dos fenômenos permutativos patrimoniais. Deve-se atentar para o fato de que, no caso, as alterações que provocam modificações apenas na composição específica dos elementos patrimoniais decorrem, especificamente, das receitas e despesas orçamentárias da categoria econômica de capital.

A coleta dos dados para o preenchimento deste quadro, Variações Patrimoniais Qualitativas, deve ser feita na execução orçamentária, como já foi dito acima, e, especificamente nas receitas e despesas de capital, identificando as que representam incorporação ou desincorporação de ativos e passivos, obviamente, decorrentes da execução orçamentária.

Explicando um pouco mais o assunto, quando se adquire um automóvel, por exemplo, há a incorporação do bem automóvel e, em contrapartida, a diminuição do bem dinheiro, o que demonstra ter acontecido o fato permutativo, pois foi aumentada a conta de bens móveis e, ao mesmo tempo, foi diminuída a conta do disponível (Caixa ou Equivalente de Caixa), portanto, não afetando o patrimônio líquido.

---

[24] Art. 101 da Lei nº 4.320/64.

VARIAÇÕES PATRIMONIAIS QUALITATIVAS (decorrentes da execução orçamentária)	Exercício Atual	Exercício Anterior
Incorporação de Ativos Não Circulantes	16.000,00	–
Desincorporação de Passivos Não Circulantes	–	–
Incorporação de Passivos Não Circulantes	4.000,00	–
Desincorporação de Ativos Não Circulantes	–	–

No exemplo acima, os dados coletados correspondem a:

I – Na despesa orçamentária de capital nota-se que houve empenho e liquidação no valor de 16.000, como Investimento, que foi incorporado do ativo não circulante. Desse valor 12.000 foram pagos, restando 4.000, que foi inscrito em Restos a Pagar Processados, que encontra-se registrado na conta Fornecedores e Contas a Pagar a Curto Prazo, no passivo circulante do Balanço Patrimonial. Essa conta apresenta o saldo de 6.200, demonstrando haver outros compromissos inscritos em restos a pagar, além deste relativo ao investimento.

II – Por outro lado, observa-se na receita orçamentária de capital, que foram registrados 4.000, relativo a Operações de Crédito que, fatalmente, foi escriturado na conta de Caixa e Equivalente de Caixa, no Ativo Circulante e, em contrapartida, por se referir à dívida fundada, o valor foi inscrito nas contas do passivo. Ao se observar o Balanço Patrimonial encontramos na conta Empréstimo a Longo Prazo do Passivo não Circulante, o valor de 2.200 e na conta Parcela a Curto Prazo de Empréstimos e Financiamentos do Passivo Circulante, o valor de 1.800. Atente-se para o fato de que esses 1.800 referem-se à dívida fundada referida, porém, em razão da aplicação do Princípio de Competência, na elaboração do balanço, foi feita a apropriação do valor que deverá ser resgatado no exercício, por isso, foi transferido esse valor do passivo não circulante, para o passivo circulante, que é por onde deverá ser registrado o devido pagamento.

Por último, esse quadro deve ser apresentado juntamente com o Anexo nº 15 – Demonstrativo das Variações Patrimoniais.

3 Análise e Interpretação Consolidada

Conforme já foi alertado anteriormente, os balanços públicos, inclusive a demonstração das variações patrimoniais, podem ser analisados e interpretados individualmente, porém o trabalho de análise e interpretação dessas 4 (quatro) peças deve ser apresentado de forma consolidada em seu conjunto, pois somente nessa abrangência é que se terá melhores condições de análise e interpretação dos resultados apresentados, tanto pelos balanços orçamentário, financeiro e patrimonial, quanto na demonstração das variações patrimoniais.

Quando do trabalho de análises e interpretações individuais de cada peça, separadamente, forçosamente, as situações deverão ser claras e objetivas sobre cada resultado, assim como na análise e interpretação consolidada também deverá ser clara e objetiva, porém, nessa perspectiva abrangente, que será muito mais consistente, pois, apoiando-se nas análises e interpretações individuais, principalmente, nas informações e no detalhamento utilizados.

Portanto, todas as informações e esclarecimentos utilizados nas análises e interpretações individuais deverão ser levados em consideração nesta análise e interpretação consolidada; aliás, são dados de suma importância.

Nessa parte, procuraremos, objetivamente, abordar na análise e interpretação, como forma metodológica, os resultados apresentados por cada uma das peças, ou seja, os resultados do Balanço Orçamentário, do Balanço Financeiro, do Balanço Patrimonial e da Demonstração das Variações Patrimoniais, tecendo os comentários e considerações explicativos necessários ao apoio das interpretações.

3.1 Apresentação do caso prático

A seguir vamos continuar demonstrando o caso prático, que já foi tratado na parte 2 Da Análise e Interpretação Restrita, especificamente, na parte 2.3.2 Apresentação de um caso prático com aplicação prática dos quocientes.

Essa demonstração será feita tratando cada uma das demonstrações contábeis, que já foram objeto de análise e interpretação restrita, iniciando pela apresentação dos resultados concludentes expressados através dos quocientes, das seguintes peças contábeis:

1. Balanço Orçamentário;
2. Balanço Financeiro;
3. Balanço Patrimonial; e
4. Demonstração das Variações Patrimoniais.

Em seguida, serão realizadas análise e interpretação dos quocientes de cada uma dessas peças contábeis, agora, através de uma abordagem mais abrangente, objetivando a apresentação de uma análise e interpretação consolidada, dos resultados de cada uma das demonstrações contábeis em suas especificidades.

3.1.1 Do balanço orçamentário

3.1.1.1 Dos resultados apurados nos quocientes

Os resultados que serão aqui expostos foram demonstrados na parte da Análise e Interpretação Restrita, que correspondem aos quocientes, através dos quais foram feitas as análises e interpretações detalhadas da composição dos grupos de contas constantes no balanço orçamentário, que estão consubstanciadas nas seguintes:

1. QUOCIENTE DE EXECUÇÃO DA RECEITA

$$\frac{\text{Receita Realizada}}{\text{Previsão Inicial}} \quad \frac{56.000}{60.000} = 0,93$$

2. QUOCIENTE DO EQUILÍBRIO ORÇAMENTÁRIO

$$\frac{\text{Dotação Atualizada}}{\text{Previsão Inicial}} \quad \frac{60.000}{60.000} = 1,0$$

3. QUOCIENTE DE COBERTURA DOS CRÉDITOS ADICIONAIS

$$\frac{\text{Excesso de Arrecadação}}{\text{Créditos Adicionais Abertos}} \quad \frac{0,0}{0,0} = 0,0$$

4. QUOCIENTE DA EXECUÇÃO DA DESPESA

$$\frac{\text{Despesa Empenhada}}{\text{Despesa Atualizada}} \quad \frac{55.000}{60.000} = 0,916$$

5. QUOCIENTE DA EXECUÇÃO ORÇAMENTÁRIA CORRENTE

$$\frac{\text{Receita Corrente}}{\text{Despesa Corrente}} \quad \frac{52.000}{39.000} = 1,33$$

6. QUOCIENTE DA EXECUÇÃO ORÇAMENTÁRIA DE CAPITAL

$$\frac{\text{Receita de Capital}}{\text{Despesa de Capital}} \quad \frac{4.000}{16.000} = 0,25$$

7. QUOCIENTE DO RESULTADO ORÇAMENTÁRIO

$$\frac{\text{Receita Realizada}}{\text{Despesas Empenhada}} \quad \frac{56.000}{55.000} = 1,018$$

3.1.1.2 Análise e interpretação consolidada

O resultado do balanço orçamentário é registrado por meio da aplicação do quociente 7, que foi de 1,018.

Seguindo as recomendações de cautela, no sentido de se averiguar as possíveis causas que contribuíram para que esse resultado positivo acontecesse, vamos encontrar na Parte 2 – Informações e esclarecimentos úteis, que foram colocadas quando da apresentação do caso com a aplicação prática dos quocientes, relativos ao balanço orçamentário, que devem ser levadas em consideração, pois elas se configuram como elementos de apoio didático.

Vamos, a seguir, apresentar os resultados demonstrados nos quocientes do balanço orçamentário, com as respectivas análises e interpretações restritas:

Resultado do quociente 1 = 0,93, relativo à execução da receita, que colocou em confronto a Receita Realizada com a Previsão Inicial da Receita, **demonstra que foi realizada somente 93% da receita inicial prevista.**

Observa-se, no balanço orçamentário, que a receita orçamentária, embora aprovada na Lei Orçamentária com a previsão inicial e, que continuou a prevalecer na previsão atualizada de 60.000, porém, foi realizada no exercício, somente a importância de 56.000, que equivale a 0,93, ou seja, a receita realizada no exercício representa 93,33% da receita prevista inicialmente para o exercício. Aparentemente, isso poderia ser interpretado como negativo ou alarmante, podendo-se, inclusive, pensar na hipótese de falha na metodologia de estimativa das receitas. Esse resultado é positivo.

O resultado do quociente 2 = 1,0, confronto entre a dotação atualizada e a previsão inicial da receita, **aponta que o equilíbrio orçamentário foi mantido durante o exercício.**

Consoante se vê na letra "d" das informações e esclarecimentos úteis foi a relativa aos valores constantes da lei orçamentária do exercício, que aprovou a Previsão Inicial da Receita Orçamentária e fixou a Dotação Atualizada da Despesa Orçamentária, no valor de 60.000, portanto, demonstra que foi mantido o valor da Dotação Inicial da Despesa orçamentária e conservou o equilíbrio orçamentário.

O resultado do quociente 3 = 0,0, que se refere ao confronto entre o excesso de arrecadação e os créditos adicionais abertos, **aponta para a inexistência de excesso de arrecadação,** que poderia servir de cobertura para a abertura de créditos adicionais. Tal fato decorre de que a receita realizada atingiu somente 0,93% da receita inicial prevista, conforme se vê do resultado dos quocientes 1 e 2.

O resultado do quociente 4 = 0,916, relativo à execução da despesa, que colocou em confronto a **Despesa Empenhada** em relação com a Despesa Atualizada, demonstra que **foi executada somente 91,66% da Despesa Atualizada.**

Por outro lado, verifica-se, no balanço orçamentário, que a despesa orçamentária, embora fixada na Lei Orçamentária com a dotação inicial e que também continuou a prevalecer na dotação atualizada de 60.000, mas, aqui também, constata-se que foi empenhada no exercício somente a importância de 55.000, que equivale a 0,91, ou seja, a despesa utilizada através de empenhos, no exercício, representa 91,66% da despesa fixada inicialmente para o exercício.

O resultado do quociente 5 = 1,33, relativo à execução orçamentária corrente, que colocou em confronto a Receita Corrente e a Despesa Corrente, **demonstra que foi realizada 1,33 de receita corrente, para cada 1,00 de despesa corrente**, o que equivale a uma soma da receita corrente 33% superior à soma da despesa corrente do exercício.

Detalhando o assunto, nota-se que a soma da receita corrente = 52.000, representa 133%, e a soma da despesa corrente = 39.000 igual a 100%; portanto, existe uma diferença de 13.000 = 33%. Isso demonstra que, nessa relação, existe o "superávit" corrente de 13.000 = 33%. Como explicaremos no quociente 6, esse superávit, obviamente, servirá de recurso para cobertura de despesas de capital.

O resultado do quociente 6 = 0,25, relativo à execução orçamentária de capital, que colocou em confronto a Receita de Capital e a Despesa de Capital, **demonstra que foi realizada 0,25 de receita de capital, para cada 1,00 de despesa de capital**, o que equivale a uma soma da receita de capital que cobriu somente 25% da soma da despesa de capital do exercício.

Especificando o assunto, nota-se que a soma da receita de capital = 4.000, representa 25%, e a soma da despesa de capital = 16.000 igual a 100%; portanto, existe uma diferença de 12.000 = 75%. Isso demonstra que, nessa relação, existe o "déficit" de capital de 12.000 = 75%. Neste caso, atendendo ao dispositivo legal que diz: "São Receitas de Capital as provenientes da realização de recursos financeiros oriundos [...] do **superávit do orçamento corrente**",[25] obviamente, utilizou-se parte dos 13.000 obtidos na execução orçamentária corrente, que corresponde ao "superávit" do orçamento corrente, conforme se vê do quociente 5.

O resultado do quociente 7 = 1,018, relativo ao resultado orçamentário, colocou em confronto a Receita Realizada e a Despesa Empenhada, **demonstra que foi realizada 1,018 de receita orçamentária no exercício, para cada 1,00 de despesa empenhada no exercício**.

Conforme se vê, dos quocientes 1 – Quociente da Execução da Receita e 4 – Quociente da Execução da Despesa, a soma da receita orçamentária realizada no exercício 56.000 e a soma da despesa orçamentária empenhada no exercício 55.000, quando confrontadas, como acontece nesse quociente, apresenta um resultado de 1.000 que corresponde ao resultado orçamentário do exercício, apurado no Balanço Orçamentário.

Esse resultado representa que o que foi realizada de receita orçamentária no exercício foi superior à despesa orçamentária no exercício, apresentando a diferença de

---

[25] § 2º do art. 11 da Lei nº 4.320/64.

1.000, que equivale a 1,81% e corresponde ao "superávit" orçamentário, que pode ser considerado positivo.

3.1.1.3 Comentários

É evidente que o sucesso da obtenção desse resultado orçamentário provém de medidas de controle e acompanhamento, constantes da letra "c" das informações e esclarecimentos úteis, que no início do exercício adotou um regulamento para controlar a execução orçamentária e um contingenciamento de 10%, no valor das dotações orçamentárias, que chegou a ser liberado para 5%, no último trimestre do exercício.

Apenas para lembrar, o contingenciamento de 10% no valor das dotações orçamentárias tornou indisponíveis 10% da dotação orçamentária e, automaticamente, ficaram disponíveis apenas 90% da dotação orçamentária para emissão de empenho. E, a partir do último trimestre, o contingenciamento passou a ser de 5% do valor das dotações orçamentárias, ou seja, ficaram disponíveis 95% da dotação orçamentária, para emissão de empenho, ou seja, continuaram 5% das dotações orçamentárias indisponíveis.

Observa-se que a despesa orçamentária empenhada no exercício foi de 55.000 = 91,66%, em comparação com a dotação fixada na lei de orçamento, demonstrando que as diretrizes adotadas na execução orçamentária conseguiu atingir os objetivos pretendidos, pois acompanhou a evolução da arrecadação da receita. Aliás, só para mencionar, a receita orçamentária realizada foi de 56.000 = 101,81%, ou seja, 1,81% superior à soma da despesa orçamentária empenhada.

O resultado orçamentário foi possível, pois, além das providências da letra "c" das informações e esclarecimentos úteis, teve uma contribuição bastante significativa na implantação e implementação das providências da letra "d", aliás, atendendo a dispositivos constitucionais,[26] legais e normativos,[27] que a partir do mês de janeiro iniciou a elaboração de demonstrações mensais da receita arrecadada, e também dos relatórios bimestrais da execução orçamentária.

Em razão da adoção dos controles, apontados nas letras "c" e "d", **constata-se que não houve a abertura de créditos adicionais** e, se houve, fatalmente, devem ter sido cobertos com redução de dotações orçamentárias existentes, pois não houve aumento no total da dotação orçamentária fixada no exercício.

Na execução orçamentária de capital, consoante se vê do quociente 6, a receita de capital realizada foi de 4.000 e a despesa de capital empenhada foi de 16.000, que apontou um "déficit" na execução orçamentária de capital de 12.000 = 75%. Como a

---

[26] § 3º do art. 165 da Constituição Federal.
[27] Art. 48 da Lei nº 4.320/64, art. 9º da Lei Complementar nº 101/2000 e normas técnicas de administração financeira e orçamentária.

execução orçamentária corrente apresentou a receita corrente realizada de 52.000, e a despesa corrente empenhada de 39.000, que apontou um "superávit" na execução orçamentária corrente de 13.000 = 33%, que evidentemente serviu para cobertura do "déficit" da execução orçamentária de capital de 12.000, e, ainda, restou 1.000 que correspondeu ao "superávit" orçamentário do exercício, conforme o quociente 7.

Pode-se, à esta altura, dizer que as providências adotadas evidenciam a eficiência e eficácia dos controles implantados e implementados na administração financeira e orçamentária e possibilitaram a obtenção do "superávit" orçamentário exercício de 1.000.

Esse resultado orçamentário do exercício *demonstra ter havido uma gestão orçamentária e financeira, baseada nos objetivos pretendidos pela lei de responsabilidade fiscal e* pode ser considerado positivo.

3.1.2 Do balanço financeiro

3.1.2.1 Dos resultados apurados nos quocientes

Os resultados, que serão aqui expostos, foram demonstrados na parte da Análise e Interpretação Restrita, que correspondem aos quocientes, através dos quais foram feitas as análises e interpretações detalhadas da composição dos grupos de contas constantes no balanço financeiro, que estão consubstanciadas nas seguintes:

8. QUOCIENTE DA EXECUÇÃO ORÇAMENTÁRIA

$$\frac{\text{Receita Orçamentária}}{\text{Despesa Orçamentária}} \quad \frac{56.000}{55.000} = 1,018$$

9. QUOCIENTE FINANCEIRO REAL DA EXECUÇÃO ORÇAMENTÁRIA

$$\frac{\text{Receita Orçamentária}}{\text{Despesa Orçamentária Paga (55.000 - 9.000)}} \quad \frac{56.000}{46.000} = 1,217$$

10. QUOCIENTE DE EXECUÇÃO EXTRAORÇAMENTÁRIA

$$\frac{\text{Receita Extraorçamentária}}{\text{Despesa Extraorçamentária}} \quad \frac{14.500}{5.000} = 2,9$$

11. QUOCIENTE DO RESULTADO DA EXECUÇÃO FINANCEIRA

$$\frac{\text{Receita (Orçamentária + Extraorçamentária)}}{\text{Despesa (Orçamentária + Extraorçamentária)}} \quad \frac{70.500}{60.000} = 1{,}175$$

12. QUOCIENTE DO RESULTADO DOS SALDOS FINANCEIROS

$$\frac{\text{Saldo que passa para o Exercício Seguinte}}{\text{Saldo do Exercício Anterior}} \quad \frac{10.500}{0{,}0} = 10.500$$

3.1.2.2 Análise e interpretação consolidada

O resultado do balanço financeiro é apresentado pelos quocientes 11 e 12, onde é demonstrado por meio de duas maneiras: a primeira expõe a somatória da receita orçamentária + extraorçamentária, em comparação com a somatória da despesa orçamentária + extraorçamentária; a segunda relaciona o saldo que passa para o exercício seguinte em comparação com o saldo do exercício anterior. Como não poderia ser diferente, em qualquer dos dois casos, o resultado é semelhante, somente é visto de forma diferente.

Vamos, a seguir, apresentar os resultados demonstrados nos quocientes do balanço financeiro, com as respectivas análises e interpretações:

O resultado do quociente 8 = 1,018, relativo ao resultado da execução orçamentária, colocou em confronto a Receita Orçamentária e a Despesa Orçamentária, **demonstra que foi realizada 1,018 de receita orçamentária realizada no exercício, para cada 1,00 de despesa orçamentária no exercício**.

Esse resultado representa que o que foi realizada de receita orçamentária no exercício foi superior à despesa orçamentária no exercício, apresentando a diferença de 1.000 que equivale a 1,81%, e corresponde ao "superávit" obtido na execução orçamentária, que pode ser considerado positivo.

Na realidade, o resultado apresentado por esse quociente é idêntico ao que se observa no quociente 7 – Quociente do Resultado Orçamentário, entretanto, neste caso, se demonstra a movimentação financeira ocorrida com o recebimento da receita orçamentária e com os pagamentos da despesa orçamentária, ou seja, a execução orçamentária sob a ótica da movimentação financeira.

Convém esclarecer que, no caso da despesa orçamentária, em razão do dispositivo legal, que diz: "Os restos a pagar do exercício serão computados na receita extraorçamentária para compensar a sua inclusão na despesa orçamentária,"[28] portanto, pela

---
[28] Parágrafo único do art. 103 da Lei nº 4.320/64.

sistemática atual, com a adoção do enfoque patrimonial na escrituração contábil, do ponto de vista da movimentação financeira, os restos a pagar processados e os restos a pagar não processados precisam ser incluídos na despesa orçamentária e, como veremos a seguir, serão computados também na receita extraorçamentária para compensação.

O resultado apresentado por este quociente 1,018, que corresponde à diferença de 1.000, pode ser interpretado como o "superávit", apresentado no Balanço Financeiro e <u>deve ser considerado positivo</u>.

O resultado do quociente 9 = 1,217, relativo ao resultado real da execução orçamentária, colocou em confronto a Receita Orçamentária arrecadada e a Despesa Orçamentária paga, **demonstra que foi realizada 1,217 de receita orçamentária arrecadada no exercício, para cada 1,00 de despesa orçamentária paga no exercício**.

Esse quociente demonstra que a Receita Orçamentária arrecadada no exercício 56.000, em relação à Despesa Orçamentária paga no exercício (despesa empenhada 55.000 – 9.000 de restos a pagar) 46.000, representa a existência de 1,217 de receita orçamentária arrecadada no exercício, para cada 1,00 de despesa orçamentária paga no exercício.

Do ponto de vista da movimentação financeira, é evidente que o saldo que passa para o exercício seguinte de 10.500 deverá ser utilizado para cumprir com o pagamento dos restos a pagar inscritos no exercício no valor de 9.000.

Cabe aqui algumas ponderações:

Existem alguns dispositivos legais que devem ser observados, como sejam:

A Lei Complementar n° 101/2000, que estabelece normas de finanças públicas voltadas para a responsabilidade da gestão fiscal, por meio do art. 42, disciplina a questão dos restos a pagar dizendo que "é vedado ao titular de Poder ou órgão referido no art. 20, nos dois últimos quadrimestres do seu mandato, contrair obrigação de despesa que não possa ser cumprida integralmente dentro dele, ou que tenha parcelas a serem pagas no exercício seguinte sem que haja suficiente disponibilidade de caixa para esse efeito".

Por outro lado, essa lei complementar, ainda, dispõe, através do art. 9°, o seguinte: "Se, verificado ao final de um bimestre, que a realização da receita poderá não comportar o cumprimento das metas de resultado primário ou nominal estabelecidas no Anexo de Metas Fiscais, os Poderes e o Ministério Público promoverão, por ato próprio e nos montantes necessários, nos trinta dias subsequentes, limitação de empenho e movimentação financeira, segundo os critérios fixados pela lei de diretrizes orçamentárias."

Aliás, o art. 9° da Lei Complementar n° 101/2000, acima descrito, atende o disposto no § 3° do art. 165 da Constituição Federal, que diz: "O Poder Executivo publicará, até trinta dias após o encerramento do bimestre, relatório resumido da execução orçamentária."

E, ainda, o art. 359-F, introduzido no Código Penal pela Lei n° 10.028, de 19-10-2000, que considera o não cancelamento dos restos a pagar como crime, diz: "Deixar de ordenar, de autorizar ou de promover o cancelamento do montante de restos a pagar inscrito em valor superior ao permitido em lei."

Esses dispositivos, que buscam a gestão voltadas para a responsabilidade fiscal, procura evitar que se inscreva restos a pagar, sem que haja suficiente disponibilidade de caixa para esse efeito. É claro que a lei fala que essas providências devem ser observadas nos dois últimos quadrimestres, ou seja, a partir de 1º de maio a 31 de dezembro, do mandato do titular do Poder ou órgão referido no art. 20.

Embora a lei se refira aos dois últimos quadrimestres do mandato do titular do Poder ou órgão, seria conveniente que esse dispositivo fosse observado nos demais exercícios, até porque, caso não seja atendida essa providência, a inscrição de restos a pagar, sem que haja suficiente disponibilidade de caixa para esse efeito, poderá causar problema na execução orçamentária e financeira do exercício seguinte, em razão da necessidade da apresentação do relatório bimestral da execução orçamentária, previsto no § 3º da Constituição Federal.

No exercício seguinte, caso a execução orçamentária demonstre que a arrecadação da receita orçamentária não seja suficiente para cobertura das despesas orçamentárias, poderá ser necessária a adoção da limitação de empenho e movimentação financeira, enquanto perdurar a situação.

E, no primeiro ano do mandato do novo titular do Poder ou órgão, se constatada a inscrição de restos a pagar que não haja suficiente disponibilidade de caixa para esse efeito, no exercício anterior, deverá ser providenciado o cancelamento dos restos a pagar inscrito em valor superior ao permitido em lei, no caso, o restos a pagar que não possua suficiente disponibilidade de caixa para sua cobertura.

O resultado do quociente 10 = 2,9, relativo ao resultado da execução extraorçamentária, colocou em confronto a Receita Extraorçamentária recebida e a Despesa Extraorçamentária paga, **demonstra que houve ingressos correspondentes à receita extraorçamentária recebida no exercício que foram superiores em 2,9 em relação ao dispêndio da despesa extraorçamentária paga no exercício**.

Esse quociente demonstra que a Receita Extraorçamentária recebida no exercício 14.500, em relação à Despesa Extraorçamentária paga no exercício 5.000, representa a existência de uma diferença de 8.500 = 2,9. Pode-se, portanto, observar que existe 2,9 de receita orçamentária arrecadada no exercício, para cada 1,00 de despesa orçamentária paga no exercício.

Deve-se lembrar que, na Receita Extraorçamentária recebida no exercício, foi computado os 9.000 relativos à inscrição dos restos a pagar, sendo 8.200 processados e 800 não processados, atendendo ao dispositivo legal, "os restos a pagar do exercício serão computados na receita extraorçamentária para compensar a sua inclusão na despesa orçamentária".[29]

---

[29] Parágrafo único do art. 103 da Lei nº 4.320/64.

Mas, de qualquer forma, a existência de um saldo de caixa disponível de 10.500, conforme se vê dos quocientes 11 e 12, são plenamente suficientes para a cobertura dos 9.000 relativos à inscrição dos restos a pagar.

O resultado deste quociente 10 – Quociente de Execução Extraorçamentária, que indicou um "superávit" de 10.500, sinaliza que *pode ser considerado positivo*.

O resultado do quociente 11 = 1,175, relativo ao resultado da execução financeira, colocou em confronto a Receita (Orçamentária + Extraorçamentária) recebida e a Despesa (Orçamentária + Extraorçamentária) paga, **demonstra que os ingressos correspondentes à receita (Orçamentária + Extraorçamentária) recebida no exercício foram superiores em 1,175 em relação ao dispêndio da despesa (Orçamentária + Extraorçamentária) paga no exercício.**

Esse quociente demonstra que a somatória da Receita (Orçamentária + Extraorçamentária) recebida no exercício 70.500, em relação à somatória da Despesa (Orçamentária + Extraorçamentária) paga no exercício 60.000, representa a existência de uma diferença de 10.500 = 1,175. Pode-se, portanto, observar que existe 1,175 de receita (Orçamentária + Extraorçamentária) arrecadada no exercício, para cada 1,00 de despesa (Orçamentária + Extraorçamentária) paga no exercício.

Portanto, verifica-se uma diferença de 10.500 demonstrada no resultado financeiro do exercício, ou seja, corresponde ao "superávit" financeiro apurado no balanço financeiro do exercício. Essa é uma das formas de apuração do resultado do balanço financeiro, a outra será a seguir demonstrada no quociente 12.

O resultado apurado neste quociente 11 – Quociente da Execução Financeira, que indicou um "superávit" de 10.500, *pode ser considerado positivo*.

O resultado do quociente 12 = 10.500, relativo ao resultado dos saldos financeiros, colocou em confronto o Saldo que passa para o Exercício Seguinte e o Saldo do Exercício Seguinte, **demonstra que os saldos que passam para o exercício seguinte foram superiores em 10.500, em relação ao saldo do exercício anterior.**

Esse quociente demonstra que a importância do saldo que passa para o exercício seguinte de 10.500, em relação à importância do saldo do exercício anterior 0,00, representa a existência de uma diferença de 10.500. Pode-se, portanto, observar que existe um saldo que passa para o exercício seguinte 10.500, enquanto que o saldo do exercício anterior foi de 0,00, apresentando uma diferença de 10.500.

Portanto, verifica-se uma diferença de 10.500 que demonstra o resultado financeiro do exercício, ou seja, corresponde ao "superávit" financeiro apurado no balanço financeiro do exercício. Essa é outra forma de apuração do resultado do balanço financeiro e a outra foi demonstrada no quociente 11.

O resultado apurado neste quociente 12 – Quociente do Resultado dos Saldos Financeiros, que indicou um "superávit" de 10.500, *também deve ser considerado positivo*.

3.1.2.3 Comentários

É evidente que o sucesso da obtenção desse resultado financeiro provém de medidas de controle e acompanhamento, que foram colocadas em prática no início do exercício, que adotou um regulamento para controlar a execução orçamentária, e um contingenciamento de 10%, no valor das dotações orçamentárias, que chegou a ser liberado para 5%, no último trimestre do exercício.

Essa providência limitou a emissão de empenhos, que agora se reflete na execução da movimentação financeira.

Observa-se que a receita orçamentária realizada no exercício foi de 56.000 = 101,80%, da despesa orçamentária realizada no exercício de 55.000 = 100,00%, ou seja, 1,81% superior à soma da despesa orçamentária realizada.

O resultado financeiro foi possível, pois teve uma contribuição bastante significativa com a implantação e implementação das providências adotadas, aliás, atendendo a dispositivos constitucionais, legais e normativos, conforme já foi mencionado nos comentários do balanço orçamentário, que a partir do mês de janeiro iniciou a elaboração de demonstrações mensais da receita arrecadada, e também dos relatórios bimestrais da execução orçamentária.

Pode-se, a esta altura, dizer que o resultado obtido de 10.500 que representa o "superávit" financeiro do exercício, do balanço financeiro, *demonstra, neste caso também, que a gestão orçamentária e financeira, baseada nos objetivos pretendidos pela lei de responsabilidade fiscal, <u>pode ser considerado positivo</u>.*

3.1.3 Do balanço patrimonial

3.1.3.1 Dos resultados apurados nos quocientes

3.1.3.1.1 Da aplicação dos resultados sob o "enfoque patrimonial"

13. QUOCIENTE DE LIQUIDEZ IMEDIATA

$$\frac{\text{Disponibilidades}}{\text{Passivo Circulante}} \quad \frac{10.500}{10.500} = 1,0$$

14. QUOCIENTE DE LIQUIDEZ CORRENTE

$$\frac{\text{Ativo Circulante}}{\text{Passivo Circulante}} \quad \frac{17.200}{10.500} = 1,638$$

15. QUOCIENTE DE LIQUIDEZ GERAL

$$\frac{\text{Ativo (Circulante + Realizável a Longo Prazo)}}{\text{Passivo (Circulante + Não Circulante)}} \quad \frac{20.200}{12.700} = 1,59$$

16. QUOCIENTE DA COMPOSIÇÃO DO ENDIVIDAMENTO

$$\frac{\text{Passivo Circulante}}{\text{Passivo (Circulante + Não Circulante)}} \quad \frac{10.500}{12.700} = 0,826$$

17. QUOCIENTE DO RESULTADO PATRIMONIAL

$$\frac{\text{Ativo Total}}{\text{Passivo Total}} \quad \frac{47.000}{12.700} = 3,7$$

3.1.3.1.2 Da aplicação dos resultados nos termos da Lei nº 4.320/64

18. QUOCIENTE DA SITUAÇÃO FINANCEIRA

$$\frac{\text{Ativo Financeiro}}{\text{Passivo Financeiro}} \quad \frac{10.500}{9.500} = 1,105$$

19. QUOCIENTE DA SITUAÇÃO PERMANENTE

$$\frac{\text{Ativo Permanente}}{\text{Passivo Permanente}} \quad \frac{36.500}{4.000} = 9,125$$

3.1.3.2 Análise e interpretação consolidada

3.1.3.2.1 Da aplicação dos resultados sob o "enfoque patrimonial"

O resultado do balanço patrimonial, sob o enfoque patrimonial, é apresentado pelo quociente 17, onde é demonstrado o confronto do Ativo Total = 47.000, com o Passivo Total = 12.700: o ativo total expõe a somatória do ativo circulante = 17.200 + o ativo não circulante = 29.800, em comparação com a somatória do passivo circulante = 10.500 + o passivo não circulante = 2.200. Observa-se que desse confronto resultou o "superávit" patrimonial de 34.300.

Vamos, a seguir, apresentar os resultados demonstrados nos quocientes do balanço patrimonial, com as respectivas análises e interpretações:

O resultado do quociente 13 = 1,0, relativo ao resultado do quociente de liquidez imediata, que coloca a somatória das Disponibilidades em confronto com a somatória do Passivo Circulante, **apresentou um resultado 1,0, que demonstra existência de um equilíbrio entre os recursos disponíveis e as obrigações a pagar em curto prazo.**

Esse quociente demonstra que a somatória das Disponibilidades de 10.500, em relação à somatória do Passivo Circulante de 10.500, representa a existência de uma equivalência. Pode-se, portanto, observar que existe 1,0 de disponibilidades, para cada 1,00 de passivo circulante, ou seja, demonstra a existência de recursos em caixa e bancos para cobrir os compromissos de curto prazo existentes.

O resultado apurado neste quociente 13 – Quociente de Liquidez Imediata de 1,0, *pode ser considerado positivo*.

O resultado do quociente 14 = 1,638, relativo ao resultado do quociente de liquidez corrente, que indica a somatória do Ativo Circulante em confronto com a somatória do Passivo Circulante, **apresentou um resultado que demonstra a existência de 1,638 de ativo circulante para cada 1,0 de passivo circulante.**

Esse quociente demonstra a somatória do Ativo Circulante = 17.200, ou seja, recursos a curto prazo, como: caixa, bancos, clientes etc., suficientes para cobrir a somatória do Passivo Circulante = 10.500, que se refere ao pagamento de suas dívidas flutuantes, como: fornecedores, contas a pagar, empréstimos e financiamentos a curto prazo etc. Aliás, se o resultado do quociente 13, que colocou em confronto somente a somatória das disponibilidades (caixa e bancos) em confronto com a somatória do passivo circulante, já demonstrou a capacidade para o cumprimento das obrigações de curto prazo, neste quociente, agregando-se à somatória os valores do estoque, direitos a receber de clientes e outros a curto prazo, ficou evidenciado que nesta relação aumentou a capacidade de solvência dos compromissos.

O resultado do quociente 14 – Quociente de Liquidez Corrente de 1,638, *pode ser considerado positivo*.

O resultado do quociente 15 = 1,59, relativo ao resultado do quociente de liquidez geral, que indica a somatória do Ativo Circulante + Ativo Realizável a Longo Prazo em confronto com a somatória do Passivo Circulante + Passivo não Circulante, **apresentou um resultado que demonstra a existência de 1,59 de ativo circulante + ativo realizável a longo prazo para cada 1,0 de passivo circulante + passivo não circulante.**

Esse quociente demonstra que a somatória do Ativo Circulante + Ativo Realizável a Longo Prazo = 20.200, ou seja, recursos disponíveis ou realizável a curto prazo +

o ativo realizável a longo prazo, em confronto com a somatória do passivo circulante + passivo não circulante = 12.700, que correspondem às obrigações a pagar de curto prazo + os compromissos com a dívida a pagar a longo prazo, evidencia a capacidade de solvência de todos os compromissos assumidos, a curto ou longo prazos.

O resultado do quociente 15 – Quociente de Liquidez Geral 1,59, *pode ser considerado positivo.*

O resultado do quociente 16 = 0,826, relativo ao resultado do quociente da composição do endividamento, que indica a somatória do Passivo Circulante em confronto com a somatória do Passivo Circulante + Passivo não Circulante, **apresentou um resultado que demonstra a existência de 0,86 de passivo circulante para cada 1,0 de passivo circulante + passivo não circulante.**

Esse quociente demonstra que a somatória do Passivo Circulante = 10.500, ou seja, a somatória da dívida flutuante, ou de compromissos a pagar a curto prazo em confronto com a somatória do passivo circulante + passivo não circulante = 12.700, que correspondem às obrigações a pagar de curto prazo + os compromissos com a dívida a pagar a longo prazo, evidencia a participação de 0,826 da dívida flutuante ou de compromissos a pagar a curto prazo, em relação ao total do endividamento a curto e longo prazos.

Nesta altura, podemos dizer que o total do endividamento de 12.700 é composto da seguinte forma:

Dívida a curto prazo	10.500	= 82,67%
Obrigações Trabalhistas, Previdenciárias e Assistenciais	2.000	
Parcela a Curto Prazo de Empréstimos e Financiamentos	1.800	
Fornecedores e Contas a Pagar a Curto Prazo	6.200	
Demais Obrigações a Curto Prazo	500	
Dívida a longo prazo	2.200	= 17,33%
Empréstimos a longo prazo	2.200	
Total do endividamento	12.700	= 100,00%

Por esse detalhamento da composição da dívida fica evidente que a dívida de curto prazo, ou seja, aquela que deve ser cumprida no exercício seguinte, ao que se refere o balanço em análise, representa 82,67% do total de endividamento e a dívida de longo prazo, que deve ser cumprida após o exercício seguinte a que se refere o balanço em análise, representa 17,33%.

Existe um entendimento de que a dívida a longo prazo deve ser preferível à dívida de curto prazo, em razão da disponibilidade de recursos a curto prazo que será necessário para o cumprimento do compromisso.

O resultado do quociente 16, Quociente da Composição do Endividamento 0,826, no nosso exemplo, em razão da existência de recursos disponíveis suficientes para o cumprimento da obrigação de curto prazo, *pode ser considerado positivo*.

O resultado do quociente 17 = 3,7, relativo ao resultado do quociente da composição do resultado patrimonial, que indica a somatória do Ativo Total em confronto com a somatória do Passivo Total, **apresentou um resultado que demonstra a existência de 3,7 de ativo total para cada 1,0 de passivo total**.

Esse quociente demonstra o valor do Ativo Total = 47.000, que representa a soma de todos os bens e direitos patrimoniais, em confronto com o valor do Passivo Total = 12.700, que equivale à soma de todas as obrigações patrimoniais, ou seja, demonstra a existência de 3,7 do ativo total (somatória dos bens + direitos), para cada 1,00 do passivo total (somatória das obrigações).

Portanto, o resultado deste quociente que expôs o ativo total (soma dos bens + direitos patrimoniais) = 47.000, em comparação com o passivo total (soma das obrigações patrimoniais) = 12.700, demonstra a existência de uma diferença positiva de 34.300, que exprime o "superávit" patrimonial do exercício.

3.1.3.2.2 Da aplicação dos resultados nos termos da Lei nº 4.320/64

O resultado do quociente 18 = 1,105, relativo ao resultado do quociente da situação financeira, no caso, sob os termos da Lei nº 4.320/64, que indica a somatória do Ativo Financeiro em confronto com a somatória do Passivo Financeiro, **apresentou um resultado que demonstra a existência de 1,105 de ativo financeiro para cada 1,0 de passivo financeiro**.

Portanto, nota-se que existe 10.500 em disponibilidade no Ativo Financeiro e, compromissos relativos a obrigações de curto prazo no valor de 9.500, ou seja, 1,105 de disponibilidade para cada 1,00 de obrigações de curto prazo.

O resultado desse quociente 1,105, demonstra que existe uma diferença de 1.000, que corresponde ao "superávit" financeiro apurado no balanço patrimonial.

Este quociente, conforme já foi mencionado, é a forma de demonstração do "superávit" financeiro, apurado em balanço patrimonial, de que trata o § 2º, do art. 43, da Lei nº 4.320/64, que diz:

> "§ 2º Entende-se por **superávit** financeiro a *diferença positiva entre o ativo financeiro e o passivo financeiro*, conjugando-se, ainda, os saldos dos créditos adicionais transferidos e as operações de crédito a eles vinculadas."

Apenas para melhor entendimento, o superávit financeiro aqui demonstrado equivale exatamente ao apurado com a aplicação prática da metodologia apresentada no Manual de Contabilidade Aplicada ao Setor Público – Parte V – Demonstrações Contábeis Aplicadas ao Setor Público e nem poderia ser diferente.

O resultado do quociente 18 – Quociente da Situação Financeira 1,105, proveniente da relação entre o ativo financeiro e o passivo financeiro, *que equivale a resultado financeiro positivo de 1.000, representa o "superávit" financeiro apurado no balanço patrimonial do exercício* e *pode ser considerado positivo*.

O resultado do quociente 19 = 9,125, relativo ao quociente da situação permanente, no caso, sob os termos da Lei nº 4.320/64, que indica a somatória do Ativo Permanente em confronto com a somatória do Passivo Permanente, **apresentou um resultado que demonstra a existência de 9,125 de ativo permanente para cada 1,0 de passivo permanente.**

Portanto, nota-se que existe a soma de 36.500, de bens + direitos de longo prazo no Ativo Permanente e, a soma de 4.000, relativos a obrigações de longo prazo (dívida fundada), ou seja, demonstra haver 9,125 de Ativo Permanente para cada 1,00 de passivo permanente.

O resultado desse quociente 9,125 demonstra que existe uma diferença de 32.500, que corresponde ao "superávit" da situação permanente do balanço patrimonial.

O resultado do quociente 19 – Quociente da Situação Permanente 9,125, proveniente da relação entre o Ativo Permanente e o Passivo Permanente, no caso resultante da aplicação dos termos da Lei nº 4.320/64, que *equivale a resultado permanente positivo de 32.500, representa o "superávit" permanente apurado na situação permanente patrimonial do exercício e pode ser considerado positivo*.

3.1.3.2.3 Comentários

É evidente que o sucesso da obtenção desse resultado patrimonial também provém de medidas de controle e acompanhamento, que foram colocadas em prática no início do exercício, que adotou um regulamento para controlar a execução orçamentária, e um contingenciamento de 10%, no valor das dotações orçamentárias, que chegou a ser liberado para 5%, no último trimestre do exercício.

Essa providência limitou a emissão de empenhos, que agora se reflete na execução da movimentação financeira, que a seguir será detalhada:

RECEITA ORÇAMENTÁRIA	56.000 – 100%	DESPESA ORÇAMENTÁRIA	55.000 – 98%
Receitas Correntes	52.000 – 93%	Despesas Correntes	39.000 – 70%
Receitas de Capital	4.000 – 7%	Despesas de Capital	16.000 – 28%
		Saldo não utilizado	1.000 – 2%

Observa-se que a receita orçamentária realizada no exercício foi de 56.000 = 100,00%, e a despesa orçamentária realizada no exercício de 55.000 = 98,00%, ou seja, da soma da receita orçamentária realizada foram realizados 98% em despesa orçamentária.

No que se refere às despesas correntes representam 69,64% (foi arredondado para 70%), enquanto que as despesas de capital representam 28,36% (foi arredondado para 28%) da receita orçamentária realizada. As despesas correntes foram totalmente cobertas com a receita corrente e as despesas de capital utilizaram 7,14% (foi arredondado para 7%) relativos à receita de capital e 21% foram cobertos com as receitas correntes.

Os resultados apurados nos três quocientes de liquidez demonstram uma situação positiva, quer do ponto de vista da liquidez imediata (quociente 13), cujo resultado do quociente = 1,0 mostra que possui disponibilidade para pagar seus compromissos de curto prazo, quer do ponto de vista da liquidez corrente (quociente 14), onde o resultado = 1,638, deixa clara a existência de recursos de curto prazo superiores aos compromissos de curto prazo, e quer do ponto de vista da liquidez geral (quociente 15), pois o resultado representado = 1,59 reflete a plena condição de cumprimento do pagamento das obrigações, uma vez que possui recursos realizáveis de curto e longo prazos, hábeis e suficientes, para solver os compromissos de curto e longo prazos assumidos.

Nota-se que no quociente 18 da situação financeira, que apresentou o resultado = 1,105, proveniente da relação do Ativo Financeiro = 10.500, em confronto com o Passivo Financeiro = 9.500, *indica uma diferença positiva de 1.000, que equivale ao "superávit" financeiro apurado em balanço patrimonial.*

O resultado patrimonial do exercício, expresso no quociente 17 = 3,7, que demonstra o ativo total de 47.000, em relação ao passivo total de 12.700, *indica uma diferença positiva de 34.300, que representa o resultado patrimonial do exercício.*

Pode-se, a esta altura, dizer que o resultado obtido de 34.300, que representa o resultado patrimonial do exercício, demonstrado no balanço patrimonial e, *neste caso, também, revela a eficiência da gestão orçamentária e financeira adotada, baseada nos objetivos pretendidos pela lei de responsabilidade fiscal pode ser considerado positivo.*

3.1.4 Da demonstração das Variações Patrimoniais

20. QUOCIENTE DOS GANHOS E PERDAS DE ATIVOS

$$\frac{\text{Valorização e Ganhos com Ativos}}{\text{Desvalorização e Perdas de Ativos}} \quad \frac{3.000}{500} = 6,0$$

21. QUOCIENTE DO RESULTADO DAS VARIAÇÕES PATRIMONIAIS

$$\frac{\text{Variações Patrimoniais Aumentativas}}{\text{Variações Patrimoniais Diminutivas}} \quad \frac{66.300}{32.000} = 2,07$$

3.1.4.1 Dos Resultados Apurados nos Quocientes

O resultado do quociente 20 = 6,0, relativo ao resultado do quociente de ganhos e perdas de ativos, que indica a somatória da Valorização e Ganhos com Ativos, em confronto com a somatória da Desvalorização e Perdas de Ativos, **apresentou um resultado que demonstra a existência de 6,0 de Variação Patrimonial Aumentativa para cada 1,0 de Variação Patrimonial Diminutiva.**

Portanto, nota-se que existem 3.000 de Variação Patrimonial Aumentativa, obtida com a Valorização e Ganhos com Ativos, e a Variação Patrimonial Diminutiva, relativa à Desvalorização e Perdas com Ativos no valor de 500, ou seja, 6,0 correspondente à Valorização e Ganhos com Ativos, para cada 1,00 de desvalorização e perdas com ativos.

O resultado expresso no quociente 20 = 6,0 indica uma diferença positiva de 2.500, entre a somatória das Valorizações e Ganhos com Ativos e a somatória das Desvalorizações e Perdas com Ativos.

O resultado do quociente 20, Quociente dos Ganhos e Perdas de Ativos 2,07, proveniente da relação entre a somatória das Variações Patrimoniais Aumentativas, obtidas com as Valorizações e Ganhos com Ativos e a somatória das Variações Patrimoniais Diminutivas, relativa às Desvalorizações e Perdas com Ativos, *que equivale a resultado positivo de 2.500, representa o aumento patrimonial ocorrido no exercício e pode ser considerado positivo.*

O resultado do quociente 21 = 2,07, relativo ao resultado do quociente do Resultado das Variações Patrimoniais, que expõe a somatória das Variações Patrimoniais Aumentativas, em confronto com a somatória das Variações Patrimoniais Diminutivas, **apresentou um resultado que demonstra a existência de 2,07 de Variação Patrimonial Aumentativa para cada 1,0 de Variação Patrimonial Diminutiva.**

Portanto, nota-se que existem 66.300 de Variação Patrimonial Aumentativa, e 32.000 de Variação Patrimonial Diminutiva, indicando existir uma diferença positiva de 34.300.

O resultado desse quociente 2,075 demonstra que existe uma diferença de 34.300, que motivou o aumento do patrimônio e exprime o "superávit" patrimonial do exercício do balanço patrimonial.

Esse resultado é coincidente com o apresentado no quociente 17, Quociente do Resultado Patrimonial, que expôs a soma do ativo total 47.000 em relação à soma do passivo total 12.700, que exprimiu a diferença de 34.300, correspondente ao "superávit" patrimonial do exercício, do balanço patrimonial, sob a ótica dos bens + direitos − obrigações.

O resultado do quociente 21, Quociente do Resultado das Variações Patrimoniais 2,07, proveniente da relação entre a somatória das Variações Patrimoniais Aumentativas e a somatória das Variações Patrimoniais Diminutivas, *que equivale a resultado positivo de 34.300, representa o "superávit" patrimonial do exercício e pode ser considerado positivo.*

3.1.4.2 Comentários

3.1.4.2.1 Do resultado das Variações Patrimoniais Quantitativas

No caso da receita orçamentária, a receita corrente 52.000 foi reconhecida pelo enfoque patrimonial de escrituração, como receita ordinária e também registrada como variação patrimonial aumentativa, contribuindo para o aumento do patrimônio líquido e, consequentemente, influiu positivamente no resultado patrimonial do exercício.

Ainda, na variação patrimonial aumentativa, foi registrado o valor de 3.000, proveniente da inscrição da dívida ativa tributária, sendo 2.000 de impostos e 1.000 de taxas, que, obviamente, também causou aumento do resultado patrimonial do exercício.

O resultado patrimonial do exercício, expresso no quociente 17 = 3,7, que demonstra o ativo total de 47.000, em relação ao passivo total de 12.700, *indica uma diferença positiva de 34.300, que representa o resultado patrimonial do exercício.*

<u>Pode-se, a esta altura, dizer que o resultado obtido de 34.300, que representa o resultado patrimonial do exercício, apresentado no Anexo nº 15 Demonstração das Variações Patrimoniais e</u>, *neste caso, também, revela a eficiência da gestão orçamentária e financeira adotada, baseada nos objetivos pretendidos pela lei de responsabilidade fiscal,* <u>pode ser considerado positivo.</u>

3.1.4.2.2 Do resultado das Variações Patrimoniais Qualitativas

Os dados constantes deste quadro – Variações Patrimoniais Qualitativas foram obtidos na execução orçamentária, como já foi dito acima, e, **especificamente nas receitas e despesas de capital**, identificando as que representam incorporação ou desincorporação de ativos e passivos, obviamente, decorrentes da execução orçamentária, porém, decorrentes de fatos permutativos, ou seja, aqueles que não afetam o patrimônio líquido.

Explicando um pouco mais o assunto, quando se adquire um automóvel, por exemplo, há a incorporação do bem automóvel e, em contrapartida, a diminuição do bem dinheiro, o que demonstra ter acontecido o fato permutativo, pois foi aumentada a conta de bens móveis e, ao mesmo tempo, foi diminuída a conta do disponível (Caixa ou Equivalente de Caixa), portanto, não afetando o patrimônio líquido.

VARIAÇÕES PATRIMONIAIS QUALITATIVAS (decorrentes da execução orçamentária)	Exercício Atual	Exercício Anterior
Incorporação de Ativos Não Circulantes	16.000,00	–
Desincorporação de Passivos Não Circulantes	–	–
Incorporação de Passivos Não Circulantes	4.000,00	–
Desincorporação de Ativos Não Circulantes	–	–

No exemplo acima, os dados coletados correspondem a:

I – Na despesa orçamentária de capital, nota-se que houve empenho e liquidação no valor de 16.000, como Investimento, que foi incorporado do ativo não circulante. Desse valor, 12.000 foram pagos, restando 4.000 que foi inscrito em Restos a Pagar Processados, que se encontra registrado nas contas do passivo circulante e não circulante, conforme detalhes a seguir.

II – Por outro lado, observa-se, na receita orçamentária de capital, que foram registrados 4.000, relativos a Operações de Crédito, que, fatalmente, foi escriturado na conta de Caixa e Equivalente de Caixa, no Ativo Circulante e, em contrapartida, o valor foi inscrito nas contas do passivo por se referir à dívida fundada. Ao se observar o Balanço Patrimonial encontramos na conta Empréstimo a Longo Prazo do Passivo não Circulante, o valor de 2.200, e na conta Parcela a Curto Prazo de Empréstimos e Financiamentos do Passivo Circulante, o valor de 1.800. Atente-se para o fato de que esses 1.800 referem-se à dívida fundada referida, porém, em razão da aplicação do Princípio de Competência, na elaboração do balanço, foi feita a apropriação do valor que deverá ser resgatado no exercício, por isso, foi transferido esse valor do passivo não circulante para o passivo circulante que é por onde deverá ser registrado o devido pagamento.

Portanto, o quadro das Variações Patrimoniais Qualitativas demonstra que foi incorporado como Ativo Não Circulante os 16.000 relativos à despesa de capital com investimentos e que foi incorporado no Passivo Não Circulante os 4.000 correspondentes ao Empréstimo de Longo Prazo, oriundo da Receita de Capital com Operação de Crédito realizada no exercício.

BIBLIOGRAFIA

Anexos dos balanços atualizados. Ed. STN. Internet 2010.

ANGÉLICO, João. *Contabilidade pública*. São Paulo: Atlas, 1985.

Código Civil Brasileiro. Lei nº 10.406/2002. São Paulo: Atlas, 2003.

Código de Contabilidade Pública. Decreto nº 15.983/22. Constituição Federal de 1988 atualizada. Internet.

FERREIRA, Aurélio Buarque de Holanda. *Minidicionário da língua portuguesa*. Rio de Janeiro: Nova Fronteira, 1989.

FRANCO, Hilário. *Estrutura, análise e interpretação de balanços*. São Paulo: Atlas, 1992.

HERRMANN JR., Frederico. *Contabilidade superior*. São Paulo: Atlas, 1970.

KOHAMA, Heilio. *Contabilidade pública:* teoria e prática. São Paulo: Atlas, 2012.

Lei nº 4.320/64. Estatui normas de Direito Financeiro para elaboração e controle dos Orçamentos e Balanços da União, dos Estados, do Distrito Federal e dos Municípios. São Paulo: Atlas, 2003.

Lei nº 6.404/76. Lei das Sociedades Anônimas, atualizada. Internet.

Lei nº 8.666/93 Atualizada. Regulamenta o art. 37, inciso XXI, da Constituição Federal, institui normas para licitações e Contratos da Administração Pública e dá outras providências.

Lei nº 10.320/68 (Estado de São Paulo). Dispõe sobre os sistemas de controle interno da gestão financeira e orçamentária do Estado.

Lei nº 10.753, de 30-10-2003. Institui a Política Nacional do Livro, atualizada. Ed. Federal. Internet.

Lei Complementar nº 101/2000. Estabelece normas de finanças públicas voltadas para a responsabilidade na gestão fiscal e dá outras providências.

MACHADO JR., J. Teixeira. A Lei nº 4.320/64 comentada. IBAM, 1975.

Manual de contabilidade aplicada ao setor público. Partes I a VIII. Ed. STN. Internet 2010.

Manual do Contador da Administração Pública. São Paulo. Imprensa Oficial do Estado, 1954 – Comemorativa ao IV Centenário da Cidade de São Paulo.

Manual de despesa nacional. Ed. STN/SOF. Internet 2008.

Manual de receita nacional. Ed. STN/SOF. Internet 2009.

MEIRELLES, Hely Lopes. *Direito administrativo brasileiro.* São Paulo: Revista dos Tribunais, 1976.

Portaria Interministerial STN/SOF nº 163/2001. Atualizada. Ed. STN/SOF. Internet.

Resolução nº 43/2001, atualizada, do Senado Federal. Dispõe sobre as operações de crédito interno e externo dos estados, do Distrito Federal, dos municípios e de suas respectivas autarquias e fundações inclusive concessão de garantias, seus limites e condições de autorização, e dá outras providências.

Resolução nº 78/98, do Senado Federal. Dispõe sobre as operações de crédito interno e externo dos estados, do Distrito Federal, dos Municípios e de suas respectivas autarquias, e fundações inclusive concessão de garantias, seus limites e condições de autorização, e dá outras providências.

REIS, Heraldo da Costa. A Lei nº 4.320/64 comentada. IBAM, 1975.

SANTOS, J. M. de Carvalho. *Código civil brasileiro interpretado.* Rio de Janeiro: Freitas Bastos.

ÍNDICE REMISSIVO

A

Alienação de bens, 41
Alienação de bens imóveis da administração pública, 42
Alienação de bens móveis e imóveis da administração pública, 41
Amortização, 111
Amortização da dívida, 47
Amortização de empréstimos, 43
Análise, 3
Análise e interpretação consolidada, 182
Análise e interpretação de balanços públicos, 119
Aplicação, 48
Aplicação prática dos quocientes, 148
Aplicações diretas, 49
Aposentadorias e reformas, 110
Art. 3º da Lei nº 4.320/64, 37
Art. 7º, 38
Ativo financeiro, 153, 171
Ativo não circulante, 77
Ativo permanente, 153, 171
Ativo realizável a longo prazo, 77
Avaliação dos elementos patrimoniais, 121
Avaliação ou reavaliação de ativo, 123

B

Balanço das entidades privadas empresariais, 121
Balanço financeiro, 3, 9, 10, 21, 53, 119, 140, 188
Balanço orçamentário, 3, 4, 6, 7, 9, 21, 23, 25, 26, 27, 44, 64, 119, 124, 133, 183
Balanço patrimonial, 3, 11, 12, 18, 21, 93, 119, 152
Balanços públicos, 1, 3, 21, 119, 123, 124
Benefícios
   a pessoal, 109
   de prestação continuada, 110
   eventuais, 110
   previdenciários e assistenciais, 110
Bens, 41, 78
   de uso comum, 89
   de uso especial, 90
   dominicais, 87, 91
   imóveis, 78, 84
   móveis, 78, 80
   públicos, 73, 85
Bibliotecas, 82

C

Caixa, 74
Capital, 43, 44
Capital fixo, 110
Categoria econômica, 45
Cauções, 62, 70
Classificação, 51
Código de contabilidade pública, 57

Códigos, 52
Coleta de dados, 135
Composição do balanço financeiro, 59
Composição e conteúdo dos balanços públicos, 21
Consignações
    em folha, 70
    em folha de pagamento, 62
Contabilidade aplicada ao setor público, 1
Contabilidade pública, 21
Contas de compensação, 22, 153, 171
Contribuição de iluminação pública, 105
Contribuições, 105, 113
    de interesse das categorias profissionais, 105
    de intervenção no domínio econômico, 105
    de melhoria, 105, 113
    sociais, 105
Créditos a curto prazo, 75
Créditos adicionais abertos, 129, 137
Custo
    com tributos, 113
    de pessoal e encargos, 110
    dos materiais, serviços e consumo de capital fixo, 111
Custos de outras variações patrimoniais diminutivas, 114

D

Deduções da receita, 55
Demais créditos e valores a curto prazo, 75
Demonstração
    da execução da receita, 29
    das variações patrimoniais, 3, 15, 21, 119, 157, 174, 178
    das variações patrimoniais qualitativas, 114
Demonstrações das variações patrimoniais, 18

Demonstrativo das variações patrimoniais, 182
Demonstrativo de execução dos restos a pagar processados, 68
Depreciação, 111, 122
Descontos financeiros concedidos, 111
Descontos financeiros obtidos, 107
Desincorporação
    de ativo, 117
    de passivo, 116
    ou baixa, 96, 116
Despesa (s), 46, 50
    atualizada, 138
    corrente (s), 46, 47, 130
    de capital, 43, 44, 45, 46
    de capital empenhada, 131, 139
    empenhada, 129, 138, 140
    extraorçamentária, 65, 144
    orçamentária, 6, 44, 45, 63, 142
    orçamentária atualizada (fixada), 137, 138
Despesas/pagamentos extraorçamentários, 65
Destinação de Recursos (DR), 168
Desvalorização, 112
Direitos das entidades públicas, 73
Disponibilidades, 154
Diversas variações patrimoniais aumentativas, 108
Diversas VPD, 114
Dívida
    flutuante, 141
    fundada, 116
    pública, 38, 39, 47
    pública interna e externa, 47
Doações de bens móveis ou imóveis, de pessoas físicas, 43
Dotação atualizada, 129, 137
Dotação inicial, 129

E

Economia orçamentária, 138

Edificações, 87

Elementos de despesa, 50

Empenho da despesa, 58

Empréstimos, 43

Encargos

    da dívida, 47

    de empréstimos e financiamentos concedidos, 106

    de empréstimos e financiamentos obtidos, 111

    de mora, 106, 111

    patronais, 109

    sociais, 47

Entidades públicas, 121

Entradas compensatórias no ativo e passivo financeiro, 57

Equivalentes de caixa, 74

Especificação, 44

Estoques, 76

Estrutura, 3

    do balanço patrimonial, 14

    dos balanços públicos, 1

Exaustão, 111

Excesso de arrecadação, 129, 137

Execução orçamentária da despesa, 51

Exploração

    de bens, direitos e prestação de serviços, 106

    e venda de bens e serviços, 106

F

Fazendas, 87

Ferramentas, 81

Fonte de Recursos (FR), 168

G

Ganhos

    com alienação, 108

    com incorporação de ativos por descobertas e nascimentos, 108

Grupos de natureza da despesa, 46

I

Imobilizado, 78

Impostos, 104, 113

Incentivos, 114

Incorporação, 96, 115

Institutos da depreciação, amortização e exaustão, 123

Intangível, 88

Interpretação dos balanços públicos, 3

Interpretação dos resultados dos balanços públicos, 120

Inversões financeiras, 47

Investimentos, 47, 77

Investimentos temporários, 75

J

Juros, 47, 106, 111

L

Lei

    das sociedades Anônimas, 123

    de orçamento, 23, 26, 27, 28, 64, 125

    nº 4.320/64, 1, 28, 38, 197

    Orçamentária Anual (LOA), 29

Linhas férreas, 88

M

Manual de Contabilidade Aplicada ao Setor Público, 1, 25, 102, 103, 122, 123, 167

Mobiliário
    de escritório, 80
    de natureza artística e cultural, 81
    de natureza médico-científica, 81
    escolar, 80
Modalidade de aplicação, 48
Móveis e utensílios, 80

N

Natureza, 45

O

Objetos de arte, 84
Obrigações das entidades públicas, 73
Operações de crédito, 37
Operações de crédito por antecipação da receita orçamentária, 61, 69
Orçamento, 2
Orçamento corrente, 36
Outros recebimentos extraorçamentários, 61

P

Pagamento de restos a pagar processados, 68
Pagamentos extraorçamentários, 68
Parte da receita, 54
Participações e contribuições, 114
Passivo
    circulante, 91
    financeiro, 153, 171
    não circulante, 92
    permanente, 153, 171
Patrimônio líquido, 93
Patrimônio público, 15, 73
Pensões, 110
Perda de ativos, 112
Perdas com alienação, 113
Perdas involuntárias, 113

Pessoal, 47
Pessoal e encargos, 109
Plano de contas aplicado ao setor público, 1
Poder legislativo, 39
Políticas públicas de transferência de renda, 110
Portos marítimos, 88
Premiações, 113
Previsão inicial da receita, 137
Princípio da competência, 102, 122
Provisão para perdas, 112

Q

Qualitativas, 97
Quantitativas, 97
Quociente
    da composição do endividamento, 156, 165, 194
    da execução da despesa, 129, 138, 184
    da execução orçamentária, 142, 149, 188
    da execução orçamentária corrente, 130, 138, 184
    da execução orçamentária de capital, 131, 139, 184
    da situação financeira, 159, 166, 194
    da situação permanente, 160, 167, 194
    de cobertura dos créditos adicionais, 128, 137, 184
    de execução da receita, 136, 184
    de execução extraorçamentária, 144, 150, 188
    de liquidez corrente, 154, 164, 193
    de liquidez geral, 155, 164, 194
    de liquidez imediata, 154, 163, 193
    do equilíbrio orçamentário, 127, 137, 184
    do resultado da execução financeira, 145, 151, 189
    do resultado das variações patrimoniais, 177, 180, 199

do resultado dos saldos financeiros, 146, 152, 189
do resultado orçamentário, 132, 140, 184
do resultado patrimonial, 157, 165, 194
dos ganhos e perdas de ativos, 175, 179, 199
financeiro real da execução orçamentária, 143, 150, 188

Quocientes
   da demonstração das variações patrimoniais, 175
   sobre o balanço financeiro, 142
   sobre o balanço orçamentário, 127
   sobre o balanço patrimonial, 154

R

Reavaliação de ativos, 108
Recebimentos extraordinários, 61
Receita, 27
   agropecuária, 30, 33
   corrente, 130
   de capital, 43, 131
   de capital realizada, 131, 139
   de contribuições, 30, 32
   de serviços, 30
   extraorçamentária, 56, 144
   industrial, 30, 33
   orçamentária, 9, 55, 61, 142
   orçamentária e extraorçamentária, 9
   orçamentária prevista, 137
   patrimonial, 30, 32
   realizada, 140
   tributária, 30, 31
   vinculada, 55
Receitas
   correntes, 30, 50
   de capital, 36, 41, 50
   de serviços, 34
   orçamentárias, 4

Redução a valor recuperável, 112
Regime Próprio de Previdência Social – RPPS, 48
Registro contábil da receita e da despesa, 125
Remuneração de depósitos bancários e aplicações financeiras, 107
Remuneração do pessoal, 109
Reserva de contingência, 48
Restos
   a pagar, 57, 66, 126
   a pagar de despesa não processada, 60, 66
   a pagar de despesa processada, 60, 68
   a pagar não processados, 7, 25, 67
   a pagar não processados liquidados a pagar, 67
   a pagar processados, 7, 25
Resultado negativo de participações, 114
Resultado positivo de participações, 108

S

Saldo do exercício anterior, 63
Saldo para o exercício seguinte, 70
Semoventes, 82
Serviços, 111
Sistema
   contábil, 1, 21
   contábil público, 2, 22
Subsistema
   de compensação, 2, 22
   de custos, 2, 22
   de informações orçamentárias, 2, 22
   de informações patrimoniais, 2, 15, 22, 60
Subvenções econômicas, 114
Superávit
   financeiro, 166, 170
   ou déficit financeiro, 167
   patrimonial, 166

T

Taxas, 105, 113
Terras, 85
Terras devolutas, 86
Terrenos
    acrescidos, 87
    de marinha, 86
Transferências, 49
    correntes, 30, 34, 35, 49
    das instituições multigovernamentais, 107, 112
    das instituições privadas, 107, 112
    de capital, 43
    de consórcios públicos, 107, 112
    de convênios, 35
    de instituições privadas, 35
    de pessoas, 35
    de pessoas físicas, 107
    do exterior, 35, 107, 112
    financeiras concedidas, 65
    financeiras recebidas, 56
    intergovernamentais, 35, 107, 112
    para o combate à fome, 35
    recebidas, 107

U

Uso
    de bens, serviços e consumo de capital fixo, 110
    de material de consumo, 111
    direto, 89
    imediato, 89

V

Variação
    aumentativa a classificar, 108
    patrimonial, 95
    patrimonial aumentativa, 200
    patrimonial diminutiva, 200
Variações
    monetárias, 111
    monetárias e Cambiais, 106
    patrimoniais, 97, 101, 103, 174
    patrimoniais aumentativas, 18, 101, 104, 175
    patrimoniais aumentativas financeiras, 106
    patrimoniais diminutivas, 18, 101, 108, 110, 175
    patrimoniais diminutivas de instituições financeiras, 114
    patrimoniais diminutivas financeiras, 112
    patrimoniais diminutivas pagas antecipadamente, 76
    patrimoniais qualitativas, 19, 96, 114, 175, 180, 181, 182, 201
    patrimoniais quantitativas, 19, 96, 174, 201
Veículos, 81
    de propulsão humana, 81
    de tração a motor, 81
    de tração animal, 81
Venda de mercadorias, 106
Venda de produtos, 106

Formato	17 x 24 cm
Tipologia	Iowa 10/13,5
Papel	Offset Sun Paper 90 g/m² (miolo)
	Supremo 250 g/m² (capa)
Número de páginas	232
Impressão	Farbe Druck

Sim. Quero fazer parte do banco de dados seletivo da Editora Atlas para receber informações sobre lançamentos na(s) área(s) de meu interesse.

Nome: _____
_____ CPF: _____ Sexo: ○ Masc. ○ Fem.
Data de Nascimento: _____ Est. Civil: ○ Solteiro ○ Casado

End. Residencial: _____
Cidade: _____ CEP: _____
Tel. Res.: _____ Fax: _____ E-mail: _____

End. Comercial: _____
Cidade: _____ CEP: _____
Tel. Com.: _____ Fax: _____ E-mail: _____

De que forma tomou conhecimento deste livro?
☐ Jornal ☐ Revista ☐ Internet ☐ Rádio ☐ TV ☐ Mala Direta
☐ Indicação de Professores ☐ Outros: _____

Remeter correspondência para o endereço: ○ Residencial ○ Comercial

Indique sua(s) área(s) de interesse:

- ○ Administração Geral / Management
- ○ Produção / Logística / Materiais
- ○ Recursos Humanos
- ○ Estratégia Empresarial
- ○ Marketing / Vendas / Propaganda
- ○ Qualidade
- ○ Teoria das Organizações
- ○ Turismo
- ○ Contabilidade
- ○ Finanças
- ○ Economia
- ○ Comércio Exterior
- ○ Matemática / Estatística / P. O.
- ○ Informática / T. I.
- ○ Educação
- ○ Línguas / Literatura
- ○ Sociologia / Psicologia / Antropologia
- ○ Comunicação Empresarial
- ○ Direito
- ○ Segurança do Trabalho

Comentários

_____
_____
_____

ISR-40-2373/83

U.P.A.C Bom Retiro

DR / São Paulo

CARTA - RESPOSTA
Não é necessário selar

O selo será pago por:

01216-999 - São Paulo - SP

REMETENTE:
ENDEREÇO: